代文庫／学術314

説』を読む

カルトの旅／カルトの夢

田中仁彦

岩波書店

はじめに——ガリレオ事件と『方法序説』

ガリレオ断罪さるという知らせが、オランダはデフェンテルに隠れ棲んで、『宇宙論』の最後の仕上げに没頭していたデカルトのもとに舞い込んだのは、この事件から約五カ月たった一六三三年一一月もなかばの頃であった。ガリレオの『天文対話』を注文しておいたアムステルダムとライデンの書店からの報告によって、はじめてこのことを知ったデカルトの受けた衝撃は大きかった。それから二週間後の一一月末日付の手紙で、彼はメルセンヌ神父に「あやうく自分の原稿(『宇宙論』)をみんな燃やしてしまおう」としたほどだったと、彼の受けた衝撃の大きさを語っている。デフェンテルという僻遠の地にあった彼には詳しいことはもちろん何も分らなかったが、彼はただちにこれが地動説に対する教会当局の明確な異端宣告を意味するものであることを理解し(メルセンヌ宛、同前)、同じく地動説に立つ彼の『宇宙論』も『天文対話』と同じ運命にあることを悟ったのである。こうして彼は四年近い歳月をかけ心血を注いできた『宇宙論』の公刊を断念する。それは宗教と学問の板ばさみになったデカルトの苦しい選択であった。先のメルセンヌ宛の手紙で、彼はこの苦しい心のうちを語っている。敬虔な信者である彼としては、「少しでも教会が否認するようなことを含む著作を出すつもりは毛頭ない」。だが、地動説は彼の著作の「あらゆる部分と深く結びついており、それを切り離してしまえば、残りの部分はみな不完全なものとならざるを得ない」のであり、学者の立場としては、このような「不具な形で公表するくらいなら、むしろ抹殺してしまった方がまし」なのである。

とはいえ、それまでの彼の人生のすべてであるこの著作がそう簡単にあきらめきれるものではない。デカルトはメルセンヌに情報を求めたり、みずからも事件関係の資料にあたったりして、今回の決定がはたして最終的なものであるかどうかを知ろうと努め、かつての「対蹠人間」の問題の時と同様、もしかしたら教会がこの決定を撤回するかもしれないとはかない希望をつなぐ一方(メルセンヌ宛、一六三四年四月某日付書簡)、地動説と切り離しがたく結びついている『宇宙論』をなんとか地動説と切り離し、部分的にでも救い出すことを考えはじめたとしても別に不思議ではない。

『宇宙論』の中心主題はいわば光学であった。『方法序説』第五部が要約しているところによれば、そこではまず光とは何かということから始まって、「光を発するもの」として太陽と恒星を論じ、次に「光を伝えるもの」として天空を、この「光を反射するもの」として惑星、彗星、地球を、そして最後に「光を見るもの」として人間を取り扱うという順序で論が進められていたのである。もしデカルトが『宇宙論』から何かを救い出したいと思うとすれば、それはまず何よりもこの光学であったろう。彼がいつ頃からこのような作業に取り組みはじめたかは一切不明だが、おそらく、彼がホイヘンスの前で「彼の『屈折光学』の一部を読んだ」(ゴリウス宛、一六三五年四月一六日付書簡)という一六三五年四月には、この作業はもうほとんど終っていたにちがいない。少なくとも、それから間もない六月ないし七月にはこの作業が完全に終っていたことは確実である。何故なら、ちょうどこの頃のものと推定されるメルセンヌ宛(?)の書簡の中で、デカルトははっきりと次のように述べているからだ。「望遠鏡のことに関して申し上げるなら、私は前に書き始めていたこの問題についての論文を、ガリレオの断罪以後、新たに改訂を加えて完全に仕上げました。近い中に、『宇宙論』とはまったく切り離して印刷させるつもりです。」

だが、ここまで来た時、彼の計画は大きく変化する。四月にデカルトと会って彼の『屈折光学』の内容を知って以来、その出版のために尽力していたホイヘンスは、同年一一月一日付のデカルトからの報告によってこの計画変更を知らされるが、それは『屈折光学』に更に『気象学』を加え、その全体に「序文」をつけて出版するというものであった。デカルトは『屈折光学』を公刊するだけではもはや満足できず、さらに大きな構想を抱くに到ったのである。この構想こそは、やがて『方法序説』として実現されることになる著作の最初の構想に他ならない。この構想はその後さらに発展させられ、『屈折光学』『気象学』の他に『幾何学』が付け加えられることになるが、それよりももっと重要なことは、この「序文」が最終的にむしろ本文となり、『屈折光学』以下の三つの論文がその付録のような形になっていったことである。この重点の移動はおそらく、彼が「序文」を書き進めているうちに徐々に起ったものであろうが、それは彼が準備してきた著作の性格を根本から変えてしまうものであった。『宇宙論』を断念したデカルトが最初に考えていたことは、言うまでもなく、彼の研究成果を少しでも救い出して公表するということであったろうが、それが今や、研究成果そのものの公表よりも、このような成果に彼を導いた「方法」を知らせることにその主眼が置かれるようになったのである。彼はおそらく、地動説と切り離した形で自分の研究成果を救い出そうという努力の限界を悟り、人びとが彼の「方法」を用いてみずから彼の到達したところまで到達することを願うようになったのであろう。そして、この「序文」こそがやがて『方法序説』として今日なお読みつがれることになる彼の精神的自叙伝に他ならない。

こうして不朽の名著『方法序説』、正確には『理性を正しく導き、諸学問において真理を探求するための方法についての序説、付、この方法の試論たる屈折光学、気象学、幾何学』は生まれたのであった。彼が『宇宙論』を断念してから三年と七カ月、一六三七年六月八日付をもってライデンのジャン・メール書店から刊行されたこの書物は、「聖書でなければ、どんな本もけっしてできなかったであろうほどの反響」(ド・サシ『デカルト』三宅・小松訳、人文書院)を今日に到るまで呼びつづけているのである。

だが、考えてみればまったく皮肉な話ではある。もしガリレオ事件というものがなかったら、『方法序説』もまた存在しなかったのだ。その代りに『宇宙論』は出版され、デカルトは『宇宙論』の著者としてその時代の学問に大きな影響を与えていたことであろう。だが、その場合、彼の名は果たして今日まで生きつづけることができたであろうか。おそらくは急速な科学の進歩とともに忘れ去られてしまっていたのではないだろうか。デカルトの後継者をもってみずから任ずるフランス科学アカデミー終身書記フォントネルでさえ、デカルトの死後わずか三八年にしてすでに次のように言っているのである。「デカルト氏以前は人びとは気楽にものを考えていた。この人を持たなかった過去の時代は幸せだったと言わねばなるまい……思うに彼こそは新しい思考の方法をもたらした人であり、この方法は、彼が教える規則そのものに照らしてさえ大部分誤りであるか、あるいは極めて不確実である彼の学問そのものよりも、はるかに大きな価値を持っているのである。」(『古代人と近代人に関する雑談』一六八八年)

デカルトの名を不朽たらしめたのは、フォントネルの言うとおり、「大部分誤りである」ような彼の学問そのものではなく、その根底をなす「方法」であった。事実、『方法序説』と言えば、今では「方法」について語られているその本文だけのことであり、彼がこの本文に付した『屈折光学』『気象学』『幾何学』は、特殊な関心を持つ人以外からはまったく読まれなくなってしまっている。本書においてこれから読んでゆこうという『方法序説』もまた、この「方法」を語った本文のことであるのは言うまでもない。

さて、それでは、彼の名を不朽たらしめたこの「方法」とはいったいどのようなものだったのであろうか。だが、『方法についての序説』とはいっても、実は、それを使えばたちまち真理が発見できるというような便利な秘法がそこに書かれているわけではない。そこにはただデカルト自身の精神の歩みが語られているだけなのである。「方法」とは結局、彼のこの精神の歩みが示している具体的な思考の過程に他ならない。デカルトは一段と高い所からありがたい「方法」——それはしいて言うならば数学的方法であるが——を説いているのではなく、彼自身の思考の軌跡を率直に語ることによって、みんなにも考えてもらい、判断してもらうことを望んでいるだけなのである。彼がこう期待しているのは、ただし、学者たちではない。学者用語のラテン語でなく俗語のフランス語で書かれたこの書物が呼びかけているのは、学者ではなく、普通の一般の人たちなのだ。既成の知識をいっぱい詰め込み、本当の意味での考えることを忘れてしまった学者たちはもはや救いようはない。デカルトが期待していたのは、形骸化した知識や権威主義によって生まれながらの良識《ボン・サンス》をまだ曇らされていない人たちなのである。

『方法序説』は、それ故、「良識《ボン・サンス》はこの世で最も平等に分配されたものである」という宣言をもって書き出される。それは、学者でない一般の人もまったく同じように神から理性を授けられているのであり、したがって、この理性を正しく導きさえすれば誰でも真理に到達できるはずだという一般の人たちに対する呼びかけなのである。デカルトの言うように、本当に理性が「平等に分配されて」いるかどうかは問題にすまい。それはデカルトの信念なのである。(1) されぱこそ彼は、このような普通の人間の一人であるにすぎない自分自身の精神の歩みを語ることに普遍的な意味を見出すのだ。彼自身、冒頭で理性の平等を宣言したのにつづけて、このことの意味を次のように説明している。

しかし、あえて申し上げますが、私は幸運にして若い時に、私を導いてさまざまな考察や教訓を得させてくれたある道と出合うことができ、そこから一つの方法を作り出したのですが、この方法のおかげで、私は順次に私の認識を拡げてゆき、私の凡庸な精神と短い人生ではとても望むことのかなわないような所まで少しずつ自分の認識を高めてゆくことができたと思っています。……以下のお話の中で、私は私の歩んできたこの道がどのような道であったかを見ていただき、私の人生を一枚の絵のように描き出して皆様の御判断を仰ぎたいと思うのです。……そういうわけですので、私のつもりは、人びとがその理性を正しく導くのに従わねばならない方法を教えようというようなことではなく、ただ、私がどのようにして私自身の理性を導こうと努めてきたかをお目にかけたいというだけのことです。他人に教訓を与えようなどと考える人は、自分がその相手よりも優れていると思っているに相違ありませんが、そのような人はもし少しでも誤るならば非難されてしかるべきでしょう。しかし、私の場合、一つの物語、あるいは一つの寓話としてこれを書いているにすぎないのですから、その中にはまねしてもいいような幾らかのことの他に、従うべきでないと思われてもしかたのない多くのこともあるでしょうが、それは誰かの役に立つことこそあれ決して害になることはないと思いますし、少なくとも私の率直さには好感を持っていただけるものと期待しているのです。

こう前置きした後、デカルトはラ・フレーシュ学院で彼が受けた教育を回想することから彼の精神の歩みを語り始めるのであるが、こうして、生きることがすなわち考えることであり、考えることがすなわち生きることであった一つの人生を描き出したことによって、『方法序説』はまさに不朽のものとなったのだ。何故なら、それが教えてくれるのは彼の考えた結果(pensées)ではなく、考えることそのこと(penser)なのだからである。どんな優れた人間でもその生きた時代の枠の中に閉じ込められている以上、その中で考えられたこと——思想——はその時代とともに過去のものとなってゆかざるを得ない。だが、一つの歴史的状況を激しく生ききった英雄たちの生涯が時代を超えて感動を与えつづけるごとく、一つの時代の課題を一身に背負い込み格闘した思考の軌跡は、永遠に考えるとは何かを教えつづけるのである。

デカルトの知的生涯はまさに劇的であり英雄的であった。ルネッサンスの黄昏《たそがれ》に生まれ合わせ、天動説的コスモス(調和と秩序を持った閉ざされた世界)の崩壊に立ち合ったデカルトは、混沌(カオス)と化した世界の中を「暗夜を一人行く人のごとく」(『方法序説』第二部)手探りで進んで行き、ついにわれわれが近代と呼んでいる新しい世界の原理を探りあてたのだ。このデカルトが克服してゆかねばならなかった危機は、ただガリレオ事件ばかりではない。何かを求めて激しく生きる人間の宿命として、危機は彼の内部からも外部からもたえず訪れた。彼の一生はこれらの不断の危機との英雄的な戦いの一生だったと言える。『方法序説』を読むとは、それ故、まずなによりもこの知的冒険者の精神のドラマをそこに読みとることなのである。

だが、『方法序説』が出版された一六三七年から数えて三五〇年、その間にデカルトの生きた時代はすっかり遠くなってしまい、彼のドラマが演じられた歴史的状況ももはや直接には理解できなくなってしまっている。そして、その一方で、皮肉なことに、『方法序説』はデカルトが語りかけた一般の人ならぬ学者たちの研究対象となってしまい、ありとあらゆる解釈やら註解やらの山に埋もれて一般の人には近づきがたいものとなってしまった。フォントネルは先に引いた一文の中で、「もしいつの日か人がデカルトにとらわれてしまい、彼をアリストテレスの場所に置くようになれば、彼もまた同じような障害と化すであろう」と予言していたが、まさにそのとおりのことが起ってしまったのである。『方法序説』を読むという作業は、それ故、今日では考古学の作業に似てこざるを得ない。それは、まず土砂を取り除いて復元し、『方法序説』を彼が生きた現実の中に置き直すことによって、彼の精神のドラマを再現するという作業なのである。こうして再現された彼の精神のドラマ――それはデカルトという一人の人間をとおして行なわれた「近代」の誕生のドラマに他ならない――は、デカルト以後われわれが熱心に追求してきた「近代」的諸価値が深刻に反省されはじめている現在、この「近代」がいったい何であったかをあらためて問い直す手がかりを与えてくれるはずである。何故なら、「近代」というものの本質も、おそらくはその出生の秘密にこそ隠されているに違いないからだ。デカルトの精神のドラマを掘り起すことによって、「近代」の誕生のドラマを再現しようという本書のこうした試みがはたして無意味でなかったかどうか、それは、傲慢なようだが、デカルトにならって、一般の読者の「良識」による判断に委ねることにしよう。

以下、便宜上、ほぼ『方法序説』第一部から第三部に相当する青年デカルトの「方法」の自覚に到るまでの青春彷徨を主題とする第I部「ワレ、イカナル人生ノ道ヲ歩ムベキカ」と、こうして確立された彼の思想的原点の歴史的意味を問う第II部「ワレ思ウ、故ニワレ在リ」――同じく第四部から第六部に相当する――の二部に分けてデカルトの精神的歩みを追ってゆくことにするが、この後半の部分に「ワレ思ウ、故ニワレ在リ」という標題を付したのは、それが彼の形而上学と自然学の原点であるからであるのは言うまでもないとして、前半の第I部の標題を「ワレ、イカナル人生ノ道ヲ歩ムベキカ」とした理由は、ドナウ河畔における「三つの夢」の中に現われるこの問いこそが、『方法序説』第一部から第三部に語られる彼の青春のドラマの中心をなす問いであったと考えられるからである。これからさっそく見てゆくように、ブレダへの旅立ちからドナウ河畔の「炉部屋」での「三つの夢」の事件に到るまでの彼の歩みは、既成の学問に失望し、真理の探究への激しい欲求を抱いた青年が「三つの夢」によってついに学問を根底から作り直すという使命が自分に与えられていることを確信するに到るまでの、不安と迷いにみちた青春彷徨であった。どんな人間においても、一つの人生を選択し賭けねばならない青春は、夢と不安の間を揺れ動く人生の危機であるが、デカルトのような途方もない野心にとりつかれてしまった青年の場合、その不安もまたいかに大きかったかは容易に想像できよう。この不安は、やがて「方法」がはっきりと自覚化されてゆくにともない、次第に自信へと変わってゆく。そしてついに、「三つの夢」はこの青年デカルトを祝福しに訪れてきたのであった。かくして、彼の「ワレ、イカナル人生ノ道ヲ歩ムベキカ」という問いに解答が与えられ、彼は一切の迷いを去って真理探求の道に一生を賭けることを決心するのである。

では、いよいよ本題に入り、まず彼のこの青春のドラマを追ってゆくことにしよう。

目　次

Ⅰ　ワレ、イカナル人生ノ道ヲ歩ムベキカ

一六一八年初頭、やがて二二歳の誕生日を迎えようとしていた青年デカルトは、オランダのブレダの空を目指して旅立っていった。こうして彼は、一六五〇年にストックホルムで客死するまでの「旅を栖《すみか》」とする生涯の第一歩を踏みだしたのであるが、今まさに世界の中に足を踏み入れようとするこの青年の心に秘められていた思いは、いったい何だったのであろうか。

デカルトのこの最初の旅は、従来、諸国遍歴をもってその子弟教育の仕上げとする貴族階級の習慣に従ったものとして説明されてきた。だが、それはデカルト家を古い家柄の封建貴族であるとする誤解に基づくものにすぎない。彼の父方の祖父はポアトゥ州シャテルロー市の医者であり、父はレンヌ高等法院の評定官であった。母方もまた医者の家系である。デカルトの出身は、いわゆる法服の貴族、つまり、法律家として出世することによって貴族の称号を獲得していった新興市民階級だったのである。この新興階級に属する父親が息子に何を期待していたかはおよそ想像がつこうというものだ。ラ・フレーシュ学院を卒業したデカルトが、ポアティエ大学に法律を学びに行ったのも、自分の後を継がせようというこの父親の意志に従ってのことであったろう。事実、彼の兄ピエールも異母弟ジョアシャンも、諸国漫遊に出かけたりしないで、おとなしく法律家の道を歩んでいるのである。

デカルトがブレダに向かって旅立ったのは、それ故、デカルト家の教育方針に従ったどころの話ではない。それは彼みずからの意志による選択であり、彼の父親に対する最初の反逆だったのだ。『方法序説』第一部で彼は「法律や医学などの学問はそれを学ぶ人に名誉と富をもたらす」と皮肉っぽく語っているが、彼は父親の期待に反してこの「名誉と富をもたらす」道を捨て、ブレダへの道を選んだのである。後年、父ジョアシャンは、「本の虫になるようなおかしな息子を生む必要があったろうか」とこの息子に対する不満をぶちまけていたということだが、この父親からすれば、哲学者デカルトもただの親不孝の出来そこないにすぎなかったのだ。

それではいったい何がこれほどまでにしてブレダに行くことを彼に決心させたのであろうか。それは戦争をしたかったからだ、というのが今のところ通説となっていることのようである。その根拠は、彼が後年になってメルセンヌ神父に書き送った手紙の中の「かつて私に武器をとることを好ましめた肝臓の熱が年とともに失われ……」(一六三九年一月九日付書簡)という一節である。つまり、若い時のデカルトは「肝臓の熱」のために戦争がしたくてしかたがなかったのだというわけである。だが、もしそうだったとしたら、旗指物を背負ってブレダに乗り込んでいった戦士デカルトにとってはあいにくなことであった。

一六〇九年にオランダ連合州とスペインの間で結ばれた一二年間の休戦条約のおかげで、ブレダは平和を享受している真最中だったのだからである。

デカルトがそんなことも知らずに、のこのこと戦争をしにブレダまで出かけていったとはにわかに信じがたい。彼が父親の意に逆らってまでブレダに向かったのには、おそらくもっと別の理由、彼の人生の選択にかかわるようなもっと深い理由があったと考えるべきではないだろうか。この深い理由を見つけ出すのに、なにもデカルトに関する文献の山をひっかきまわしたりする必要はない。『方法序説』第一部こそは、デカルトみずからがこの深い理由を語ったものに他ならないのだからである。「肝臓の熱」などという半ば冗談のような片言隻句にその理由を求めることは、はじめから必要ではなかったのだ。

デカルトは『方法序説』第一部の末尾に近く、彼が旅に出た理由を次のように説明している。

そんなわけで私は、もう先生たちに従わなくてもいい年齢に達するやいなや、書物による学問を完全に放棄してしまいました。そして、私自身の中か、それとも世界という大きな書物の中かに見出されるであろうような学問以外は求めるのをやめようと決心して、私の青春の残りを旅することに、宮廷や軍隊を見ることに、いろいろな気質やいろいろな身分の人と交わることに、いろいろな経験を積むことに、偶然が与えるいろいろな機会において自分を試みることに、そしてまた、私の前に現われるいろいろな事柄からなんらかの利益を引き出すよう考察を加えることに用いたのです。

戦争がしたかったなどとはどこにも書かれていない。彼が旅に出たのは、学校で教えられた「書物による学問」にすっかり失望し、自分自身の内部と世界という大きな書物の中で学び直そうと決心したからなのである。それはつまりは、それまでの一切の既成の学問を否定して自己と世界という学問の原点に立ち戻り、そこから自分で全部やり直そうということに他ならない。そして、事実、彼はそのとおりのことをやってしまったのだ。彼はその生涯によって、「書物による」過去の学問を根底からくつがえし、「自己」と「世界」から出発してまったく新しい学問の基礎を築くという、まさしく歴史的な任務を果たしたのである。

だが、それはもちろん後のことであり、今まさにブレダに向かわんとしている二二歳の青年デカルトが、そこまで明確な自覚を持っていたとはとても思えない。『方法序説』の出版は一六三七年、デカルト四一歳の時であり、そこに語られている彼の青春の歩みは、こうした回想的文章の常として、後年の視点から整理され再構成されたものとならざるを得ない。父親に反逆し、「名誉と富」の約束された道を捨ててブレダに向かおうとしている彼の心境は、実際はもっと不安と迷いにみちたものであったろう。

もし彼の考えていたことが、既成の学問知識を修めて教授か聖職者にでもなろうというようなことだったら、こうした不安も迷いもなかったに違いない。それは法律家の道を選ぶとか医者の道を選ぶとかいったこととそれほど本質的に違ったことではないからである。だが、彼の考えていたのはそういうことではなかった。彼が旅に出ることを決意したのは、まさにこの既成の学問知識に失望し、自分自身で真理を探求しようという激しい欲求を抱いたからなのである。それは、言いかえるなら、学問の革命家、新しい学問の建設者になろうということに他ならない。たとえまだ漠然とではあったにせよ、このような途方もないことを考えてしまった青年がもしなんの不安も感じないでいたとしたら、それは単なる誇大妄想狂にすぎないだろう。自分に果たしてそんな力があるのかという不安。幻想に欺かれて道を誤ろうとしているのではないかという不安。そしてまた、名誉とも富とも無縁な孤独な真理探求者の人生を本当に最後まで貫いてゆけるのかという不安。だがこうした不安にもかかわらず、青年デカルトは、彼の内なる止むに止まれないものの力に突き動かされて、ブレダへの取り返しのつかない一歩を踏み出してしまったのだ。彼を突き動かすこのデーモンが、どんなに遠くまで彼を連れてゆくことになるか、この時の彼はもちろん知る由もなかったが、それはわれわれの知っている哲学者デカルトへの運命的な第一歩だったのである。

旅に出ることを彼に決意させたもの、それはラ・フレーシュ学院で学んだ「書物による学問」に対する失望であった。ということは、もしこの失望がなかったら、彼は旅に出ることもなかったろうし、従って哲学者デカルトもまたいなかったということである。この失望こそは、まさに哲学者デカルトの出発点だったのだ。ラ・フレーシュ学院は、いわば、少年デカルトを失望させることによって哲学者デカルトを生み出したのである。それでは、デカルトを失望させたこのラ・フレーシュ学院は、そんなにつまらない学校だったのであろうか。実はそうではない。むしろその逆である。この学校は「ヨーロッパでも最も有名な学校の一つ」(『方法序説』第一部)であり、デカルト自身も「もしこの地上のどこかに学識ある人がいるとすれば、それはここにこそいるにちがいない」(同前)と考えていたのである。そして、それだからこそ彼は深く失望したのだ。彼が失望したのはラ・フレーシュ学院に対してではなく、そこで教授された当時最高の学問に対してだったのである。『方法序説』第一部は、彼の全人生の出発点となったこのラ・フレーシュ教育を回想したものである。それでは彼はいったいどのような期待を抱いてここに学び、そして、どのようにして失望したのであろうか。さっそくデカルト自身の口から聞くことにしよう。

1　ラ・フレーシュ学院

　私はまだ幼い時から書物による学問によって育てられてきました。そして、この勉強によって、人生に役立つすべてのことについて明晰で確実な知識が得られると聞かされていたので、これらの学問を学びたいと心から望んだのです。しかし、その全課程を修了して、学問のある人間の一人として扱われるようになると同時に、私はすっかり考えを変えてしまいました。何故なら、気がついたら私はただ疑問と誤謬の中で当惑しているだけであり、一生けんめいに学ぼうと努めながら、かえってますます自分の無知を悟っていったということ以外には、何ひとつ役に立つことはなかったと思えたからです。しかしながら、私のいた学校はヨーロッパでも最も有名な学校の一つであり、もしこの地上のどこかに学識ある人がいるとすれば、それはここにこそいるにちがいないと私は考えていました。私はこの学校で他の人たちが学ぶかぎりのことはすべて学び、それればかりか、教えられる学問だけでは満足せず、最も新奇なものとされている学問(2)を扱った書物まで、手にすることのできたかぎりは目を通しました。

それに、私は自分がどのような評価を受けているかを知っていましたが、それは決して私が同級生たちより劣っているというものではなかったはずです。この同級生たちの中には先生たちの後を継ぐことになっていたような人もすでに何人かはいたのですが。そして、最後にですが、私たちのこの時代は多くの優れた精神が活躍していることにおいてこれまでのいかなる時代にも劣らないと私には思えます。こうしたことを考え合わせた上、私は私自身を基準にして他の人たちのことを判断し、この世には最初に私が期待したような学問は実は存在しないのだと考えることが許されると思ったのです。

彼は決して自分が優秀な生徒であったことを自慢したいのではない。彼のような人間は、自分を妙に卑下もしないかわりに、決して空威張りもしないものなのだ。彼が言いたいのは、要するに、学校にいかなかった一般の人がなにかありがたいもののように思っている学問が、実はなんの役にも立たないこけおどしにすぎないということなのである。そして、ラ・フレーシュのような優れた学校で、誰にも負けないほど勉強したが故にこそ、自分は確信を持ってそのことを断言できると彼は言っているのだ。

考えてみれば、彼は大変なことを言っているのである。それは結局、何百年、いや何千年の歴史を持つ学問も、すべてこれ無用の長物にすぎないということである。ラ・フレーシュ学院を卒業したばかりのデカルトが、そこまでの確信を持ってすべての既成の学問を否定し得たとはとても思えない。ここでも彼は後年の彼の確信を反映させて語っているのであり、当時のデカルトはただ既成の学問に深く失望していただけなのであろう。彼は先生たちから、「この勉強によって、人生に役立つすべてのことについて明晰で確実な知識が得られる」と期待させられていたのであるが、それは彼の期待したほど明晰でも確実でもなかったということだ。そして、彼にとっては彼の望んでいるような意味において明晰でも確実でもないものは、およそ「人生に役立つ」ものとは思えなかったのである。

同じ『方法序説』第一部の終りの方で、彼はその当時の彼が「自分の行為において明晰に判断し、この人生において確実に歩むために、真を偽から区別することを学びたいという激しい欲求を抱いていた」(傍点引用者)と語っているが、「明晰で確実」なものに対するこの「激しい欲求」こそは、彼にとりついたデーモンの正体であった。このデーモンが彼に、「自分の行為において明晰に判断し、この人生において確実に歩む」というような、およそ不可能なことを要求させたのである。人生というものは、数学のように一に一をたせば二になるというような具合にいくものではない。そんなことを要求する方がそもそも間違っているのだ。もちろん、デカルトもやがてそのことに気づいてゆく[3]。だが、それはずっと後、『方法序説』よりも更に後のことであり、若いデカルトはただひたすらこのデーモンに駆り立てられていた。そして、このデーモンの故にこそ彼はラ・フレーシュ教育に失望したのである。

しかしながら、彼の先生であるイエズス会士たちも、決していいかげんなことを言って幼いデカルトをだましていたわけではない。「人生に役立つ明晰で確実な知識」を与えることこそはイエズス会教育の理念であり、彼の先生たちの信念であったのだ。ただそれは、この言葉によってデカルトが期待したようなものでなかっただけなのである。問題はまさにこのずれにこそある。デカルトは「人生に役立つ明晰で確実な知識」という彼自身の学問理念をこのイエズス会の教育理念から継承したのだというような説をなす人もあるが、それは言葉の表面にとらわれてしまった結果にすぎない。言葉は同じでも、それによってイエズス会士たちが意味していたことと、それによってデカルトが期待したこととはまったく別だったのである。このずれこそは彼の出発点であった。このずれが彼にラ・フレーシュ教育、つまりはそれまでの一切の学問を否定させるとともに、彼の要求を充たすようなまったく新しい学問の建設へと向かわせたのである。では、このずれは具体的にはいったいどのようなところにあったのであろうか。だが、デカルト哲学の原点ともいうべきこのずれを明確にするためには、まず、ラ・フレーシュ教育がどのような教育であったかをひととおり見ておく必要がある。

ラ・フレーシュ学院は一六〇四年にイエズス会によってアンジュー州ラ・フレーシュに

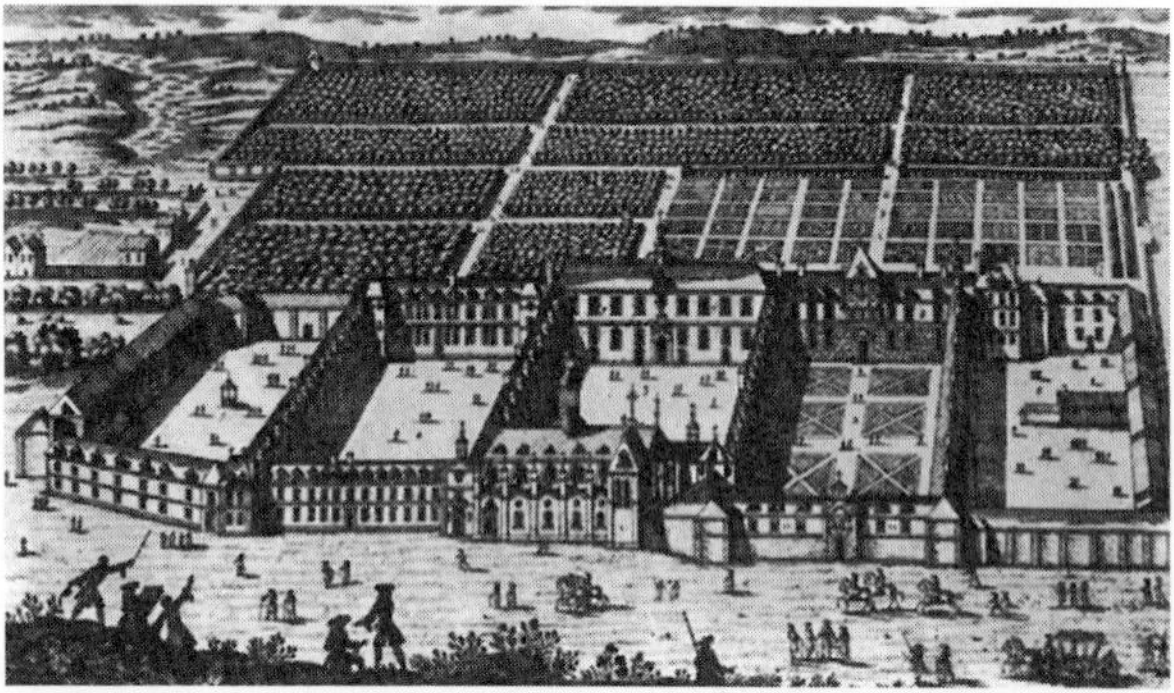

図1　デカルト在学当時のラ・フレーシュ学院(現在は陸軍幼年学校).

設立された学校であるが、この学校はその設立までにいろいろと複雑な経緯をたどっている。イエズス会はそもそも、燎原の火のごとく拡がってゆく宗教改革に対抗して、民衆をカトリック側に取り戻すことを主要な目的としていたのであり、このような目的からしても、この修道会がやがて教育に深い関心を持つようになったのは当然であるが、この新興修道会が教育事業に手を出そうとした時、中世以来長い伝統を持ち排他的に教育を独占してきた大学と衝突しなければならなかったのもまた当然だったからである。そして、この大学対イエズス会の争いが最も激しい形で政治問題化したのがフランスであった。ガリカニズム(フランス教会のローマ教皇庁からの相対的独立)の伝統を持つフランスにおいては、ローマ教皇に絶対服従を誓うイエズス会は本質的にこのガリカニズムの敵であり、フランスに不和と分裂をもたらす脅威とみなされていたからである。フランスにイエズス会の学校が設立されたのは、一五六一年にパリのクレルモン学院ができたのが最初であるが、それまでにはフランス司教団、大学、高等法院の激しい反対を押し切らねばならず、クレルモン司教ギヨーム・デュプラから学院設立基金を遺贈された一五三五年から二六年もの争いを経てようやく設立にこぎつけたのであった。このクレルモン学院をかわきりに、イエズス会はフランス各地に学校を開設して大成功をおさめるのであるが、そこに、クレルモン学院に学ぶジャン・シャーテルという青年がアンリ四世の暗殺を企てるという事件が起り(一五九四年一二月二七日)、イエズス会はその教唆煽動の疑いを受けてフランス全土から追放されてしまう。そこに大学と高等法院の激しい反イエズス会キャンペーンと圧力が働いていたことは言うまでもあるまい。

だが、不可解なことに、イエズス会はその九年後、当のアンリ四世によって再びフランスに呼び戻され、パリを除く(後にはパリでも認められる)一四の都市で学校を開くことを許されるのである(一六〇三年九月一日勅令)。そして、その先陣を切って翌一六〇四年に設立されたのが、デカルトの学ぶことになるラ・フレーシュ学院に他ならない。アンリ四世がいったいどういうつもりで、大学と高等法院の激しい反対を押し切ってまでイエズス会を再び呼び入れたのかは謎である。高等法院長の抗議に対してアンリ四世が答えた文書が残っているが(一六〇三年一二月二四日付)、そこでも彼は言を左右するばかりで、何故イエズス会を入れなければいけないのかという積極的な理由は何一つ述べていないのである。「とんぼ返りをうって」プロテスタントからカトリックに改宗したこの国王の、ローマとカトリック強硬派に対するジェスチャーだという解釈もある。イエズス会教育をなつかしむ上層階級の圧力によるという見方もある。あるいはまた、この決定に先立ってアンリ四世が大学改革を実施(一六〇〇年)していることを考え合わせるなら、イエズス会を入れることによって両者を競争させるとともに、あまりにも強大な大学の力を押さえようとしたのだとも考えられなくはない。だが、それにしても、この時のアンリ四世のイエズス会に対する肩入れの仕方はただごとではないという気がする。ラ・フレーシュは彼の出身であるブルボン家のゆかりの地であり、彼の少年時代の思い出、暗殺された寵姫ガブリエル・デストレの思い出にみちた場所なのである。彼はこのなつかしい城をイエズス会の学院に与えたばかりか、死後、その心臓をラ・フレーシュ学院の教会堂に葬るよう遺言までしているのである。謎というのはそのことだが、それはここではともかく、この国王の絶大な好意に応えて、イエズス会がどんなに張り切って再びフランスに乗り込んできたかは容易に想像できよう。一五八六年の『イエズス会教育綱領(ラティオ・ステュディオルム)』を更に一五九九年に改訂し、それまでの教育経験の集大成の上に立つ自信にみちた教育方針を確立して満を持していたイエズス会は、一六〇四年一月二日に、前年九月一日の勅令が高等法院に登録され発効するやいなや、この教育方針を理想的な形で実施すべく、まずラ・

フレーシュに、会の保有する最も優秀な人材を送り込んだのである。デカルトが「もしこの地上のどこかに学識ある人がいるとすれば、それはここにこそいるにちがいない」と言ったのは、決して誇張ではなかったのだ。

デカルトがこの学院に入学した時期についてはいろいろな説があるが、ここでは細かい議論に立ち入ることは避け、最も妥当と思われるロディス＝レーヴィス説（『デカルト――テキストと論議』一九八四年）に従って、学院開設から間もない一六〇七年四月のことと考えておこう。彼の親類筋にあたるシャルレ神父がその前年にラ・フレーシュ学院に着任し（翌年院長となる）、この縁をたよってデカルトはこの学院に預けられたのだろうと想像されている。ただ、このシャルレ神父の特別扱いのおかげで、彼は一般の生徒のように朝の課業に出ないでベッドでゆっくり思索にふけっていたという話（アドリアン・バイエ『デカルト氏の生涯』一六九一年）はいささかまゆつばである。訓育を重視していたイエズス会の学寮生活はなかなか厳しく、起床時間もデカルトの頃には四時から五時へと緩和されていたが、朝課、礼拝、自習時間というように細かく日課が定められており、そのすべてが厳しい監督のもとに行なわれていた。違反がむちによって罰せられたことは言うまでもない。それは「プロシャ王がその軍隊に課した規律と同じもの」（ジャン・ド・ヴィグリー『子供の教育』一九七八年）だったのである。学院長の親類だからといって彼だけが特別扱いを受けたというのでは、まったく筋の通らない話ではないだろうか。もしバイエの伝えるこの話が本当であるとすれば、それは「母からの遺伝として空咳と蒼白い顔色を承け」、「医者の誰からも若死すると言い渡されていた」(エリザベート宛書簡、一六四五年五月あるいは六月付)彼の健康上の理由によるものだったであろう。彼はもしかしたら今日で言う低血圧だったのかもしれない。

それはともかく、彼がこの学院に八年半ないし九年の間在学したことは確かである(ホイヘンス宛書簡、一六四〇年七月二二日付、その他)。『イエズス会教育綱領』によれば、入学者は八年間で全課程を修了することになっているのであるが、それは出身地の教会付属学校などでラテン語初歩の手ほどきを受けた生徒を想定しているからであって、実際には、このような準備のない生徒も多く、そのために一種の入学準備クラスが設けられるようになったのであり、デカルトもおそらくはまずこの準備クラスに入ったため、八年以上この学校に在籍することになったのであろう。こうして計算は合う。彼は一六一五年末または一六一六年始めにラ・フレーシュ学院を終えた後、イエズス会の学院では取得することのできなかった学士号(大学の反対によってイエズス会の学院は一六二八年まで学位授与権を持たなかったのである)を取るためポアティエ大学におもむき、一六一六年一一月九日に法学士号を(そして、おそらくはその少し後に医学士号を)取得するのである。

ところで、『イエズス会教育綱領』に定められたこの八年間の教育課程であるが、それは前期五年と後期三年に分けられており、前期は、まず最初の三年間の文法学級においてラテン語(および、ある程度のギリシャ語)を徹底的にたたき込み、ついで一年間の人文学級でギリシャやラテンの文学や歴史に親しませ、最後の一年間の修辞学級における雄弁術(詩を含む)の修錬をもって完結して後期に接続する。後期三年は哲学級であり、その一年目は論理学、二年目に自然学、そして最終学年の形而上学と倫理学によって全課程が完成するのである。

アリストテレス哲学を基本とするこの後期三年の哲学級は、言うまでもなく中世のスコラ学の伝統を引くものであり、その細部の説明の仕方などで教授者にかなりの自由が認められていたというようなことを別とすれば、そこに特に新しさがあったわけではない。このイエズス会教育の重要な特色をなしていたのは、この哲学級が前期五年の人文学的教養の基礎の上に据えられていたということである。十五世紀末から十六世紀初頭にかけての人文学者たちによって復興された古典古代の文化は、それまで教育の枠外に置かれていたのであるが、イエズス会はそれを先んじて教育体系の中に採り入れたばかりか、その根底に据えてしまったのであった。これがいかに前向きの進取的姿勢であったかは、同じカトリックでも、人文主義者たちを目の敵《かたき》にしていたパリ大学神学部の態度などと較べてみれば明らかであろう。

周知のごとく、人文主義は福音主義を生み、やがては宗教改革へとつながっていったのであり、この宗教改革に対抗することを目指すイエズス会からすれば、それはある意味では敵でさえあった。だが、「人文主義者の王者」エラスムスの同時代人であるイエズス会の創設者イグナチウス・デ・ロヨラは、人文主義の危険と同時にその価値と魅力を知りつくしており、これを禁圧することの愚を十分に知っていた。それ故、彼は逆にこの人文主義を自分たちの側に取り込み、これを自分たちの目的に合った形に変えて役立てようとしたのである。

こうしてルネッサンス人文主義を採り入れるというイエズス会教育の大方針は生まれ、デカルトが学んだラ・フレーシュ学院も、このイエズス会の基本方針のもと、中世のスコラ学の伝統と新しいルネッサンス人文主義との総合を実現する当時最も進んだ教育を行なっていたのであった。だが、それにもかかわらずデカルトは失望したのである。それはつまり、彼がこのスコラ学と人文主義という二つの学問伝統のそれぞれに失望したということに他ならない。『方法序説』第一部の中心をなすラ・フレーシュ教育批判は、結局、この既成の二つの学問伝統に対する批判なのである。それでは、彼はこの新旧二つの学問伝統に対して具体的にどのように失望したのであろうか。

『方法序説』第一部は、文法学級、人文学級、修辞学級、哲学級と彼が受けた教育の段階を追いつつ批判を展開し、最後にポアティエ大学で学んだ法律(とそして医学)をも批判の対象とするのであるが、その際、まず賞め上げてからくさすというフランス的伝統に忠実に、彼はまずそのそれぞれの役に立った点を数え上げる。その後で一転してきびしい批判に移ることになるのは言うまでもない。では、これらの学問はどのような点でどのように彼に「役立っ」たのであろうか。まずはこの点から彼の言うところを聞いてみることにしよう。

しかしながら、私は学校でみんなが一生けんめいになっているいろいろな訓練が無価値だなどと思っていたわけではありません。そこで学ぶ諸言語は昔の書物を理解するのに不可欠であり、物語の気高さは精神を目覚めさせ、歴史上の華々しい事蹟は精神を高めるばかりか、注意深く読むならば判断力を養うのに役立つということを私は知っていました。また、良い本を読むことは、その著者である過去の最も立派な人たちとの対話、それも彼らが彼らの考えのうちの真髄だけを明かしてくれる精選された対話であること、雄弁は比類のない力と美を備えていること、詩は心を奪うような優雅さと甘美さにみちていることも承知していました。更にまた、私は、数学が精妙なる多くの発明を生み出し、好奇心の強い人を満足させるだけでなく、技術にも応用されて人間の労働を軽減するのに役立つこと、モラルを論じた書物は多くの有益な教訓と美徳への勧めを含んでいること、神学は天国に到る道を教え、哲学はすべてにつけてもっともらしく話し無知な人を煙にまく術《すべ》を与えてくれること、そしてまた、法律や医学などの学問はそれを学ぶものに名誉と富をもたらすことも知っていたのです。そして、この上もなく迷信的で怪しげな学問をも含めて、これらすべての学問をひとおり検討してみたことは、それぞれの価値を正当に認識し、妙な幻想を抱かなくてすむようになるためにもよかったと思っています。

哲学、法律学、医学についての彼の言い方はまさに皮肉そのものであり、彼は自分がそこに何ひとつ学ぶべきものを見出さなかったことを隠そうとはしていないが、前期五年の人文課程については、いかにも彼の先生たちの言っていたことを受け売りしているという印象ではあるが、それなりに評価はしていると言っていいだろう。アリストテレス哲学を基本とする後期三年の課程の中では、数学以外にはまったく興味を持つことのできなかったデカルトも、イエズス会人文主義教育については、ある程度においてではあるが、「役に立つ」ことを認めているのである。もちろん、この人文主義教育も決して彼を満足させるものではなく、それ故にこそ、『方法序説』は次にそれを批判しはじめるのであるが、しかし、それにしても、この人文学に対する彼の態度と哲学その他の学問に対する露骨に軽蔑的な態度との違いは印象的である。それは結局、これまで一般に考えられてきたのとは反対に、デカルトのラ・フレーシュ教育批判の主眼がそのスコラ哲学批判にではなく、人文主義教育批判の方にこそあったことを意味するものではあるまいか。人は普通、頭から軽蔑しているものを批判したりはしない。批判するのは、問題にするに足るだけの価値をそこに認めている時なのである。実際、デカルトがこの後で展開するラ・フレーシュ哲学教育批判は、批判というようなものではなく、ほとんど揶揄嘲笑に類するものなのだ。順序は逆になるが、この後につづく彼の人文主義教育批判を見る前に、まず彼が哲学についてどんな言い方をしているかを見てみよう。

哲学については何も言うことはありませんが、ただ次のことだけを申し上げておきましょう。それは何百年何千年の昔から最も優れた精神の持主たちによって探求されてきたにもかかわらず、今日なお議論に結着がついたようなことはひとつもなく、従って、疑いをはさむ余地のないようなことは何ひとつそこに見出すことができないのを知った私は、自分がこの道で他の人たち以上にうまくやれると思うほどうぬぼれることはできませんでした。そしてまた、一つのことについては正しい意見は一つしかないはずなのに、この同じ一つのことについて、いかに多様な意見が学者たちによって主張され得るかということを見て、本当らしく見えるにすぎないものは、すべてこれ偽と見なすことに決めたのです。

哲学には本当のことは何ひとつなく、ただ本当らしく見せかけるだけのものにすぎない。

これはもはや端的な否定であって、批判というようなものではない。このことは、彼と同時代の多くの思想家たちにとってと同様、彼にとっても、アリストテレス哲学はいまだに権威を持ち支配しているという意味において打倒の対象ではあったかもしれないが、今更まともに批判するような対象ではなかったということを意味するものではあるまいか。古典的な『方法序説註解』を書いた中世哲学の権威エティエンヌ・ジルソン以後、アリストテレス＝スコラ哲学とデカルト哲学との連続性がさかんに強調されるようになったのだが、あまりにこの連続性を強調しすぎると、肝腎なデカルトの画期的な新しさを覆い隠してしまうことになりかねない。デカルトが思考の道具としてアリストテレス＝スコラ学的既成概念を用いざるを得なかったのは時代として当然のことなのであり、このような側面にばかり注目して連続性をうんぬんしていると、ついには木を見て森を見ないようなことになってしまうのではないだろうか。アリストテレス＝スコラ哲学に対する『方法序説』の態度ははっきりしている。「哲学については何も言うことはない」のだ。ジルソンがなんと言おうと、このデカルト自身の言葉は誤解しようがない。この過去の「哲学」は彼にとってはまったく関心の外であり、彼とはなんのかかわりもないのである。

これに対して、修辞学を頂点とするラ・フレーシュ人文主義教育批判はまさに批判らしい批判だと言える。彼はまずその優れた面を認めた上で、次にその欠点を指摘するのだ。このことは、イエズス会人文主義の批判こそが、『方法序説』第一部における彼のラ・フレーシュ教育批判の核心であることを示すものに他ならない。それは結局、哲学者デカルトの出発点がこの人文主義批判にあったことを意味するものではないだろうか。デカルトは、一般に信じられているように中世のアリストテレス＝スコラ哲学のアンチ・テーゼだったのではなく、ルネッサンス人文主義のアンチ・テーゼとしてイエズス会人文主義教育が生み出した鬼子だったということである。だが、デカルト哲学の形成に関するこの最も根本的な点を理解するためには、その前にまず、このイエズス会人文主義教育そのものについて多少知っておくことが必要であろう。

教育に取り組むことを決意したロヨラがまずやったことは、会の中の古典学者たちに命じて古典の選文集を作らせることであった。このことはイエズス会的人文主義の本質が何であったかをよく示している。イエズス会が採用した人文主義は、古典古代のありのままを知ろうという本来の人文主義ではなく、そこから異教的あるいは非キリスト教的な要素を切り捨てた、いわば消毒された人文主義だったのである。それは、ルネッサンス人文主義の価値を評価しつつも、その危険性を十分に認識していたイエズス会の苦しい選択だったと言えるだろう。

この点、大学の側の態度はイエズス会とははっきり異なっていた。アンリ四世による一六〇〇年の大学改革によって、人文主義は大学の中でも明確な市民権を持つにいたったのであるが、古典古代を心から敬愛していた大学の教師たちは、それを消毒しなければならないなどとは少しも感じていなかったのである。そのどちらの態度が正しかったかといった議論にここで立ち入るつもりはない。ただ、この大学側の態度のみが正当であるとは一概に言えないのであって、たとえばE・デュルケムなどは、この大学の態度の方を「歴史的幻想に由来するもの」として批判し、「一方〔古典古代〕の幸福主義的精神を基調とする文明と、他方〔キリスト教文明〕のそれとまったく反対の精神に立脚する文明との間の隔たりをはっきりと感得していた」イエズス会の方が「より先見の明があった」(『フランス教育思想史』小関藤一郎訳)と、このイエズス会の態度の方をむしろ積極的に評価しているのである。それに、第一、判断力の未熟な若い生徒たちを対象とする教育の場に人文主義を導入しようとする時、そうする以外にいったいどんな方法があったであろうか。イエズス会の人文主義は、人文主義者たちの人文主義ではなく、あくまでも教育的人文主義なのである。

だが、その是非はともかくとして、このイエズス会的人文主義が、古典古代をキリスト教的立場から消毒し、いわば虚構化したものであったことに間違いはない。こうして、異教的古典古代はキリスト教化され、キリスト教道徳の模範として理想化されることになる。かくてローマ人は、カンブレの司教フェヌロンの言葉を借りるなら、「高貴な生まれの人ばかりでなく全部の人たちが、生まれつき節制を好み、無私無欲で、死を怖れず、ただ名誉と英知のみを大切にしていたのです」(『女子教育論』第七章)というようなことになってしまうのだ。

この理想化は、イエズス会の徹底した教育方針によって更に完全なものになる。学院の中では世俗の悪に染まったフランス語を話すことは禁じられ、生徒たちはラテン語だけで生活する。こうして彼らは現実の社会から切断され、いわば過去の世界の住人となるのだ。この切断はさらに、歴史をできるだけ教えないという方針によってますます完全なものとなる。十七世紀も末になると、イエズス会はむしろ積極的に歴史を教育に取り入れようとするのであるが、デカルトが学んだ頃はまだ、イエズス会は歴史に対して強い警戒心を持っていたのである。リヨン管区のパトルニウス神父は一六〇四年の書簡の中で、「歴史を説明する時には、市民としての節度を守るよう特に注意しなければならない」と述べているし、一六一二年には、シャンベリのイエズス会学院長が、タキトゥスの『年代記』を読むことを許可したことで、「このような書物を読むことは宗教者にふさわしからぬ政治的野心を育てる危険がある」と注意されている(以上、フランソワ・ド・ダンヴィル『イエズス会教育』による)。こうした資料から察せられることは、歴史教育が革命的な共和主義の温床となることをイエズス会が怖れていたということであろうが、宗教戦争がようやく収拾されて平和と秩序に向かって歩み始めていた当時のフランスの状態においては、それはある意味では当然の配慮であったとも言えるだろう。

しかし、その結果として、ローマは歴史的に相対化されることなく、生徒たちにとってはそのまま現実となってしまう。人文学級や修辞学級では、カエサル、サリュストス、ティトゥス・リヴィウスなどの史書が講じられたが、それは歴史というよりはむしろ道徳や修辞学の教科書のごとく扱われていたのである。こうして、生徒たちは現実から隔離されて、理想化され絶対化されたローマ世界の中で生きることになる。彼らにとって現実とは、この抽象的な過去の世界なのだ。ラ・フレーシュ学院を卒業したデカルトがあらためて自分の無知を痛感し、「世界という大きな書物」の中で学び直そうと考えたのも、一つにはそのためなのである。

こういうといかにも、イエズス会が生徒たちを現実から隔離し、殺菌して、現実に無知な人間に仕立て上げようと専念していたかのようであるが、それは違う。逆説的に聞こえるかもしれないが、イエズス会は実はこのような方法によって現実に役に立つ有能な人材を育てることを目指していたのであった。そして、デカルトを失望せしめたこの人文主義教育は、このような人材の育成に大いに役立つはずだったのである。イグナチウス・デ・ロヨラは、一五四七年五月二一日付の書簡で、この人文主義教育について次のように語っている。

知性はまず活動することに慣れてゆかねばなりません。そしてそれは難しすぎもせず、無味乾燥でもない事柄からであるべきです。それが未経験で跪弱な知性にも可能な人文学なのです。それは彼らを啓発し、より困難な問題と取り組むことを可能にするでしょう。

人文学はまず第一に未熟な生徒たちの知性の訓練の場であり、それはやがて本当の問題を解決するための準備として役立つはずなのである。このロヨラの考え方は基本的にエラスムスのそれと同じだったと言っていい。エラスムスはその『学習計画』の冒頭で、知識を、事物についての知識と言葉についての知識の二つに分け、事物について学ぶ前にまず言葉について学ぶべきであると主張し、この順序を守らずに直接に事物に向かおうとするのは、「泥足のまま」(月村辰雄訳)神殿に入ろうとするようなものだと批判しているが、これが博識それ自体を目的とするラブレー的人文主義の批判であることは明らかであろう。あくなき知的食欲をもって、古今東西の学問技芸は言うに及ばず、空飛ぶ鳥から水に潜む魚にいたるまですべてを知りつくそうというそのこと自体は素晴らしいが、しかし、教育的見地からすれば、それは方法を欠いていると言わざるを得ないのである。イエズス会が、「言葉についての知識」(4)を中心とする前期五年の上に「事物についての知識」を学ぶ後期三年を置いたのも、まさにこのエラスムス的な考え方からに他ならない。この「言葉についての知識」の堅固な基礎の上にこそ、役に立つ「事物についての知識」は築かれるはずなのである。そして、エラスムスも言うように、この「事物についての知識こそは最も重要」(同前)なのだ。

このような考え方に立つイエズス会が、あまり歴史を教えることに熱心でなかったのも、教材は選文集をもって足れりとしていたのも当然である。問題は「言葉についての知識」であり、最も効率よくこの目標を達成するためには、ラブレー的博識はむしろ邪魔なのである。それはテキストを理解するのに必要な最小限で十分なのだ。

実際、この効率ということにおいて、イエズス会の学校ほど徹底していたところはない。生徒たちにラテン語だけで生活させたのもそうだが、更に、「ペンこそは最良の師」(同前)というエラスムスの勧めに忠実に、ほとんど毎週のように作文(詩作を含む)が生徒たちに課されていた。一六〇〇年の改革以後、大学もほとんどイエズス会と変わらないようなシステムと方法を採用していたのであるが、そこでは在学期間中に三回作文を提出すればよかったのに較べると、いかにこのイエズス会教育が徹底していたかが分るであろう。

だが、そこが重要なところだが、この「言葉についての知識」は、ただ「事物についての知識」の準備としてのみ意味を持っていたわけではない。それはまたそれ自体の目的をも持っていたのである。その目的は、イエズス会教育の前期五年が修辞学級をもって完結することにはっきりと示されているように、修辞学であった。この点でも、『学習計画』と『イエズス会教育綱領』の深いつながりは否定できない。イエズス会人文主義は、まさに表現技法の習熟を最終的教育目標とした『学習計画』の修辞学的人文主義なのである。

今日のわれわれからすれば、修辞学などというものが教育目標となること自体、なにか奇異なものに感じられる。デュルケムは『学習計画』の理念を「文芸的形式主義」と呼び、これを現実ばなれした貴族主義的趣味的なものにすぎないときめつけているが、われわれもまた、デュルケムと同じように、そんなものがいったい現実になんの役に立つだろうと思わざるを得ないのである。だが、それは現在のわれわれから見てであって、当時においては、この「文芸的形式主義」は実は極めて現実的な意味を持っていたばかりでなく、いわば革命的なものでさえあったのである。

デュルケムが、この「文芸的形式主義」に対して、「文法的形式主義」と呼ぶカロリンガ王朝時代の教育も、同じくデュルケムが「論理的形式主義」と名付ける中世盛期の大学教育も、デュルケム自身が高く評価しているように、それに見合う現実を持っていたのであり、こうした形式主義的訓練によって論理的思考力を身につけた人たちは、その時代の優れた現実的指導者になっていったのである。だが、この中世文明が終りを告げた時、「文法的形式主義」も「論理的形式主義」もその現実を失ってしまった。そこに新しい方法として登場したのが、この「文芸的形式主義」なのである。

エラスムスの尊敬する師ロレンツォ・ヴァルラをはじめ多くの人文主義者たちが実感していたのは、スコラ的論理学がもはや対象を持たない抽象的思弁に堕しているということであった。宗教的異端を折伏するにせよ、政治を動かすにせよ、法廷で論陣をはるにせよ、ただの三段論法的論理ではもうどうしようもなくなってしまっていたのである。理性とともに感情と意志に働きかけるのでなければ、もう誰も動きはしないのだ。この新しい現実に対して、人文主義者たちが論理学に代わる「方法」として提出したのが修辞学に他ならない。それは現実と無縁な貴族趣味どころか、時代の要請する最も有効な方法だったのだ。イエズス会士リショーム神父の次の言葉は、三段論法に代わるこの修辞学的方法の意味を見事に言い表わしている。

一つの問題を精神と言語によって優雅精妙に処理できること、すなわち、それを美しく正しい観念によって思惟し、これらの観念を思慮深く順序立て、これに豊かな表現を与え、確かな記憶力と、そして生き生きとしてよく響くと同時に優しく沁みこむような声でそれを聴く者の耳に伝え、こうして全身を動員して相手を納得させること、これこそは神的にして人間的、人間的にして神的なことである。かくして、新しい考えや新しい望みを抱かせたり、古い考えを捨てさせたり、強情な意志を屈伏させたり……おのれの欲するところに従って、うむを言わせずに相手を説得したり意見を変えさせたりすることができるのである。(ド・ダンヴィル『イエズス会教育』の引用による)

この修辞学の有効性はデカルトの時代に入ると、ヴァルラやエラスムスの時代以上にますますはっきりしたものになってくる。フュマロリの言う『雄弁の時代』の到来である。フュマロリは極めて不十分な形で指摘しているにすぎないが、それは「想像しがたいものを想像させ、本当らしからぬものを本当らしく思わせる」(同書六七九頁)十七世紀の演劇的なバロック的精神状況と決して無関係ではあるまい。このような時代の中で、イエズス会の人文主義教育はロヨラの期待したごとく、多くの優れた人材を次つぎに生み出していったのであった。イエズス会教育はまさに「役に立つ」教育だったのである。

デカルトもそのことをまったく理解しなかったのではない。それは彼がこのイエズス会人文主義教育について哲学教育に対するのとはまったく違った言い方をしているところからも察せられよう。だが、それにもかかわらず、彼はそれに満足することはできなかったのだ。彼が新しい哲学の建設者となる運命的な出発点はまさにそこにあった。彼はやがて彼の哲学によって、このルネッサンス人文主義ばかりでなく、それを生み出したルネッサンスという世界そのものを乗り超えるのである。だが、少し先まわりしすぎてしまったようだ。それはずっと後のことであり、その前にまず、彼がこのイエズス会人文主義をどのように批判しているかを見なければならない。くりかえすようだが、彼の出発点はまさにそこにこそあったのだからである。

しかし、私は語学にも、また昔の人の書物を読むことや、彼らの歴史や物語にも、すでに十分すぎる時間をかけたと思いました。何故なら、他の時代の人たちと対話することは旅をするのと同じであり、いろいろな国の人たちの風俗習慣をいくらかでも知ることは、われわれ自身の風俗習慣について健全な判断を下し、何も見たことのない人がしばしばおちいるように、自分たちのやり方に反したものはすべてこっけいで理に反しているなどと思ってしまわないためにもいいことではありますが、しかし、旅をすることにあまり時間をかけすぎると、最後には自分の国に対して他国人のようになってしまいます。それと同じで、昔の時代に行なわれたことにばかり興味を持ってしまうと、普通、現在行なわれていることにはまったく無知になってしまうものです。それにまた、物語は起り得ないような多くの出来事をあたかも起り得るかのごとく思わせますし、最も忠実に書かれた歴史でさえ、読者に読ませるために事実の内容を変えたり増幅したりまではしないにしても、少なくともあまり目立たない低い次元の状況は無視してしまうのが常ですから、こうして残った部分が事実のありのままであるとは考えられず、従って、この歴史から引き出した手本に従って自分を律する人は、ともすれば物語の中の騎士たちのような荒唐無稽さにおちいったり、自分の力の及ばないような夢を抱いたりするはめになってしまうのです。

デカルトが言っているのは決して他人のことではあるまい。ラ・フレーシュ学院で、過去の世界に閉じこめられ、ヴェルギリウスやカエサルのような昔の書物ばかり読んでいて気がついてみたら、彼自身がいつの間にか物語の中の騎士のようになってしまっていたのである。前にも言ったように、ラ・フレーシュ学院を卒業したデカルトが自分の無知を痛感し、旅に出て「世界という大きな書物」の中で学び直そうと考えた理由も、まず第一にはここにあったにちがいない。だが、そのことを別にしても、「明晰と確実」のデーモンにとりつかれていたデカルトが、歴史は判断力を養うとか、古典は道徳的実践的な教訓や模範を与えてくれるとかいったあいまいな話で満足できなかったのは当然であった。先にずれと言ったのはこのことである。彼の先生たちが「人生に役立つ」知識を約束したのは彼らとしては決して嘘ではなかったし、デカルトもそのことは十分に認めている。また、「明晰で確実」ということも、先に名前を挙げたジルソンがその『方法序説註解』の中で指摘しているように、中世のスコラ学以来たえず強調されてきた学問理念であり、デカルトが哲学級第一年目に使用したであろうトレトゥスのアリストテレス論理学の註釈の中でもくりかえし謳われているのである。この点でも彼の先生たちは彼らの信念に従って語っていたのだ。だが、デカルトは「自分の行為において明晰に判断し、この人生において確実に歩む」ことを可能にする更に高い次元の実践的認識を求めてやまなかった。この文法学級と人文学級での教育の批判につづいて、彼はラ・フレーシュ人文主義教育の最後を飾る修辞学（雄弁と詩）の批判に移るが、それはこのより高い次元の知を求めるデカルトによる人文主義そのものの否定に他ならない。何故なら、修辞学こそは、ヴァルラ、エラスムス以来の人文主義の究極の目的だったのであるから。

私は雄弁というものを大変重要なものと思っていましたし、また、詩を非常に愛してもいたのですが、私としては、そのどちらも努力の結果であるよりはむしろ、天から与えられた才能に負うものと思っていました。実際、低ブルターニュ語しか話せず、修辞学などまったく学んだことのない者でも、ちゃんとした推理力を持ち、自分の考えをよく消化して、それをはっきり分るように表現できさえすれば、常に自分の言いたいことを相手に十分納得させることができるのですし、また、心に訴えるような詩想に恵まれ、それに文飾を施して耳ざわりよく表現できる人なら、詩法など知らなくても第一級の詩人になれるはずなのです。

修辞学などは無用である。どのように言うかは問題ではなく、その内容が「明晰で確実」でさえあれば、それはおのずから人を納得せしめるのだ。このデカルトの意見はわれわれには至極当たり前のことのように思われる。だが、それは今だからこそであって、この発言がなされたのが修辞学全盛の時代であったことを考えるならば、それがいかに過激な意見であったかが理解されよう。この過激さは『方法序説』そのものの過激さに他ならない。『方法序説』はまさに論理学も修辞学も知らない一般の人たち、極端に言えば低ブルターニュ語しか知らない人たちに語りかけているのである。神から平等に分け与えられている「良識」を正しく導くことができさえすれば、論理学も修辞学もまったく必要ではないということなのだ。

『方法序説』の「方法」の意味はまさにここにある。「理性を正しく導」いて「明晰で確実」な知識に到達するためのこの方法は、中世の論理学的方法、ルネッサンスの修辞学的方法に対置される新しい方法であり、これら過去の方法をすべて無用にしてしまうものなのだ。そして、この方法こそが、「明晰で確実」な数学をモデルとした「数学的」方法に他ならない。

デカルトがこの「数学的」方法を形成してゆく端緒となったのは、言うまでもなく、ラ・フレーシュ学院における数学との出合いであった。やがてこの数学をモデルとする「方法」によってラ・フレーシュ教育を全面的に否定することになるデカルトに、その端緒を与えたのもまた他ならぬこの学院だったのは皮肉と言うべきであろうか。だが、実はそれは一種の偶然にすぎなかったのだ。実際、人文主義とスコラ学によって構成されるイエズス会教育の中に、数学のような科目が入り込むどのような必然性があったであろうか。不思議なのはむしろこのような科目がラ・フレーシュ学院に置かれていたことの方なのである。ド・ダンヴィルは当時の一知識人の次のような意見を紹介しているが、それは彼によれば、人文主義的な思想が支配していたその当時の極めて一般的な考え方だったのであるから。

幾何学や天文学や自然学のような抽象的な学問の勉強は無意味な遊びにすぎない。こうした役に立たない不毛な知識はそれ自体が無駄である。人間は線を計量したり、角の関係を調べたり、物体のさまざまな運動を考察したりすることのために生まれてきたのではない。こうしたつまらないことにかかずらわるには、人間の精神はあまりにも偉大であり、その人生はあまりにも短かすぎる。その時間は貴重なのだ。

イエズス会にしても、数学を教えることにそれほど明確な教育的理念を持っていたわけではなさそうである。これもド・ダンヴィルによれば、イグナチウス・デ・ロヨラが「会の目的に反しないかぎりにおいて」(『イエズス会会憲』)数学を教えることを許可したのは、イタリアの諸大学における新プラトン主義的自然学の発展に刺激されてのことだったということだが、このロヨラの進歩的な考え方にもかかわらず、現場のイエズス会士たちは数学を教えることには極めて消極的だったようである。ヴィエンヌのイエズス会学院で数学を教えていたあるイエズス会士の次のような言葉は、多くのイエズス会士たちのこうした態度を代弁するものであろう。

この科目に対して情熱を持つような人はほとんどいません。私自身もまた、この科目は会の教育の趣旨にはあまり合わないのではないかと思っています。私の意見では、そこには無意味で役に立たないようなことがたくさん含まれており、今、ほとんど一人でこの科目を担当している私としては、一刻も早く数学をやめて通常の研究に没頭したいと願っているような次第です。

もちろん、会の中には、「当代のユークリッド」クラヴィウス神父のように、積極的に数学教育を推進することを主張する人がいなかったわけではない。一五八六年の『イエズス会教育綱領』が、『会憲』のロヨラの言葉をたてに数学教育の必要を主張したのは、このような人たちの努力の結果であろう。しかし、その理由としてそこであげられているのは、有名校としての「飾り」としてあった方がいいとか、将来生徒たちが軍人その他の職についた時に役に立つだろうとかいった卑近なことでしかない。クラヴィウス神父自身は、明晰で確実な数学を学問の理念とし、これを論理学や修辞学の代りに学問の根底に据えようという、後のデカルトに似た考え方を抱いていたらしいが、このクラヴィウス神父個人の理念はともかく、イエズス会としての数学に取り組む姿勢は極めてあいまいだったとしか言いようがないのである。

　こうして、あまり明確な位置づけもされないまま数学はイエズス会教育の中にとり入れられ、クラヴィウス神父のもとで急遽養成された数学教師たちがイエズス会の各学院に配置されるのであるが、その多くは若い神学生であり、将来ずっと数学を専門にしようというような人はまずいなかった。そのいい例が、デカルトがラ・フレーシュ学院で数学を習ったフランソワ神父である。彼はデカルトが哲学級に在籍していた時期にほぼ相当する一六一二年から一六一六年までの間ラ・フレーシュで数学を教えていたが、その間、彼は神学生だったのであり、その後、司祭に叙階されてからは、パリその他の学院でむしろ哲学教授として活躍するのである。

　皮肉とはまさにこのことであろう。本来のイエズス会教育に失望したデカルトが唯一そこから得たものは、イエズス会教育のいわば付録のような数学への興味だけだったのである。しかも、この科目は選択科目であったらしく、ド・ダンヴィルの用いている一六二七年の統計によれば、数学を選択した生徒は、パリとラ・フレーシュの二つの学院で全体の〇・七パーセント、哲学級の生徒だけをとっても、その七・二一パーセントにすぎないのである。もし、デカルトが若い時に数学に出合わなかったら、おそらくデカルト哲学というものもなかったであろうが、この出合いはまさに偶然だったのだ。イエズス会は数学を教えることも教えないこともできたし、デカルトもまた、この科目をとることもとらないこともできたのだからである。

数学とのこの偶然の出合いは、しかし、デカルトにとっては決定的であった。彼は初めて「明晰で確実」なものに対する彼の激しい欲求を充たしてくれるものにめぐり合ったのである。ただ、残念ながら、それはまだ彼の期待するような「人生に役立つ明晰で確実な知識」ではなかった。彼はラ・フレーシュでの数学との出合いを次のように語っている。

> 私はとりわけ数学をその論拠の確実性と明証性の故に好んでいました。しかし、まだその本当の使い道に気付かず、ただ機械的技術にしか役立たないものと思っていたので、このようなしっかりした堅固な土台の上に、より高いものが何ひとつ築かれていないことに驚いていました。そして、これに較べて、道徳を論じた古代異教徒たちの著作は砂と泥の上に建てられた壮麗な宮殿のようなものだと思ったのです。これらの著作は美徳というものをいやが上にも賞揚し、何にもまして尊重すべきものとして示しますが、それを認識する方法はほとんど教えてくれませんし、そればかりか、美徳という名で呼ばれているものが、実は冷酷、傲慢、絶望、近親殺害のことにすぎないような場合もしばしばなのです[5]。

彼がこの当時から「驚いて」いたかどうかは怪しいものである。それは彼が数学の「本当の使い道」に気付きはじめた時のことであり、ラ・フレーシュ時代のデカルトは、ただその「確実性と明証性」が気に入っていただけであろう。だが、それが出発点であった。当然ながら、彼は数学のこの「確実性と明証性」を「砂と泥の上に建てられた壮麗な宮殿」のごとき人文学と対比して考えないわけにはいかなかったのである。実際、この両者はまさに対照的であった。古代異教徒たち——ギリシャ人とローマ人のことだが——の著作は、デカルト自身も一応認めているように「人生に役立つ」。だが、それは「明断で確実」な基礎を欠いており、しばしば悪徳を美徳として提示するような誤りさえ犯す。これに対して数学の方は、「明晰で確実」ではあるが、せいぜい機械的技術に役立っているにすぎず、その上に「より高いもの」、つまり「人生に役立つ」ような知識は築かれていないのだ。こうして、ラ・フレーシュ学院の約束する「人生に役立つ明晰で確実な知識」に失望していたデカルトは、数学に出合ったことによって一つの方向を見出す。それが、彼がその一生をかけて追求することになる課題、数学の「確実性と明証性」の上に本当の意味で「人生に役立つ明晰で確実な知識」を実現するということに他ならない。

こうして、ラ・フレーシュ人文主義教育は、デカルトというとんでもない鬼子を生み出すことになった。ラ・フレーシュ学院を卒業したデカルトは、この数学を導きの糸として更に模索をつづけた後、ついにその「本当の使い道」を発見する。それが彼の「方法」に他ならない。修辞学的方法のアンチ・テーゼであるこの数学的方法は、論理学的方法を

CLARISSIMO VIRO
DOMINO D. RENATO BROCHARD,
DOMINO DES FONTAINES &c. IN PRAESIDA-
LI PICTONVM CVRIA INTEGERRIMO SENATORI,
AVVNCVLO SVO PRÆCIPVE OBSERVANDO.

Renatus Des-Cartes I. V. Q. Licentiatus, S. P. D.

—— Iuuat integros accedere fontes. Atque haurire : iuuatque nouos decerpere flores.

*Q*Vinimo cum ad te confugiam (AVVNCVLE MIHI PLVRIMVM OBSERVANDE) ad ipsummet integritatis fontem commodum me peruenisse existimo : vbi non solum fragrantissimis gloriæ tuæ floribus decorabor, —— Sic vt nihil ipse futuræ Laudis agam. Sed ipsam quoque adolescentiam meam crudam adhuc & viridem, si dulcissimis virtutis tuæ fontibus irrigetur, florere aliquando posse non despero. Sicut enim prata mollia, quo fœlicioribus aquis imbuuntur eo magis dædala florum pulchritudine cumulantur : Sic certe humana ingenia eo magis florent quo dulciores scientiarum virtutisque haustus ebiberunt. Quod cum ipse dudum curiosa fœlicitate cognouerim : pene a tenero ætatulæ vagientis exitu, vda adhuc lacteo altricis rore labella nectareis liberalium artium fontibus applicaui. Et primo quidē, leniter obstrepentis vndæ blandienti susurro mirifice delectatus, mellifluos poëticæ latices haurire gestiebam : mox grauiorem strepitum, vocesq; torrentis ad instar decurrentes admiratus, latiora eloquentiæ flumina cupidissime sitiebam. Neq; vero his, quæ scilicet sciendi sitim dant potius quam sedant, vllo modo satiatus : Ipsum deniq; scientiarum æquor vastissimum atq; ex illo riuos omnes quam vberrime diffluentes sagaci seduliitate perquirebam. Non quidem tam ambitiosa elatus insania, vt de tenuitatis meæ captu non cogitans vel vnicum alicuius disciplinæ riuulum penitus exhaurire me posse arbitrarer, sed aliquem præ cæteris electurus, cuius rore dulcissimo sitis ingenij mei leniretur in posterum, cupiebam omnes experimento dignoscere. Neq; me lassauit vnquam tam laboriosa curiositas, donec ex te tandem adeo puros virtutum eruditionisq; fontes scaturire perspexi, vt exinde cæteros fastidire, illosque dumtaxat tuos æstimare sectariq; cœperim, hoc. ji (ne sermo forsitan nimis incedat quasi per nebulam) te vnum ex omnibus admirandum mihi imitandumq; proposui. Tanta enim est vitæ tuæ puritas, tanta morum integritas, congressus suauitas, doctrinæ vbertas, virtutis claritas : vt nihil amplius ad fontis amœnissimi complementum possit exoptari. Quid enim? anne vt leniter obstrepat, —— Et obliquo laborat Lympha fugax trepidare riuo? Cum scilicet istos virtutis tuæ fontes, gratissimo famæ murmure circumfluos, etiam obliquæ inuidorum mentes cogātur admittere. Neque me tamen illa præcipue, nec vberis vndæ puritas argentea, nec arenæ diuitis splendor aureus, tantopere ad se pellexerunt. Sed apparuit hic mihi Nympha pulcherrima, non Artemis, qualem viderat olim infœlix Actæon; sed Themis, quæ me quoq;, verum disparili prorsus ratione transmutauit, quippe non efferauit in ceruum, vt semel conspectæ præsentiam in posterum meticulosa celeritate deuitarem : Sed ingenita prius libertate ferocientem cicurauit in seruum, vt se perpetuo vitæ meæ tempore incensa cupiditate persequerer. Cum vero nunc precipuè me eius amatorem cultoremq; non indignum testari desiderem, te sanè non immerito, in cuius puris fontibus, quasi in sacrario suo residet, placuit conuenire : vt tam amabilis Deæ gratiam mihi beniuolentiamq; conciliare digneris.

図2　ポアティエ大学におけるデカルトの法学士号授与のための公開試験の掲示(その全文および仏訳はアルモガット，カロー両氏によって Archives de philosophie 誌 50 号に掲載されているが，この図はカロー氏から東京大学の塩川徹也氏に送られてきたものを，両氏の御了解を得て転載させていただいた)．

「論理的形式主義」、修辞学的方法を「文芸的形式主義」と呼んだデュルケムの用語法にならうなら、「数学的形式主義」と呼ぶこともできるだろう。それはルネッサンスの「文芸的形式主義」に代わる「近代」の知識の枠組み(パラダイム)なのである。だが、彼がこの新しい知の枠組みを確立するまでには、まだ、古い知の枠組みと格闘し、「暗夜を一人行く」ごとき遍歴をつづけなければならない。

『方法序説』はこの後、神学、哲学、法学、医学と更に批判をつづけてゆくのであるが、それはもういいだろう。これらの学問に対する彼の批判は、ファウスト博士の、「哲学も法学も医学も、あらずもがなの神学も、熱心に勉強して底の底まで究めたが……そのくせなんにもしなかった昔よりちっとも偉くはなっていない」(ゲーテ『ファウスト』森林太郎訳)という嘆きそのままであり、彼がそこになんの意味も見出していないのは明らかだからである。哲学についてはすでに見たとおりだし、「われわれの理解を超えた」神学は、「天の特別な助けなしには」できるようなものではなく、従って彼には無縁である。法学や医学は「名誉と富」はもたらすかもしれないが、「その原理を哲学に借りている以上、このような不確かな基礎の上に何か堅固なものが建っているはずもない」のである。ただ、最後の、彼が「悪しき理論」と呼ぶ錬金術、占星術、魔術などの「新奇な学問」の批判については、後ほどあらためて問題にすることにしよう。

こうしてともかくも学校生活を終え、ようやく「先生たちに従わなくてもいい年齢」に達したデカルトは、「書物による学問」、つまり人文学と哲学を「完全に放棄し」、一年あまりを故郷ポアトゥ州のあたりで過ごした後、一六一八年初頭、ブレダに向かって旅立ってゆくのであるが、しかし、『方法序説』はこの旅立ちから後、約一年半あまりの時間を跳び越し、舞台をドナウ河畔の「炉部屋」に移してしまう。だが、われわれとしては、『方法序説』と一緒にこの時間を跳び越してしまうわけにはいくまい。この間の一年半あまりの遍歴の中においてこそ、彼の「方法」は形を成していったのだからである。『方法序説』はその第一部の末尾のところで、この二年近い歳月をわずか数行の文章で要約してしまっているが、われわれとしてはこの数行ばかりの文章の上にしばらくは立ち止まらざるを得ないだろう。

2　ベークマンとの出合い

『方法序説』第一部は、この一年半あまりの旅が彼にとっていかに有益であったかを述べた後、その間の彼の精神の歩みを要約する次のような言葉で結ばれる。

しかし、こうして世界という大きな書物の中で学び、いくらか経験を積もうと努めることに数年を費やした後、ある日、私は自分自身の内部においても学び、私の進むべき道を選ぶことに私の精神の力のすべてを傾注しようと決心したのです。このことは、私がもし自分の国からも書物からも離れずにいたなら、これほどうまくはゆかなかっただろうと私には思えます。

この「ある日」がドナウ河畔における一六一九年一一月のある日であることは、この第一部末尾の文章を受けて、『方法序説』第二部の冒頭が、「その時私はドイツにいました」と、このドナウ河畔の「炉部屋」での思索について語りはじめることからして明らかであの実に二年近い時間が凝縮されているわけだ。そして、この濃密な文章の背後に隠されているものこそは、自分の「進むべき道」を選びとるまでの彼の青春のドラマに他ならないのである。

先に述べたように、ブレダへの一歩を踏み出したデカルトは、すでに事実上一つの人生を選んでしまっていた。しかし、それは事実上であって、彼は決してこの人生に賭けることを決断していたわけではないし、また決断できるものでもなかった。彼が模索していた方向はまだ漠然として雲をつかむようなものだったにちがいないし、彼に自信を与えてくれるような裏付けも何もなかったはずである。彼がブレダへ出発したのも、この第一部末尾の文章がはっきり示しているように、さしあたりの目的としては、「世界という大きな書物」の中で学ぶということだけだったのであろう。この点、この第一部末尾の文章の少し前のところで、彼がこの旅の目的を「私自身の中か、それとも世界という大きな書物の中か」で学ぶことだったと説明しているのは正確ではない。彼が「自分自身の内部においても学ぶ」ことを決心したのは実は「ある日」のことであり、それは彼が「世界という大きな書物」の中で学ぶことに「数年を費やした後」なのである。学業を終えた時、自分がいかに現実に無知であるかを知って愕然としたデカルトは、まず旅に出て「世界という大きな書物」の中で学び直そうと考えたのであり、そして、この数年——実は二年たらずだが――の旅の中でようやく自分の「進むべき道」を自覚していったのだ。この自覚が「方法」の自覚に伴うものであったことは言うまでもない。ラ・フレーシュ教育に対する失望と数学との出合いによって一つの方向を与えられたデカルトは、「方法」の自覚化とともにこの方向に確信を深めてゆき、ついにこれに自分の一生を賭けることを決心するのである。それが決定的なこの「ある日」に他ならない。それでは、この「ある日」、いったい何が起ったのであろうか。そして、「自分自身の内部においても学ぶ」とはいったいどういう意味なのであろうか。だが、これらの最も重要な点を問題にする前に、まず、それまでの一年半あまりのデカルトの模索と遍歴の跡をたどっておく必要があろう。

すでに述べたように、デカルトが旅に出た当初の理由は、「世界という大きな書物」の中で学ぶことであった。それだけならどこでもよさそうなものであるが、それでは、彼はいったい何故、数あるヨーロッパの都市の中でブレダに行くことを選んだのであろうか。考えられることはまず、この都市がデカルトにとって最も行きやすい所だったということである。フランスはナント勅令にもかかわらず、国内的にはプロテスタントに対する圧迫を強めていたが、対外的には、ライバルであるハプスブルグ家に対抗するため、ハプスブルグ家支配下にあるプロテスタント勢力の反抗を支援していたのであり、スペイン・ハプスブルグ家に対するオランダ連合州の独立戦争に際しても、多くの義勇兵をオランダに送り込み、ブレダにあったオランダ総督オランニエ公マウリッツ・ファン・ナッサウの軍営には、多くのフランス人が参加し好遇を受けていたのである。ブレダに到着したデカルトもまたこの軍営に入ったのであり、それは「宮廷や軍隊を見ることに、いろいろな気質やいろいろの身分の人と交わることに」自己教育の最初の目標を置いていた彼としては極めて自然なことだったと言えるだろう。

だが、彼がブレダを目的地に選んだのはそれだけの理由ではなかったという気がする。当時、平和を享受していたこの軍営は、やがて再開されるであろうスペインとの戦争に備えて軍事技術の開発を最重点課題としていたオランニエ公のもとで、測量術、弾道学、築城術などの応用数学を研究する一種の学校となり、ヨーロッパの一流の数学者たちがここに招かれていたのである。自分の受けた教育の中でただ数学だけが気に入っていたデカルトが、さしあたり数学の勉強をつづけようとしてこの地を目指したというのは、おおいに考えられることなのだ。

だが、それはともかくとして、こうしてブレダにやってきたデカルトは、この地に約一四カ月ほどの間とどまることになる。そのはじめの頃の彼の動静についてはまったく何も知られていないが、おそらくは最初からの予定に従って、オランニエ公軍のフランス人志願兵の一人となって、「いろいろな気質やいろいろの身分の人と交わる」一方、応用数学的技術の研究につとめていたのであろう。このデカルトがわれわれの前にはっきりと姿を

図3　ブレダの街頭に貼り出された数学の懸賞問題の前で，デカルトはベークマンと知り合う(19世紀中葉の版画).

現わすのは、彼のブレダ到着から九カ月たった一六一八年一一月一〇日、イザーク・ベークマンとの偶然の出合いによってである。

すでに何度か引用したデカルト研究の基本資料、アドリアン・バイエの『デカルト氏の生涯』によれば、その状況はこうだ。デカルトがブレダの街を歩いていると、街角に人だかりがしている。数学の懸賞問題が貼り出されていたのである。デカルトも大いに興味をそそられるが、残念ながら彼はまだオランダ語がよく読めない。そこで隣りに立っていた男に、この問題をラテン語かフランス語に訳してくれるように頼むのであるが、その男こそがベークマンだったのである。ベークマンは、半ば冗談だったであろうが、もし答えがわかったら自分にも教えてくれるようにという条件でこの問題を翻訳してやり、名前と住所を告げて立ち去るのであるが、デカルトは自分の部屋に帰るとさっそくこの問題を解き、翌日、ベークマンのもとに持参して彼を大いに驚かしたというのである。

この話がどこまで本当かを確かめる手だてもないが、デカルトが後に「あなた以外にラテン語を解する人を見つけることのできなかった国境の町の兵営での偶然の出合い」(ベークマン宛、一六三〇年一〇月一七日付——傍点引用者)と語っているところからすると、少しその状況は違うのではないかという気もしないではない。だが、いずれにせよ、二人の出合いがこうした偶然によるものだったことは確かであろう。デカルトより八歳年長で、後にドルドレヒトの大学の学長となるこの人物は、当時三〇歳、この年の九月にフランスのカーンの大学で医学博士号を取得して故郷ミッデルブルフに帰ってきたばかりである。ブレダには、嫁探しと伯父の豚肉加工業の手伝いのため、一〇月一六日からたまたま滞在していたにすぎなかったのである。

だが、そのあたりのことはともかくとして、この二人を強く結びつけたものが、数学に対する共通の関心であったことは言うまでもない。デカルトはベークマンに宛てた手紙の一つで、数学を「われわれのミューズ」と呼び、このミューズが「終ることなき友情のきずなをもって私をあなたに結びつけたのです」(一六一九年一月二四日付)と書いている。こうして、ベークマンのブレダ滞在中二人がしばしば会ったのはもちろん、年の暮れになって彼がミッデルブルフに帰ってからは文通によって、二人の友情をこのミューズのために捧げたのである。

この出合いは、デカルトが数学の「本当の使い道」に開眼してゆく上での決定的な第一歩となった。それまで数学というものを「機械的技術にしか役立たないもの」と信じていたデカルトは、ベークマンによって、その新たな可能性に目を開かれたのである。ベークマンはその日記の中に次のように記している。

このポアトゥ州出身の男は、多くのイエズス会士をはじめいろいろな学者と交際していたが、私が満足している〔試みたいと思っている、とも読める〕ような研究の仕方を用い、自然学と数学を緊密に結びつけているような人には他に会ったことはないと言っている。私としても、このような研究の仕方について話したのは彼だけである。

デカルトがベークマンによって教えられたのは、「自然学と数学を緊密に結びつける」ということであった。それは、言いかえるなら、それまで「機械的技術にしか役立ない」と考えていた数学を、こうした実用的次元から解放し、自然学一般の方法として純理論的に用いることを学んだということに他ならない。現在からみれば当たり前すぎるくらい当たり前なこのことは、当時としては実はたいへん革命的なことであった。何故なら、それは従来の公認自然学——アリストテレス＝スコラ学的自然学——の根底を掘り崩すような性質のことだったのだからである。この従来の自然学は、言うまでもなく、色、香りといった感覚を介して得られる知識を出発点としていた。これに対して、数学を自然学の方法として用いるということは、自然のこの感覚的性質を無視して、これを抽象的な数または量としてとらえるということに他ならない。ベークマンが果たしてそこまで考えていたかどうかは極めて疑問であるが、数学を自然学に結びつけるということは、実は、このようなまったく新しい近代的自然観を暗黙のうちに前提するものだったのである。

色も香りもある古き良き世界を失わしめたこの自然観の大転換、アレクサンドル・コイレのいわゆる「近代科学＝哲学革命」が、いったいどうして起らねばならなかったのかということについては、まさにこの革命の主役であったデカルトの歩みそのものがやがて次第に明らかにしてゆくであろうが、ベークマンとの出合いはこのデカルトの出発点となったという意味において、デカルト自身にとっても、また思想史的に言っても、大きな歴史的事件だったと言えるだろう。

だが、それでは、ベークマンこそは彼の恩師であり、このベークマンとの偶然の出合いがなかったら後のデカルトもなかったのかということになると、それは少しばかり問題である。この出合いから一〇年あまり経って、デカルトがベークマンの言う「物理＝数学」者として名を知られはじめた頃、ベークマンが彼を弟子扱いし、彼の発見はすべて自分のアイデアに基づくものだと吹聴していることを知ったデカルトは大いに怒るのであるが、この彼の怒りは極めて正当であるように思われるからだ。

デカルトによれば、ベークマンが彼を弟子のように思ってしまったのは、彼の「フランス的敬意の表し方を誤解してしまった」(ベークマン宛、一六三〇年九月あるいは一〇月)ためにすぎないのである。実際、ベークマンと親しくしていた頃の彼の手紙は、ベークマンばかりでなく、後世の研究者たちをも誤解させずにおかないような「フランス的敬意の表し方」にみちている。たとえば、次のような手紙を読めば、後のデカルトがあるのはすべてベークマンのおかげだと誰でも思ってしまうだろう。

私を怠惰の眠りからゆり起こし、ほとんど忘れかけていた知識を思い起こさせ、まともな事柄から逸脱してさまよっていた私の知性をよりよき関心へと連れ戻して下さったのはあなただけです。(一六一九年四月二三日付)

それればかりではない。彼はこの言葉につづけて、「もし私の頭の中から多少とも賞讃に価するようなものが生まれることがあれば、それはすべてあなたのものだと主張なさってしかるべきです」(同前)とまで言っているのである。ベークマンはこのデカルトの言葉を真に受けて、そのとおりに吹聴していたにすぎない。

こうした誇張した表現を用いたデカルトが悪いのか、それともそれを真に受けたベークマンが悪いのかはともかく、われわれもまたこのデカルトの「フランス的敬意の表し方」

にだまされないよう十分注意する必要があろう。さもないと、われわれもまた、ベークマンと同じくデカルトを誤解し、この出合いの意味を過大視して誤った解釈におちいってしまうおそれがあるからである。

まず第一に、デカルトの言葉をそのまま信ずるならば、ブレダに着いてからのデカルトは「怠惰の眠り」におちいり、数学の知識を「忘れかけていた」ことになるが、それは果たして事実なのであろうか。

バイエによれば、はじめてデカルトに会ったベークマンは、この八歳も年下の青年が、長年数学的研究にうちこんできた自分以上にこの道に秀でていることを知って驚いたということだが、このバイエの話が必ずしも誇張でないことは、二人の共同研究の記録であるベークマンの日記やデカルト自身のノートからもうかがい知ることができる。そこに見られるかぎり、数学的な問題処理能力に関してはデカルトの方がベークマンよりもはるかに上なのだ。これがラ・フレーシュ学院で数学の手ほどきを受けて以来、「怠惰の眠り」におちいり、その僅かな知識さえ「忘れかけていた」人間なのであろうか。デカルトはもともといわゆる数学——「機械的技術にしか役立たない」数学——が「気に入っていた」のであり、おそらくはそのためにオランニエ公の軍隊にも入ったのである。ベークマンに出合った後でもそのことは少しも変わらない。彼はミッデルブルフに戻ったベークマンに次のように書いているのである。

でも、私が無為の中で時間をまったく無駄にしているとはお考えにならないで下さい。それどころか、私はこれまでにないほど時間を有効に使っています。ただし、それは高度な問題と取り組んでいらっしゃるあなたの精神がおそらくは侮蔑なさるようなこと、学問の高みから軽蔑の目で御覧になるようなことにです。私が今没頭しているのは、製図と築城術とオランダ語です。（一六一九年一月二四日付）

ブレダにやってきたデカルトが、製図や築城術のような「数学」の勉強を熱心につづけていたことは疑いない。ベークマンのおかげで「怠惰の眠り」から覚め「忘れかけていた」数学を思い起したというのは、彼によってあらためて数学への情熱をかきたてられたということの誇張した「フランス的」表現にすぎないのである。

とするならば、彼がベークマンによって「よりよき関心へと連れ戻」されたという最も重要な点についても、同じようなことが言えるのではないだろうか。彼がベークマンによって「よりよき関心」、つまり「自然学と数学を緊密に結びつける」ことを教えられたことはまぎれもない事実である。だが、問題はその教えられたということの意味であり、後年のデカルトの怒りもまた、主としてこの点にかかわっているのである。デカルトの言い分はこうだ。

はっきり申し上げておきたいのは、私はあなたの権威によって何かを信じたことも、あなたの議論によってはじめて何かを理解したということもまったくないということです。あなたはこうおっしゃるかもしれません。あなたがあることを言い、私はそれを聞いてただちに納得し賛成したはずだ、と。だがもしそのとおりだとすれば、それは私がそのことをあなたによって学んだのではなく、すでにそのずっと前から同じ考えだったからこそ、あなたに賛成したのだとお考えになるべきではないでしょうか……学問の世界において、まるで土地かなんらかの資産に関することでもあるかのように、あなたに属するものを他から区別なさろうという御熱意は、いささかこっけいでもあり、また常軌を逸しています。（ベークマン宛、一六三〇年一〇月一七日付）

もし、このデカルトの言い分をそのまま信ずるならば、彼はベークマンと会う前からベークマンと同じようなことを考えていたのであり、したがって、ベークマンとの出合いは彼の精神の歩みにおいてなんら重要な意味を持たなかったことになろう。だがそれでは、ベークマンに対するかつての最大限の感謝の言葉はまったくの外交辞令にすぎなかったのであろうか。

真実はどうもその中間にあるような気がする。デカルトがベークマンの話を聞いて「ただちに納得し賛成した」ということは、それが彼がすでにうすうす考えていたことだったからであろう。その意味では、彼がベークマンによってはじめて蒙を啓かれたというのはあたらない。ベークマンとの出合いがなかったとしても、おそかれ早かれ、彼は同じ方向にむかって進んでいったことであろう。だが、それはそうであるにしても、ベークマンとの出合いが、彼がうすうす考えていたことをはっきりと自覚化させる機縁となったことに変わりはあるまい。ベークマンは彼にとって恩師ではないかもしれないが、やはり恩人ではあるのである。

もしベークマンが、教えたとか教えないとかいった「蛙と鼠の喧嘩《バトラコミュオマキア》」(同前)のようなことを言い出しさえしなければ、彼はいつまでもベークマンを恩人として遇したことであろう。彼が苛立ったのは、ベークマンのメルセンヌ神父をはじめとする彼の友人たちへの宣伝攻勢のおかげで、この低次元な「蛙と鼠の喧嘩」にまきこまれざるを得なくなったことに対してなのである。実際、一六三〇年の彼にとってベークマンとのことはもう遠い過去のことにすぎない。ベークマンとの出合いは、彼にとって最初の転機ではあったかもしれないが、その後の彼の思想的発展はもはやベークマンのあずかり知るところではない。彼はベークマンと別れた後、更に第二、第三、そしておそらくは第四の転機を迎え、ようやく数学の「本当の使い道」(傍点引用者)、つまり「方法」に到達するのである。一六三〇年のデカルトはまさにこの長い旅を終えたばかりであった。「蛙と鼠の喧嘩」はこの彼の前に突然出現した過去の亡霊だったのである。

デカルトの怒りを彼の忘恩のせいにするのはまったくあたらない。その当時はデカルトもベークマンも知らなかったらしいが、「自然学と数学を緊密に結びつける」ということは別にベークマンの独創ではなく、すでに十六世紀後半からいろいろな人が試みてきたことなのである。そして、一六三〇年の段階では、それはメルセンヌ神父を中心とする学者たちの間ではもはや当たり前のことになっていたのだ。それを今更自分が教えたとか教えないとか言って騒ぎ立てるベークマンの方が、デカルトの言うとおり、「いささかこっけいでもあり、また常軌を逸している」のである。問題は、自分のアイデアの先取得権を主張するため、そのアイデアの生まれた日付を丹念に日記に書き込む(同前)ようなベークマンの精神の次元の低さにあるのである。

だが、ベークマンという人間のことはともかく、彼との偶然の出合いがデカルトにとって大きな転機となったことは事実である。この時からデカルトは、いわば機械工学者から「物理＝数学」者に転進したのだ。彼はベークマンとともに、実用ということから離れた純理論的な自然学の研究を開始する。だが、この短い共同研究の期間にも、「物理＝数学」に対する二人の態度の根本的相違ははっきりと現われていた。それを最もよく示すのが、ベークマンの出した「真空中の石の落下」の問題に対する二人の取り扱い方の相違である。

物体の落下速度がその経過した時間の函数であることは、今日なら中学生でも知ってい

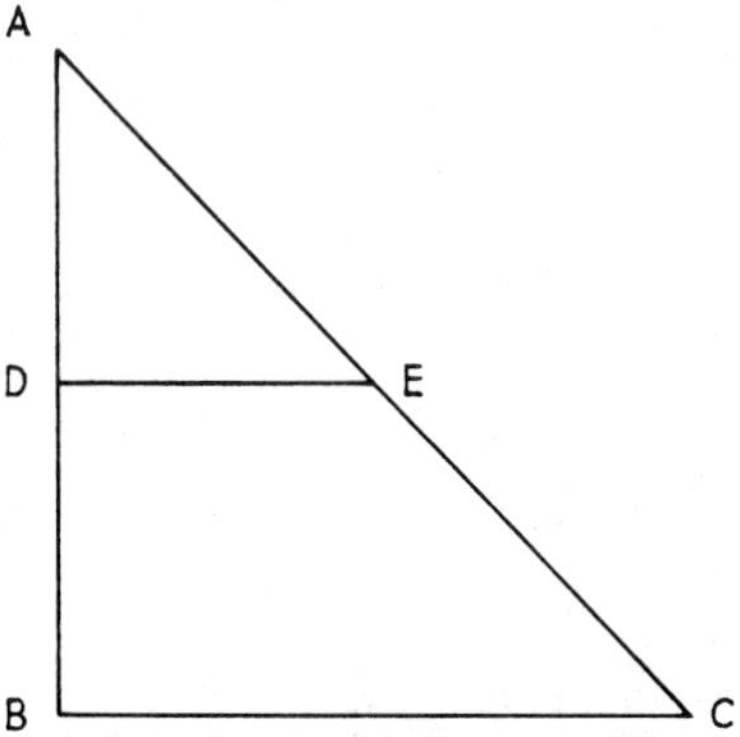

図4　物体の落下速度の問題を解くためのデカルトの作図(『パルナスス』)．デカルトによればADEが示す運動量において物体はAからDまで落下し、おなじくDBCEの示す運動量においてDからBまで落下する．したがって，DBを落下する時間はADを落下する時間の3分の1だというのである．

る。だが、デカルトはそれを経過した距離の函数と考えたのであった。このように彼が考えるに到った過程をここで詳しく述べるわけにはいかないが、簡単に言うなら、彼は速度と距離と力の関係を図形化して考察したのであり、時間という要素はいわば始めから空間化されていたのだ。デカルトのこの整然たる、しかし見事に誤った推論に対し、実験的数値を知っていたベークマンは、まだ、不完全とはいえ、時間を函数とするより正しい解答に導かれたのである。

このベークマンの問題の処理の仕方は、いわば実験物理学的である。彼はまず何よりも実験結果を重んじ、その結果から出発して、それを法則化する過程ではじめて数学的解析に訴えるのである。ところが、奇妙なことに、デカルトの方は実験的数値には、はじめからほとんど興味を示さないのだ。それはこの「真空中の石の落下」の問題に関してばかりでなく、他のベークマンとの共同研究、「容器中の水の圧力」や「弦の振動と音の法則」などに関しても同様である。この「弦の振動と音の法則」についての共同研究の結果は、その後、彼の処女作『音楽提要』(Compendium musicae)としてまとめられ、年末にベークマンがブレダを去る時に彼への贈物とされるのであるが、後に音楽家ラモーによって賞讃されることになるこの協和音に関する研究も、音の純粋に数学的な比例関係を扱っているだけであって、その物象的な側面については補足的にしか触れられていない。デカルトがベークマンを非難した一六三〇年一〇月一七日付書簡から察するに、ベークマンはデカルトのこの研究の仕方を自分の実験的な「物理＝数学」と区別して「推測(Conjectura)」と呼んでいたらしいが、そこには実験的方法にまったく依拠しないこのデカルトのやり方に対する、共同研究当時からのベークマンの批判がこめられているのであろう。同じ「物理＝数学」という言葉を使っていても、共通なのは「自然学と数学を緊密に結びつける」ということだけであって、その結びつけ方はまったく別だったのである。この意味からしても、ベークマンがデカルトを教えたというのはあたらない。このデカルトのやり方は彼独自のものであり、ベークマンとはまったく無関係、どころかむしろ正反対でさえあるのである。

このデカルトのやり方とベークマンのやり方のどちらが正しいかということになれば、それはベークマンの方だと言うほかはない。そのことを最も端的に示しているのがこの

「真空中の石の落下」の問題なのである。だが、この問題の誤った処理の仕方の中にこそ、実は、やがてデカルトが「近代科学＝哲学革命」の主役となることを必然的にした根本的な直観があったのだ。

まず、実験にまったく関心を示さない彼の態度は非常に特徴的である。それは「自然は数学の言葉で書かれている」(ガリレオ)ということに対する、彼の直観的な信念を示すものに他ならない。もしある物体が落下するとすれば、その運動は当然、一定の法則に従っているはずである。そしてこのいつでもどこでも真であるべき法則は、実際のいろいろな偶然的要素によって左右される実験的数値から帰納されるものではなく、この運動を構成する諸要素の数学的な関係から超経験的《ア・プリオリ》に導き出されるのでなければならない。「自然は数学の言葉で書かれている」以上、数学的整合性をもって演繹された法則こそが真の法則なのである。

こうして、デカルトにおいては、数学と自然学は事実上同一視されることになる。ベークマンの場合、数学は単に自然学に応用されるものでしかなかったのに対し、デカルトにおいては逆に数学が自然学を取り込んでしまうのだ。

これが彼の「真空中の石の落下」の問題の解法において示された最も重要な特徴であるが、これに劣らず重要な特徴は、彼が図形化することによってこの問題を解こうとしているということであろう。それは彼にとって数学とはまず何よりも幾何学だったということを意味している。彼がこの石の落下の問題を解くにあたって時間という要素を無視して失敗してしまったのは偶然ではない。そこでは時間は空間化され、落下時間が落下距離に置き換えられていたのである。ここにはすでに、自然を延長と運動によって構成される幾何学的空間としてとらえるデカルト自然学の原型が示されていると言っても過言ではない。そして、この「空間の幾何学化」こそは、コイレの言うとおり、「近代科学＝哲学革命」の最も重要な特質に他ならないのである。

「真空中の石の落下」について、より正しい答えを出したベークマンが一介の「物理＝数学」研究者としてとどまったのに対し、誤った答えを出したデカルトの方が「近代科学＝哲学革命」を担うことになったというのは、これこそまさに歴史的逆説であるが、それはこの誤りそのものの中に、彼の天才的直観によってとらえられた新しい世界像が隠されていたからに他ならない。彼のこの問題の解き方の中には更に、この物体の運動の軌跡を微小部分に分割して考察し、これを再び総合するという微積分学の先駆をなすような考え方まで示されているが、これもまた、後に彼によって定式化される「方法的四準則」の中の、「分割」と「総合」の二つの規則の原型と見なすこともできるであろう。このように考えるならば、「真空中の石の落下」の問題こそは、ガリレオの場合と同様、デカルトにとってもその出発点だったと言うことができるのではあるまいか。空を蔽う大樹も、はじめは小さな一粒の種子の中に含まれているように、この小さな特殊問題の解法の中にデカルトのすべては含まれていたのである。そして、その解法を方法として一般化できると考えた時、彼の第二の転機は訪れたのであった。

それは、彼がブレダを去ってドイツに向かおうとしていた一六一九年三月二〇日から六日間の間に起った。彼はベークマンに宛てて、「ここに戻ってからの六日間ほど、私が熱狂的にミューズを讃美したことはこれまでありませんでした」(一六一九年三月二六日付)と書き送っている。この時、彼が熱中していたのは、角を自由に等分する問題と、三種類の三次方程式の解法に関する問題であった。彼がこの時どのような解を見出したのかは、この手紙からは明らかではないが、重要なことは、彼が「コンパスを用いて」と言っていることである。彼が「真空中の石の落下」の問題と同じく、これらの問題を図形化することによって解いたことは明らかであろう。こうして、角の等分割のような幾何学的問題ばかりでなく、三次方程式のような代数学的問題まで「コンパスを用いて」解くことに成功したデカルトは、非常な興奮に包まれてベークマンに次のように語るのである。

私はルルスの『アルス・ブレヴィス』のようなものではなく、まったく新しい学問を人びとに与えたいと望んでいます。それは連続量(空間的量のこと)に関すると非連続量(数のこと)に関するとを問わず、提起されるあらゆる問題をそれぞれの性質に応

じて一般的に解くことを可能にするものです。（同前）

「アルス・ブレヴィス」とは、カタロニヤの神秘主義的思想家ライムンドス・ルルス（一二三二―一三一六年）が一三〇八年にピサのサン・ドニノ修道院で書いた『術、あるいは諸学芸を融合するための簡明な方法《アルス・ブレヴィス》』の略称である。図形化という簡明なる一つの方法によって、数に関する問題であろうと量に関する問題であろうと、あらゆる問題を解き得ると確信したデカルトが、この方法をルルスの簡明にしてかつ普遍的な「アルス・ブレヴィス」になぞらえていることは明らかであろう。彼は新しい「アルス・ブレヴィス」を夢みているのである。

彼がこの時、新しい普遍的学問の構想を抱くに到ったことは疑いない。「真空中の石の落下」の問題を解くのに用いた方法が、「連続量に関すると非連続量に関するとを問わず」、すべての問題を解くことを可能にする一般的方法として自覚された時、彼はこの幾何学的方法によって諸学を統一し、「諸学が数学の部分である」（『精神指導の規則』第四則）ような「まったく新しい学問」を建設する可能性をかいまみたのである。だが、もちろん、彼はかいまみただけであって、その先が見えていたわけではない。彼はこの壮大な夢をベークマンに打ち明けた後、つづけて次のように彼の夢と不安を語っている。

たしかに、しなければならないことは無限であり、とうてい一人だけでやりおおせるようなことではありません。まったく信じられないほど野心的な計画です。しかし、この学問の混沌たる闇の中にも、私は一条の光を認めています。そして、この光に導びかれて、やがてこの深い闇をも打ち払うことができるだろうと私は信じています。

（同前）

「深い闇」というのは誇張でもなんでもない。それは現実に彼の目の前にひろがっていたのである。この「深い闇」の正体が、当時まだ二三歳になったばかりだった青年デカルトに見えていなかったのは当然だが、それは今日のわれわれの目からはよく見える。その正体は彼自身がまだその中で生きていた古い世界像なのである。幾何学的「方法」によって諸学を統一するという構想、つまり「普遍数学」構想が成り立つためには、その前提として、これらの諸学の対象である世界が幾何学的なものとしてとらえられているのでなければならない。「普遍数学」は必然的に「空間の幾何学化」を要求するのである。だが、「普遍数学」の構想を抱いた以上、彼が当然このような近代的世界像を持っていたはずだと考えるのは早計であろう。「普遍数学」の要求するこのような世界像が確立されるためには、まず古い世界像が清算されねばならないのであり、それこそが彼がその一生をかけて遂行した大事業に他ならないのである。だが、それは後のことであって、今の二三歳のデカルトではない。このデカルトはまだ古い世界像の中で生きているのであり、この古い世界像にさまたげられて先が見えないでいるのである。

彼の視界をふさいでいた古い世界像、こう言うとすぐにアリストテレス＝スコラ学的世界像のことだと思われるにちがいない。だが、それは果たして、デカルトにとって、彼の視界をふさぐ内なる闇となるほどのものだったのであろうか。彼がそれほどにまでこのアリストテレス＝スコラ学的哲学によって深く支配されていたとは考えられない。周知のように、この公認講壇哲学は相変わらず学校教育を支配していたが、学校の外では、デカルトの現われるずっと以前から、すでに信用を失っていたと言っていい。デカルトにしても、この講壇哲学に対する態度は始めからはっきりしている。『方法序説』第一部のみもふたもないような「哲学」批判が、後年のデカルトの断乎たる反アリストテレス的立場を強く反映したものであり、ラ・フレーシュ時代のデカルトはそこまではっきりした考えを持ってはいなかったとしても、少なくとも、彼がこの「哲学」に興味を持たなかったことだけは確かであろう。それは彼にとっては関心の外であるか、さもなければ、ただ否定すべき対象にすぎなかったのである。もし、完成した彼の哲学が、権威を背景にしたこの公認哲学との対決を必然としたのでなかったら、彼は一生このかびくさい哲学と無縁でいることもできたにちがいないのである。

彼に深く影響し、彼にとって打ち払うべき闇となっていたのは、それよりもむしろ、ルネッサンスに興った新プラトン主義的世界像の方だったのではあるまいか。この新プラトン主義的宇宙においては、アリストテレス＝スコラ学的宇宙と同じく、恒星天に包まれた閉ざされた天球の中を、地球を中心として、月、太陽、水星、金星、火星、木星、土星の七つの天体が同心円を描いて回転していたが、永遠の静寂の支配するアリストテレス的宇宙とは違って、この物活論《アニミスム》的宇宙はダイナミックな交流にみちており、この大きな世界(マクロコスモス)と、それがそのまま縮約されたものに他ならぬ人間(ミクロコスモス)とは、たがいに照応し交感し合うのである。こうして、天体の運行によって人間の運命を占う占星術や、この宇宙的秩序の階梯を上昇することによって神と聖なる霊に通じることを目指すカバラ(ユダヤ教の秘伝)が、人びとの強い関心の的となる。一方、自然もまた息を吹き返し、生物ばかりでなく無生物までが、相互の反感によって分離し共感によって結び合う。この自然の秘密《アルカヌム》に通ずる知者《マグス》は、魔術師、錬金術師として自然に働きかけ、さまざまな不思議を行ない、鉛を金に変えるのである。ルネッサンスは人間の再生であるばかりでなく自然の再生でもあったのだ。

アリストテレス＝スコラ学の支配する中世的世界に突如として吹き込んだこの活気にみちた思想と学問が、どのようにして生まれ、どのようにしてヨーロッパ世界に燃え拡がっていったかについては、次の章であらためて扱うことにするが、ラ・フレーシュ学院のかびくさい「哲学」教育にうんざりしていたデカルトが、この清新な学問と思想にふれてなんの刺激も受けなかったとすれば、その方がよほど不思議なのである。

こう言うと、もちろん、すぐに次のような反論がくるだろう。デカルトは『方法序説』第一部で、はっきりとこうしたルネッサンス学問——占星術、錬金術、魔術、カバラ——を否定しているではないか、と。たしかにそのとおりである。彼の言によれば、彼はラ・フレーシュ時代、「教えられる学問だけでは満足せず、最も新奇なものとされている学問〔ルネッサンス的学問のこと〕を扱った書物も、手にすることのできたかぎりはすべて目を通した」のであるが、それは「その正当な価値を見極め、それによってだまされることのないようにするため」だったのであり、その結果、「錬金術師の約束にも、占星術師の予言にも、魔術師のペテンにも、そして、自分の知っている以上のことを知っていると吹聴するやからの策略や広言にも、もはやだまされるおそれはない」ようになったというのである。

だが、こう語っているのは、一六三七年のデカルトなのであり、それがそのままラ・フレーシュ在学中の彼の考えであったとは必ずしも信じられない。そもそも、ただ「だまされることのないようにする」ためだけに、かたっぱしからこの種の書物を読みあさるというようなことがいったいあるものなのであろうか。

ラ・フレーシュ時代のデカルトにこうした書物を貸し与えたのが、彼の数学教師フランソワ神父（当時はまだ神学生であったが）であることは間違いないが、この神父についても同じようなことが言えるだろう。どうやら、この神父がデカルトにこうした書物をさかんに読ませたのは、彼の弟子がこうした新奇なる学問にだまされることのないようにという教育的配慮からだったということになっているらしいが、そんなおかしな話がいったいあるものなのだろうか。たしかに、フランソワ神父はこうした新奇なる学問を否定し嘲笑する書物を書いている。その題名は、『星辰の影響を論ず。そこでは、天空における神の驚くべき御業が詳述され、この御業を理解するための天文学者たちの発明が説明されるとともに、占星術師たちの主張がいかに虚偽であり有害であるかが、あらゆる種類の論拠と権威と経験によって証明される』というものである。ただ、この書物の出版は一六六〇年、デカルトのラ・フレーシュ卒業の時点から数えても四十数年後のことなのである。彼がラ・フレーシュでデカルトに教えていた当時も同じように考えていたという保証はどこにもないのだ。

実際、一六六〇年はもちろん、一六三七年においても、もし彼らが反対にルネッサンス学問を肯定するようなことを言ったとしたら、少し頭がおかしいのではないかと思われたにちがいない。これも後で述べることだが、北ヨーロッパにおけるルネッサンスは一六二〇年を境に完全に崩壊してしまうのであり、フランソワ神父が『星辰の影響を論ず』を出した時はもちろん、デカルトが『方法序説』を出した時にも、ルネッサンスはすでに遠い過去になっていたのである。だが、二人がこうした書物を読みあさっていた一六一五年前後は、ルネッサンスが落日の前の一瞬のごとき強烈な輝きを放っていた時だったのだ。『方法序説』や『星辰の影響を論ず』における彼らのルネッサンス学問に対する侮蔑は、彼らの後年の思想的立場を語っているにすぎない。それをもってただちにラ・フレーシュ時代の彼らの考えであったかのごとく言うのは、まったく根拠のない臆測でしかないのである。はっきりしていることは、ラ・フレーシュ時代の彼らが、ルネッサンス学問に関する書物を「手に入るかぎり」熱心に読みあさったという事実である。その中でも特にこの二人の関心をひいたのは、悪魔を招き寄せて行なう黒魔術に対して白魔術などと呼ばれる「自然魔術」だったであろう。フランソワ神父は『星辰の影響を論ず』の中でもなお、この自然法則を利用して驚異を行なう白魔術を礼讃しているが(アンリ・グイエ『デカルトの初期思想』による)、デカルトもまたこの機械工学の前身のような魔術に関心を持ち、ジャン＝バチスト・ポルタの『自然魔術』などを読んだことは明らかであり、まだベークマンとの共同研究が続いていた一六一九年初頭の頃のものと思われる覚え書(『エクスペリメンタ』)の中には、彼自身こうした「自然魔術」を工夫していたことを想像させるような記述さえ多く見出されるのである。

庭園の中で木その他のさまざまな形象を表わす映像を作り出すことができる。同。ある角度から見ると、なんらかの形象を表わしているように生垣を刈り込むこと。

同。穴を通して部屋に入ってくる日光がさまざまな数字や形象を示すようにすること。

同。部屋の中で空中に焔、火車、その他の形象を出現せしめること。それはすべて幾つかの鏡によって光線を一箇所に集中させることによって行なわれる。

同。部屋の中で、太陽が常に同じ方角から射し込むように思わせたり、西から東へ動いているかのように思わせたりすることができる。それはすべて抛物面鏡による。そのためには、日光が屋根の上で、その焦点が屋根に開いた穴の正面にくるような凹面鏡にあたり、次に同じくこの小さな穴に焦点を持つ別の凹面鏡にあたって、部屋の中に平行光線を放射するようにしなければならない。

若きフランソワ神父とデカルトがルネッサンス的学問に強い関心を抱いていたことは少なくとも明らかである。それはおそらく、フランソワ神父が数学教師でありデカルトがその数少ない受講生の一人であったことと無関係ではあるまい。彼らは実はこうして数学の勉強をしていたのである。

誤解の根本は、デカルトがラ・フレーシュ時代「とりわけ数学を好んでいた」というその「数学」を、近代的な狭い意味での数学と取り違えてしまうところにあるのだ。彼がラ・フレーシュで学んでいた頃の数学という概念は、必ずしも今日われわれがこの言葉によって思い浮かべるような「純粋数学」——算術、代数、幾何、解析——のこととはかぎらないのであり、デカルト自身の定義を用いるならば、「順序と尺度が問題とされるすべての学問（＝普遍数学）」（『精神指導の規則』第四則）のことであった。従ってそこには、デカルトの言う「機械的技術」、すなわち、測量術、築城術、水力学、機械学をはじめ、天文学、光学、遠近法までが含まれていたのである。そして、いわゆるルネッサンス学問、デカルトの言う「新奇なる学問」は、その全体として、まさに当時の最も新しい普遍数学だったのだ。

ルネッサンス新プラトン主義は、後に述べるように、ピタゴラスの系譜を引くものである。そこでは数は存在の原理であり、また、宇宙の秘密を開示するものであった。知者《マグス》とは、この数という秘密の鍵を所有する者のことに他ならない。彼はヘブライ文字を数字に変換することによって隠された神の言葉を読み取り、天体の運行を計算して人間の運命を予知し、自然の数学的な諸関係を利用して奇蹟を現出し、整然たる比例関係によって構成された宇宙の音楽に耳を傾けるのである。虚数の導入によって三次方程式の解を発見した（盗んだとも言われる）カルダーノがミラノの占星術師であったごとく、知者《マグス》とはまず何よりも数学者なのであった。

イグナチウス・デ・ロヨラがイエズス会教育の中に数学を取り入れることを許したのは、

イタリアの諸大学における新プラトン主義的自然学の隆盛に刺激されてであったことはすでに述べたとおりだが、イエズス会士たちがこのロヨラの意志に従うことをためらわざるを得なかった大きな理由もまた同じくそこにあったにちがいない。数学はまさに、この異端の臭気ふんぷんたるルネッサンス新思想の窓口だったのである。デカルトが数学を「好んでいた」ということと、彼がルネッサンス学問に関する書物を読みあさったということとは決して無関係ではない。彼が気に入っていたのは、『方法序説』の言うような「機械的技術にしか役立たない」数学ばかりではなかったのである。

若きデカルトがルネッサンスの斜陽の中を生きていたことは明らかであろう。彼が一六一八年末にベークマンへの贈り物とした『音楽提要』の中の次のごとき言葉も、彼がこの時なお、物活論的世界の中にいたことをはっきりと示している。

人間の声が他の生物の声よりも快く感じられるのは、それがわれわれの精神の本性によりよく適合しているからにすぎない。同様にして、友人の声が敵の声よりも快く思えるのも、この気質と性向の共感と反感に基づくものであろう。羊の皮を張った太鼓は、狼の皮を張った太鼓を鳴らすと響かなくなり沈黙するそうだが、それも同じ理由によるのである。

若いデカルトの中に残っていた古い思想の名残などといったごまかし的説明は通用しない。この共感と反感という物活論的原理は、協和音を数学的比例関係としてとらえる『音楽提要』の「物理＝数学」が、この音と具体的な感情との関係を問題とした時の説明原理なのである。この「物理＝数学」と物活論的原理の共存は少しも矛盾ではない。それを矛盾のように感じるのは、この「物理＝数学」を近代的合理主義に立つものと思い込んでしまっているからにすぎない。そもそも、協和音を数学的比例関係としてとらえるのは、ピタゴラス、プラトン以来の伝統のようなものであり、近代合理主義の産物であるどころか、まさにルネッサンス新プラトン主義の典型なのである。

『音楽提要』のデカルトがなおルネッサンス世界の住人であったことは認めなければならない。とするならば、その三カ月後の、新しい「アルス・ブレヴィス」を着想したデカルトも同じだったと考えるべきではないだろうか。「図形化」という新しい普遍数学の「鍵」を発見したと信じたデカルトが、彼の構想をルルスの「アルス・ブレヴィス」に比したのは決して偶然ではない。彼は自分をルネッサンス学問の祖ともいうべきルルスの後継者に擬しているのである。

ユダヤ教、キリスト教、イスラム教、そして古代の異教に共通した原理を、神の属性を示す名辞と四元素説に見出し、この両者を「術」で結合することによって、これらの諸宗教に共通な普遍的「知」に到達し、かくしてこれらの諸宗教を融合させようと志した中世のこの壮大な夢想家の名を彼が知ったのは、おそらくベークマンを介してであろう。ベークマンはネッテスハイムのアグリッパ(ハインリッヒ・コルネリウス、一四八六―一五三五年)の『註解』の一本(一六〇〇年版?)を所有しており、その中のアグリッパによる解説によって彼はルルスのことをある程度知っていたのである。「図形化」を「鍵」とする自分の新しい普遍学の構想をルルスの「アルス・ブレヴィス」に比定したデカルトは、前にベークマンから聞いていたルルスの「術」にあらためて興味をかきたてられたにちがいない。彼がベークマンに新しい「アルス・ブレヴィス」の夢を語ってから約一月たった一六一九年四月二九日、彼はベークマンに手紙を送ってルルスの「鍵」について調べて教えてくれるよう頼むのである。

この時、彼はブレダを去ってドイツに向かう旅先であった。手紙の発信地はアムステルダムである。彼の言によると、その三日前、ドルドレヒトで一人の学者と泊り合わせ、この男からいろいろとルルスの話を聞かされたという。だが、デカルトの質問攻めにあったこの男は、最後に、ルルスもアグリッパもこの「術」の秘密を開くための「鍵」は彼らの著作の中から隠してしまったのだと言って逃げるのである。

私はこの男が真実を語ったのではなく、無知な者を驚かせて感心させるためにそんなことを言ったのではないかと疑っています。本さえあれば私が自分で調べるところですが、そうもいきません。そこで本をお持ちのあなたにお願いするのですが、お暇の時にお調べ下さって、この《術》がそれほど素晴らしいものかどうかあなたのお考えをお知らせ下さいませんでしょうか。私はあなたの知性に深く信頼しておりますので、この男が《鍵》と呼んだところの、ルルスの《術》を理解するのに不可欠な隠されている幾つかの点(そういうものがあるとしてですが)が何であるかを容易に見出されるであろうことを疑いません。

このデカルトの依頼に対するベークマンの返事(五月六日付)は、デカルトの次の滞在予定地コペンハーゲンに送られたが、それをデカルトが果たして受け取ったかどうかは不明であり、以後二人は音信不通になってしまうのである。だが、いずれにせよ、このベークマンの手紙に書かれていることは、デカルトも当然知っているはずの常識的なことにすぎず、デカルトの質問に答えたようなものではなかった。そんなことをベークマンに聞く方がそもそも無理だったのである。

ここでもやはり、二人はこうして手紙を交換してルルスを嘲笑し合ったのだというのが、どうやらデカルト学者たちの間での定説になっていることのようである。だが、それだけのことにしては、なんとも御苦労な話ではないだろうか。デカルトは旅先にあるにもかかわらずわざわざベークマンに調査を依頼し、コペンハーゲンにしばらく滞在して返事を待つと言っているのである。それがただお互いにルルスを嘲笑し合うためにすぎなかったということなのであろうか。たしかに二人の書簡の中には嘲笑的な言葉が含まれている。だが、よく読めば分ることだが、これらの嘲笑的な言辞が向けられているのはルルスに対してではなく、デカルトが会ったという「学者」に対してなのである。デカルトのような人間がルルスの「妄想」などに興味を持つはずはないという偏見が、こうした誤った読み方をさせてしまうのだ。

この往復書簡の意味は、まさにそこに書かれているとおりのことである。デカルトはルルスの「鍵」について、ベークマンの所有するアグリッパの『註解』を調べてくれるように依頼し、ベークマンは急いでその返事を書いているのである。ただ、ドルドレヒトで会った「学者」というのは、もしかしたらデカルトの作り話かもしれない。変にルルスにこだわっていると思われるのがいやでこうした口実をもうけたというのは、大いに考えられることだからである。

デカルト学者たちがこうした見方を好まないだろうことはよく分っている。ほとんどが近代的合理主義の信奉者であるデカルト学者たちには、偉大なデカルトが一時的にせよルルスの妄想(と彼らには思えるにちがいない)などとかかわりを持ったということ自体、許しがたい侮辱のように思えるのであろう。だが、そのおかげで、デカルトは時代を超越した生まれながらの近代的合理主義者に仕立て上げられてしまったのである。こうして、青年デカルトがその末期を生きたルネッサンスという活気にみちた創造的な時代はまるごと無視され、ポール・O・クリステラーの慨嘆するように、「多くの哲学史の教科書が聖トマス(さらにはアリストテレス)からデカルトへ飛び越してしまう」(『ルネッサンスの哲学運動』)ようなことになったのだ。

デカルト学者たちは、デカルトといえどもやはり時代の子であったことを認めなければならない。やがて次第に明らかになってゆくように、彼はルネッサンスの黄昏の中に生まれ、そのコスモスの崩壊に立ち合った人間なのである。アレクサンドル・コイレは、『閉ざされた世界から無限の宇宙へ』(邦訳『コスモスの崩壊』野沢協訳、白水社)のこの歴史的大転換を、「コスモスの崩壊」と「空間の幾何学化」という「密接に関連し合う基本的な二つの作用に還元できる」としているが、デカルトこそはまさにこの「コスモスの崩壊」をみずから深刻に体験し、そこから出発して「空間の幾何学化」を達成したこの大転換の主役なのである。

「図形化」という新しい普遍数学の「鍵」を発見したことによって、彼はこの「図形化」が必然的に要請する幾何学化された新しい世界像をはるか彼方にかいまみたにちがいない。だがそれはまだ「一条の光」にすぎず、彼はなお崩壊しつつあるコスモスの「深い闇」の中に生きている。やがてこのコスモスが完全に崩壊した時、このコスモスの中に包まれていた彼の普遍数学構想はすべてのルネッサンス的なものから脱皮して、コスモス崩壊後の無限にひろがるカオス(混沌)を再構成する原理となるのである。

だがそれはまだ先のことであり、彼はなお「深い闇」の中を手探りで歩んでいる。彼がついに「空間の幾何学化」を達成するまでには、更にしばらく遍歴をつづけ、第三、第四の転機を経験しなければならないのである。

3　バラ十字団を求めて(6)

こうしてブレダで充実した研究生活を送っていたデカルトだが、突然、彼はこの静かな生活を捨ててドイツ方面に向かって旅立つ。「もう私のミューズに何も期待しないで下さい。私は明日の出発の準備をしています。私の心はすでにもう旅の空です。」(一六一九年四月二九日付)これがアムステルダムから彼がベークマンに書き送った最後の言葉である。いったい何がこれほどにまで彼をドイツの空へと駆り立てたのであろうか。

ここでもまた、彼の「肝臓の熱」を引き合いに出すのが通例となっているようである。彼はよくよく戦争の好きな男と思われているらしい。だが、それは違う。この場合も、彼は決して戦争がしたくてドイツまで出かけていったわけではないのである。

たしかに『方法序説』第二部は、彼が戦争をしに行ったかのごとき印象を与える次のような言葉で始まっている。「そのころ私はドイツにいました。いまでもまだ終っていない戦争〔三十年戦争のこと〕が私をそこへ呼び寄せたのです。」だが、後年のデカルトによるこの記述は、決して彼がドイツに行った本当の動機を語ったものではない。後に詳しく述べるように、『方法序説』出版当時の社会的状況は、その本当の理由を語ることを許さなかったのである。事実、当時の彼の書簡はそれとはまったく別のことを語っているのだ。

一六一九年三月二六日付のベークマン宛書簡で、デカルトは次のように述べている。

「ドイツで起った騒乱も、私の計画を変えさせるものではありません。だが、しばらくは私をこの地に引き止めることになるでしょう。私は三週間後にしか出発しないつもりです。だがその際にはアムステルダムまで行き、できればそこからダンチッヒに渡りたいと思います。それからポーランドを経て、ハンガリーの一部を通過し、オーストリアとボヘミアに行くつもりです。たしかに非常な遠まわりですが、私はこれが一番安全な道だと思うのです。」

この手紙から明らかなことは、彼の目的地がボヘミアであること、そして彼が「騒乱」以前からこの旅行を計画していたということだ。そして、「騒乱」は彼をドイツに「呼び寄せた」どころか、彼に出発を延期させ、計画の変更を余儀なくせしめているのである。ところで、そこが面白いところだが、実はこの時はまだ、ドイツで「騒乱」など起ってはいなかったのである。「騒乱」が起ったというのはデカルトの想像にすぎないのだ。それでは彼はいったいなぜ、ドイツで「騒乱」が起ったなどと思ってしまったのであろうか。

神聖ローマ皇帝マチアスが死んだのは、このベークマン宛の書簡の六日前にあたる三月二〇日である。彼がドイツで「騒乱」が起ったと判断したのは、いち早くこの情報をキャッチしたからに他ならない。この判断はたしかに間違っていた。最初の小競合《こぜりあい》が起ったのはようやく六月になってからであり、本格的な「騒乱」、つまり三十年戦争が始まるのは、更にその翌年秋のことにすぎない。だが、マチアスの死をその数日後にしてすでに知り、そこからすぐに「騒乱」を予想するというようなことは、一六一八年五月のプラハ事件以後のドイツ情勢に精通している者でなければできるものではない。デカルトはドイツ情勢にまったく無知であったというのがいわば定説になってしまっているが、それはとんでもない間違いなのである。

実際、マチアスの死によって「騒乱」が起ることは不可避であった。神聖ローマ皇帝を名乗るためには、ハンガリー王とボヘミア王を兼ねることが必須条件であったが、ボヘミアの議会は、マチアスの後継者フェルディナンドを次期ボヘミア王として認めることを拒否して、フェルディナンドの使者をプラハ城の窓から下のドナウ河に突き落し、かわりにファルツ選帝侯フリードリッヒ五世をマチアス亡きあとのボヘミア王に選出してしまったのである。これがいわゆるプラハ事件であるが、こうして、神聖ローマ皇帝の位を継ぐためにどうしてもボヘミアの王冠を必要とするフェルディナンドと、ボヘミア王になることを承諾したフリードリッヒとの間で、マチアスの死とともにボヘミアの王冠を賭けた決戦が行なわれることは必至となっていたのである。マチアスの死を知ったデカルトが、ただちに「騒乱」が起ったと判断したのは、こうしたいきさつを十分に承知していたからに他ならない。

だが、幸いにもこのデカルトの予想ははずれた。出発を延期してドイツの情勢をうかがっていたデカルトは、一カ月後ようやく、「軍隊が集結しているだけで戦争はないのではないかと思う」(ベークマン宛、一六一九年四月二三日付)と、正確な状況判断に到達し、ついに出発を決心するのである。もちろん、安全のために遠まわりはやむを得ない。彼はベークマンに出発の決意を伝えた後、「私はデンマークとポーランドとハンガリーでゆっくり時間をかけ、ドイツが盗賊化した兵隊たちに会わずに安全に旅できる状態にあるのか、それとも完全に戦争状態にあるのか、いずれかはっきりするまで待とうと思います」(同前)とその予定を語っている。彼は、三月二六日付の手紙ですでにベークマンに語っていたように、アムステルダムからデンマークを経てダンチッヒに行き、そこからポーランドとハンガリーをまわってオーストリアとボヘミアに行くつもりなのである。ここで彼の最終目的地がボヘミアであることに注意すべきであろう。彼はなにもポーランドやハンガリーを見物したいのではない。「騒乱」さえなければ、「遠まわり」などせず、まっすぐボヘミアに向かったにちがいないのである。

それでは、これほどまで無理をし、あえて危険を冒してまで、風雲ただならぬボヘミアに行こうとする彼の目的はいったい何だったのであろうか。結論を先に言ってしまうならば、それはバラ十字団と接触することだったのである。だが、このことを明らかにする前触れておかなければなるまい。

に、われわれもまた少し遠まわりして、バラ十字団とはいったい何かについて少しばかり

バラ十字団というものは、しばしばフリーメーソンのような秘密結社であるかのごとく誤解されているが、実はそのような結社はどこにも存在していなかった。フランセス・イエーツがその著『バラ十字の啓蒙』で明らかにしたように、その実体は実は一つの夢にすぎなかったのである。この夢は、一六一三年、ファルツ選帝侯フリードリッヒ五世と英国王ジェームズ一世の息女エリザベス・ステュアートとの結婚に端を発する。この結婚は、強力な反カトリック国である英国が、フリードリッヒをはじめとするドイツの反カトリック勢力に支援を保証したものと受け取られ、こうして、ローマ（教皇庁）とウィーン（神聖ローマ皇帝）の支配を脱して、政治的独立と宗教的自由を享受する新しい友愛の世界を建設しようという夢が、にわかに現実性を帯びてきたのであった。

フリードリッヒはこの新しい世界を求める人びとの希望の星となり、その宰相クリスチャン・フォン・アンハルトは、この希望の星をいただいて新しいヨーロッパ建設の大計画を練り始める。バラ十字文書が現われたのは、このような状況を背景にしてであった。バラ十字団のマニフェストとされる『ファーマ』と『コンフェシオ』は、この結婚直後の一六一四年と一六一五年に、アンドレアエの『ローゼンクロイツの化学の結婚』はその翌年

図5　ボヘミアの王冠を受けるべきかどうか迷うフリードリッヒ．彼が乗っているのは人生の選択を意味するピタゴラスのYである（大英博物館蔵）．

の一六一六年に出ている。錬金術的比喩を用いて「世界全体の全面的改革」（『ファーマ』の表題の一部）の夢を語るこれらの文書が、ハイデルベルグのフリードリッヒの宮廷の動きと深いかかわりを持っていたことは容易に想像できよう。もし、しいてバラ十字団というものが実在したとするなら、それはハイデルベルグのこのアンハルト周辺の人たちのことであり、またこの動きに呼応した人たちのことなのである。

こうしてドイツ諸国にひろがっていった「世界全体の全面的改革」の夢こそは、ボヘミア人をしてフェルディナンドを拒否してフリードリッヒを彼らの王に選出せしめた深い理由に他ならない。またフリードリッヒが、危険を承知の上であえてこの差し出された王冠を受け取ったのも、彼がこの「世界全体の全面的改革」の使命を神から課せられたと感じていたからなのである。だが、一六二〇年一一月九日、フリードリッヒがプラハ郊外ヴァイセンベルグの戦いに敗れ、英国王の支援が幻想にすぎないことが明らかになった時、この夢は消え、それとともに、本来のバラ十字文書もまたその跡を絶ったのである。

だが、この「世界全体の全面的改革」の夢は、フリードリッヒの結婚をきっかけとして燃え上がり、現実的な革命運動の様相を呈しはしたものの、それは決してこの結婚とともに始まったものでもないし、また単にローマ＝ウィーン体制からの解放という政治目的にのみ終始するものでもなかった。それはまさに全面的改革の夢、つまり、政治、宗教、文化のあらゆる次元における古い世界の死と新しい世界の再生の夢だったのである。バラ十字文書が死と再生のプロセスである錬金術の象徴を好んで用いるのは理由のないことではない。それは過去の世界の灰の中から新しい世界が不死鳥《フェニックス》のごとくよみがえることの比喩なのである。バラ十字の夢とは、結局、この人間の再生＝ルネッサンスの夢に他ならない。それはルネッサンスのドイツ的形態なのである。

イタリアに起ったルネッサンスは、かなり遅れてドイツ地方に波及した。ドイツ・ルネッサンスの不幸はまさにこの時間的ずれにこそあった。それは開花の時を待つことなく、ローマとウィーンを枢軸とする強力な反宗教改革の波とまともにぶつからなければならなかったのである。こうして、ヴァイセンベルグの悲劇的敗北とともにドイツ・ルネッサンスは終りを告げるのであるが、しかし、バラ十字に象徴されるドイツ・ルネッサンスは、こうした歴史的状況のもとで政治的急進主義に転化せざるを得なかったとはいえ、すでに述べたように、それは元来は政治的次元のものではなく、イタリア・ルネッサンス同様、むしろ文化的次元における運動なのであった。

眠っていた中世ヨーロッパを揺り起して多様な精神活動を呼びさましたルネッサンスと呼ばれるこの運動が何故どのようにして起ったかについては、ここでは詳しく述べるわけにはいかないし、またその力もないが、しかし、その最も大きな原動力となったのが、フィレンツェのプラトン・アカデミーだったと言っても、おそらくそれほど大きな誤りを犯したことにはならないだろう。フィチーノとピコ・デラ・ミランドーラを中心とするこのアカデミーによるプラトン復興こそは、人間と世界についてのまったく新しいヴィジョンを提示し、古い世界の中で窒息しかけていた人びとに新鮮な衝撃を与えたものなのであるから。そして、バラ十字文書が語っていたのも、まさにこの新しいヴィジョンに基づく学問であり思想なのである。いわゆるバラ十字団とは何かを理解するためにも、このプラトン復興について少しばかり説明しておくことがどうしても必要であろう。

中世ヨーロッパはアリストテレスについてはもちろんよく知っていたが、プラトンについては、『ティマイオス』『メノン』『パイドン』以外はほとんど知られていなかった。それ故、オスマン・トルコに圧迫されていたビザンチン帝国(東ローマ帝国)から、大勢のギリシャ学者たちが、一四三八年から一四四三年にかけてフィレンツェで開かれた東西キリスト教合同会議をきっかけとしてイタリアに渡来したことは、まさに画期的な出来事だったと言える。これらの学者たちは、一四五三年にビザンチン帝国の首都コンスタンチノポリスが陥落すると、大量のギリシャ語文献とともに亡命者としてイタリアに住みつき、それまでヨーロッパにほとんど知られていなかった東方のヘレニズム文化を導入する役割を果たしたのである。

この宗教会議をフィレンツェに招致させたメディチ家の創建者コジモの文化的役割は、その意味でまことに大きかったと言わなければならない。このコジモに仕える侍医の息子として生まれたのがマルシリオ・フィチーノである。早くからその才能を見込まれていた少年フィチーノは、コジモの命により亡命ビザンチン学者たちからギリシャ語を修得し、長じてから後、同じくコジモの命により、与えられたフィレンツェ郊外カレッジの別荘で、ヘルメス文書とプラトンの翻訳にとりかかる。前者——第一ヘルメス文書の標題をとって『ピマンデル』と名付けられた——の完成は一四六三年。後者の完成はその五年後の一四六八年である。彼はまた、プラトンの『饗宴』を註釈したり(一四六九年)、彼の主著『プラトン神学』(一四八二年)、『生命論』(一四八九年)を著したりする一方、カレッジの別荘に友人や弟子を集めてプラトンについて講義したり討論をしたりする。これがいわゆるプラトン・アカデミーであるが、こうしたフィチーノの精力的な活動は、折から実用化しはじめた印刷術のおかげもあって、全ヨーロッパにプラトンの名を普及せしめたのであった。

ところで、フィチーノによって復興され普及されたプラトンは、言うまでもないことだが、彼の解釈を媒介としたものである。それはつまり、プラトン主義というよりはむしろ、新プラトン主義なのである。そして、彼のこの新しいプラトン解釈に決定的な影響を与えたのは、他でもない、彼がプラトンに先立って翻訳したヘルメス文書であった。

ヘルメス文書は、現在では、ヘルメス神——元来はエジプトのトート神であるが、ギリシャ人はこの神を彼らのヘルメス神と同一視し、またローマ人は彼らの五人のメルクリウス神のうちの一人がアルゴスを殺してエジプトに追放されトート神になったのだと主張している(キケロ『神々の本性について』)——の名を騙った紀元二〜三世紀頃の偽作であることが明らかにされている。ヘルメス・トリスメギストス(三重に偉大なるヘルメス)の名を冠したこれらの一群の文書は、実は無名のギリシャ人たちを著者として、初期キリスト教の成立過程において排除されていった東方のグノーシス的思想の背景の中から生まれたものなのである。しかし、フィチーノはそうは思っていなかった。彼は、アウグスチヌスやラクタンティウスといった権威ある教父たちの説に従って、それが遠くモーゼの時代にトート神(ヘルメス神)から直接に口授されたものと信じたのである。

すべてはこの誤解から始まった。『ピマンデル』の世界創造の記述が『創世記』とあまりにも親近性を持っている——前者は後者から出ているのだから当たり前だが——ことに強い衝撃を受けたフィチーノは、その著者ヘルメス・トリスメギストスにもう一人のモーゼを見てしまったのである。この異教のモーゼはもちろん真の神の啓示を受けたわけではない。しかし、彼はその深い叡知によって優れた認識に到達し、異教徒の側からキリスト

図6　ヴァチカンのカテドラルのヘルメスとモーゼ.

教の真理を証しする役を果たしている、とフィチーノには思えたのだ。こうしてフィチーノは、異教の巫女(シュビラ)たちがキリストの到来を予言したごとく、キリスト教の真理の到来を予告する異教古代の叡知の伝統——ヘルメス的伝統——が存在したことを確信し、その系譜を作り上げる。それはヘルメス・トリスメギストスを祖とし(後にはゾロアスターがヘルメスと並ぶ始祖として付け加えられる)、オルフェウス、アグラオフェムス、ピタゴラス、フィロラオスを経てプラトンに到る

「古代神学」の系譜である（『ピマンデル』コジモへの献辞）。かくてプラトンは、フィチーノによって、エジプトからペルシャに到るすべての古代神学を集大成するとともにキリスト教神学を準備した「哲学者の父」として位置づけられることになったのだ。コジモの後継者ロレンツォに捧げられた彼の主著『プラトン神学』の献辞は、プラトンに与えられたこの歴史的意味を次のように簡明に要約している。

私が久しい以前にラテン語に訳したプラトンの著作を真剣に読んだ人なら誰でも、そこにこうしたことのすべて、とりわけ次の二つの最も本質的な真理を見出すことでありましょう。それは認識された神に対する敬虔な崇敬と霊魂の神性です。……アウグスティヌスも、プラトン主義者は後一歩でキリスト教徒だと断言しています。

まったくなんという雄大なシンクレティズム（諸教混淆）であろうか。モーゼ、ヘルメス、ゾロアスターに発する古代の叡知の三つの流れはプラトンにおいて合流し、キリスト教の中に流れ込む。キリスト教はこれら全古代の総合であり完成なのである。だが、すでに述べたように、それはフィチーノのとんでもない誤解なのであった。彼はプラトンを通して古代の叡知の始源に回帰しているつもりだったのだが、彼が回帰したのは実は東方の魔術的伝統に深く影響されたキリスト教の異端――グノーシス――の世界だったのである。

グノーシス(霊的認識)主義とは、紀元一世紀末から二世紀の初めにかけてユダヤ教とユダヤ・キリスト教の周辺に生じた異端である。その主張はさまざまであり、ケリントス派、シモン派、バルベロ・グノーシス派など多くの流派に分かれているが、その共通した特徴は彼らが天地創造そのものを悪の原理に基づくものとみなしていたことであろう。悪のみが勝ち誇るこの世界が善なる神の創造したものであるはずはない。それはローマの苛酷な支配のもとに呻吟する人びとの深い実感であったにちがいない。現世に対するこの激しい悲観と絶望から、過激な善悪二元論が生まれてきたのはいわば当然であった。彼らは天上界から流出する光(アイオーン)を霊的に認識することによって、更にはまたこの光を魔術的方法によってとらえることによって、七つの惑星の支配するこの悪の世界を突き抜けて上昇し、そのかなたの天上界に合一することを激しく望んだのである。

この強烈な善悪二元論がやがて、地上的感覚的世界からエロース(愛、憧憬)によって天上的理念的世界、イデアの世界に到達することを目指すプラトン的二元論と結びつくことになったのは、極めて自然なことだったと言えるだろう。二世紀後半、ヘレニズム(ギリシャ文化)の中心地アレクサンドリアにおいて、グノーシス主義はプラトンと出合い、プラトン思想を借りて一つの哲学大系となる。そして、それと同時に、この東西文化の十字路に流れ込む東西の隠秘学的魔術的伝統を吸収して一種の神秘主義的シンクレティズムを実現するのだ。ヘルメス・トリスメギストスの名を冠するさまざまな哲学的あるいは隠秘学的文書やゾロアスターの名を騙る『カルデアの神託』などが現われたのは、このような状況を背景にしてなのであった。

だが、そんなこととは夢にも知らないフィチーノは、古いものほど神に、したがって真理に近いと考えるルネッサンス人の信念に基づいて、プラトンを通してこの「古代の叡知」の源泉に回帰しようと望んだのである。こうして彼の新プラトン主義、つまりヘルメス的プラトン主義は生まれたのであるが、その核心をなすものが、彼が『プラトン神学』の献辞に述べていた「二つの最も本質的な真理」、すなわち「認識された神に対する敬虔な崇敬と霊魂の神性」であることは言うまでもない。彼の主著『プラトン神学』はこの「二つの最も本質的な真理」を実体の五段階階梯論という形で展開したものに他ならないのである。フィチーノによれば実体は五つあって一つの階梯をなしている。それは神—天使—霊魂—質(Qualitas)—量(Corpus)という階梯であるが、ここで重要なことは、霊魂がこの階梯の中央に位置していることだ。このことは二つの意味を持つ。一つは、神の本性から出た霊魂(これが「霊魂の神性」ということに他ならない)は、その故郷に恋い焦がれ、この階梯を上昇して神の本性の中に帰ろうとするということである。フィチーノは神と霊魂とのこの関係を、太陽と、その光を受けて輝やかんと願う月との関係にたとえている。神と天使の関係は太陽と星との関係のごときものにすぎず、「ただ霊魂のみが神に対して月の太陽に対するがごとき関係にある」(『プラトン神学』第三部第一章)のだ。神の本性の中に帰らんとする霊魂のこの激しい上昇運動は、キリスト教における神とその被造物との関係という以上に、霊魂の力によって至高天に到達せんとするグノーシス主義のあの激しさを思わせるものではないだろうか。

だが、それればかりではない。五段階の中央に位置づけられたこの霊魂は、宇宙に充満する精気(スピリトス)――D・P・ウォーカーの精緻な分析によれば、それは宇宙霊や星辰の影響を伝達する媒体である(『オルフェウス神学とルネッサンス・プラトン主義者』)――に積極的に働きかけ、上下それぞれ二つの実体を動かすのである。人間の霊魂はまさに宇宙の能動的な中心なのだ。この魔術師《マグス》としての人間の姿こそは、『ピマンデル』と並ぶ代表的なヘルメス文献『アスクレピウス』の描く「人間」の姿に他ならない。彼は「神に向かって上昇せんとするばかりでなく」、天使や悪魔の霊を呼び降して像の中に封じ込め、「神々を作る」のである。彼は天から「生命を受けるばかりでなく、彼自身(物に)生命を与える」のだ。フィチーノの晩年の著作『生命論』は、哲学的著作というよりはむしろ医学的著作であり、学者に多い土星の支配下にあるメランコリー気質の人たち(フィチーノももちろんその一人である)の治療のために書かれたものにすぎないが、そこに示されているのもまさにこの魔術師《マグス》的人間に他ならない。『生命論』はこの土星の影響から逃れるためには太陽や金星の精気を吸収するのがいいとし、そのためのいろいろな方法を詳述しているのだが、そこには、星辰の精気を呼び寄せる護符の使用のような呪術的方法から、ヘルメス文書の中に多く見られるような鉱物や動物や植物の隠秘学的効能を利用すること(たとえば太陽の精気を吸収するにはライオン、ワニ、月桂樹、金、紅玉などがよいと彼は言う)まで、あらゆる魔術的処方が語られているのである。

古代の叡知、実は東方のグノーシス的魔術的伝統に深く影響されたフィチーノのこのヘルメス的プラトン主義は、彼の若き友人ピコ・デラ・ミランドーラによって更に一歩を進められる。ピコはフィチーノが持ち込んだヘルメス的伝統に、もう一つの秘教的伝統、ユダヤ教のカバラをつけ加えたのである。遠い昔、モーゼから直接に口授され、一般のユダヤ教徒に対する教えとは別に、選ばれた者だけの秘伝として伝えられてきたというこのカバラも、実は、ヘルメス的伝統と同じく、二世紀頃、ヘレニズムと接触したユダヤ教の中から生まれてきたものであり、宇宙を神から流出するセフィロートと天使の世界、星辰界、地上の感覚的世界の三つに分ける分け方にしても、天使の名を呼ぶ呪術によってその力を招致する魔術的実践においても、非常にヘルメス的伝統と似通ったものをもっているのであるが、その最も大きな特異性をなすものは、神から直接に与えられたとされるヘブライ文字を組み合わせたり数字に置き換えたりすることによって、そこに隠された神意を読み取るという秘法(ゲマトリア)であろう。ピコが学んだカバラは、激しい弾圧の下に苦しむスペインのユダヤ教徒の間で特に発達したカバラであったが、彼がこのカバラをキリスト教世界の中に持ち込むことになったきっかけは、このゲマトリアにおける彼の「大発見」

であった。それは、みだりに口にすべからざる神ヤハウェ（YHWH）の名を示す四文字（テトラグラマトン）の中央に、罪を示すSを挿入するとイエススの名になるということである。ピコによれば、それはイエススが人間の罪の贖いのために受肉した神の子であることを証明するものに他ならない。こうして、フィチーノがヘルメス・トリスメギストスにキリスト到来を予告する古代の叡知を見たごとく、ピコはユダヤ教の秘伝カバラに、同じくキリストの到来を予告するもう一つの古代の叡知の伝統を見たのであった。かくして、カバラもまたキリスト教の中に取り込まれる。イエススをメシヤと認めないユダヤ教徒の謬まりは、彼ら自身の秘法が告げているこの真理に気付かなかったことにあるのであり、カバラはかえってユダヤ教徒にこの真理を悟らせ、彼らをキリスト教の中に招き入れるための武器となるのである。

こうして、フィチーノのヘルメス的プラトン主義は、ピコ・デラ・ミランドーラによって更にヘルメス＝カバラ的プラトン主義へと発展させられたのであるが、この新プラトン主義がキリスト教ヨーロッパに与えた衝撃は大きかった。それは、知らずして、初期キリスト教が必死になって排除した東方のグノーシス的魔術的なものを、「神のごとき」プラトンの名において再びキリスト教世界の中に持ち込み、それまで長い間キリスト教世界において抑圧されてきたものに火をつけてしまったのだからである。かくして、静まりかえっていた宇宙はにわかに活気を帯びる。アリストテレス的宇宙の永遠の静寂の支配する星

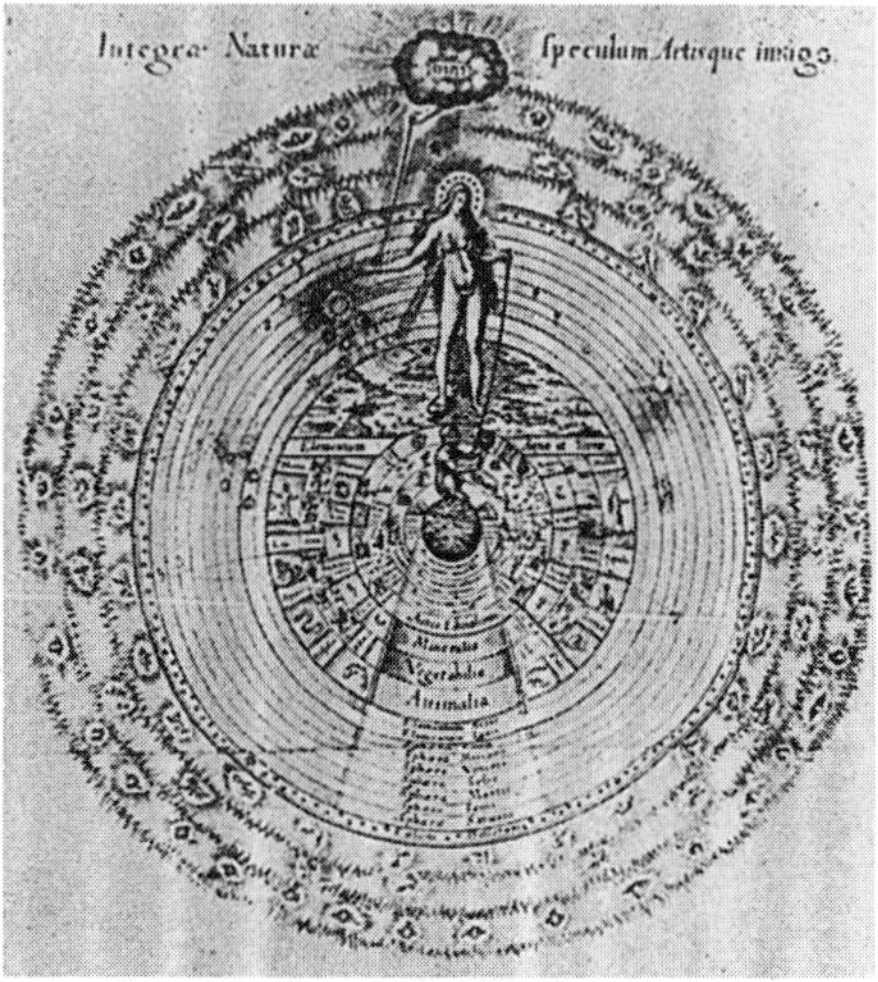

図7　天空図

辰界と生成流転する月下界とのしきいは打ち破られ、マクロコスモス（大宇宙）とミクロコスモス（人間）の間の活潑な交流が再開する。魔術師《マグス》としての人間は、この宇宙の能動的中心として、占星術やカバラによって宇宙に充満する精気（スピリトゥス）に働きかけるとともに、魔術や錬金術によって四大（火、水、気、土）を操作し変貌せしめるのだ。

フィレンツェの一角に興ったこのまったく新しい思想——ヘルメス＝カバラ的新プラトン主義——がその後どのような多様な発展を遂げ、中世ヨーロッパを揺り動かす大きな思想運動となっていったか、その跡を追うことはもはや本書の範囲ではない。ここでの問題は、ドイツにおけるバラ十字を象徴とする運動もまた、この大きな思想運動の一環だったということである。バラ十字という象徴の起源と意味については、英国のバラとガーター勲章の赤十字の組み合わせであるとか、錬金術における空想的な金の溶剤「天上の露(Ros)」と「光(Crux)」に由来するとか、いろいろな説明や解釈が行なわれているが、いずれにせよ確実なことは分っていない。確実なことは、『ファーマ』や『化学の結婚』がくりかえし語っているように、この運動が新しい学問による友愛の世界建設を目指すものだったということである。そして、この新しい学問が、錬金術に象徴されるヘルメス＝カバラ的学問であることは言うまでもない。彼らはこの古代の叡知(と彼らは信じていた)に回帰することによって、かつてライムンドス・ルルスが夢みたごとき諸宗教の統一を実現し、諸宗教の対立を超えた友愛の世界を建設することを夢みたのである。バラと十字の結合をパラケルズスとルターの結合、つまり錬金術と宗教改革の結合と解する古くからの通説は、その意味では極めて表面的な理解だと言わざるを得ない。『化学の結婚』の言明しているように、彼らの言う錬金術は「神をも怖れぬ呪われた偽金づくり」などではなく、もっと「精神的」なものの象徴、「天が開かれ神の天使たちがそこを昇ったり降りたりするのを見る」ためのものなのであったし、彼らの考える宗教改革もカトリックかプロテスタントかといった次元をはるかに超えるものだったのだからである。

フィチーノとピコ・デラ・ミランドーラの新プラトン主義から生まれたこのヘルメス＝カバラ的学問と諸宗教合一の夢は、おそらくは、フィレンツェ衰退後のルネッサンスの中心地となったヴェネツィアを起点としてドイツ地方に伝わっていったものであるにちがいない。そして、そこに浮び上がってくるのが、フランチェスコ・ジョルジ(ツォルツィ)というヴェネツィアの謎のフランシスコ会修道士の影である。『バラ十字の啓蒙』を書いた時のフランセス・イエーツはまだこの人物の存在に十分気付いていなかったらしく、彼女が「ジョルジ風のカバラはバラ十字主義の一源泉であったかもしれない」と書くのは、ようやくその最後の著作『エリザベス朝のオカルト哲学』(邦訳『魔術的ルネッサンス』内藤健二訳、晶文社)においてであり、その解明を後に残したまま死去してしまったのであるが、実際、イタリア・ルネッサンスのヘルメス＝カバラ的学問がアルプスを越えて北方にひろがっていったのはこの人物を媒介としてであったとまでは言わないにしても、彼がその媒体として大きな役割を果したことは明らかであるし、それればかりか、このルネッサンス学問をバラ十字運動の特質たるローマ＝ウィーン体制からの解放の夢と結びつけたのも彼ではないかと疑わせる理由がたしかに存在するのである。

まず、彼の主著『世界の調和について』は、フランスではド・ラ・ボドリー兄弟によって仏訳(一五七八年)までされており、いまだ未解明とはいえこの著作がフランスにおいて広く深い影響を持っただろうことを想像させるが、英国においてもこの著作が『エリザベス朝のオカルト哲学』の出発点ともいうべきものであったことは、ジョン・ディーやシェクスピアなどの作品をとおしてフランセス・イエーツが検証しているところである。だが、

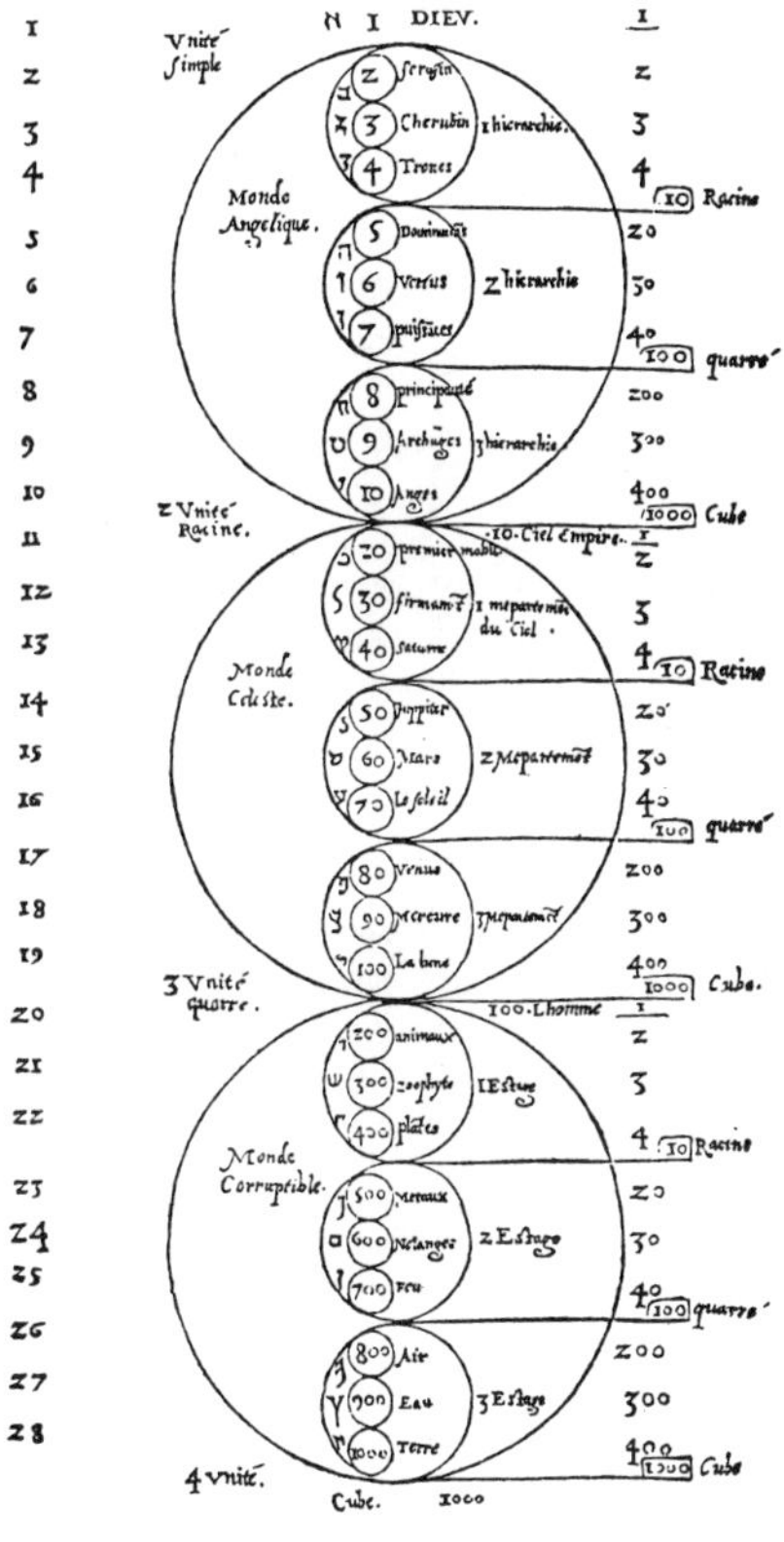

図8　ド・ラ・ボドリー兄弟訳，フランチェスコ・ジョルジ『世界の調和について』の中の，カバラ的世界の図解．上から，天使界，星辰界，地上界の三つの世界を示している．

それだけではない。ヴェネツィアの名門ツォルツィ家の出身であるこのフランシスコ会士は、ヴェネツィアの政庁に対しても大きな発言力を有し、いくつかの外交交渉において微妙な役割を演じているのだが、中でも最も重要なのは、彼が英国王ヘンリー八世の離婚問題において果たした役割であろう。彼は英国王の依頼を受けて聖書を調べ、この離婚の合法性を証明しているのである。英国王が何故ヴェネツィアのこの一托鉢修道士の助力を求めたのか、そして何故ジョルジは英国教会をローマから決定的に分離させることになるこの離婚のために尽力したのか、それは必ずしも明らかではないが、その背景に英国とヴェネツィアの結びつきを深めて反ローマ共同戦線を形成しようとする動きのあったことはたしかであり、ジョルジはヴェネツィア自由主義の指導者として、この同盟を推進すべく積極的にこの離婚に関与したのではないかと想像されるのだ。とするならば、やがてバラ十字運動として爆発することになるルネッサンス学問と反ローマ＝ウィーン運動との結合は、まさにこのフランチェスコ・ジョルジに発するものだったということになろう。

残念ながら、イエーツの残したこの問題を今ここで解明する力はない。ただ、このような想定に立つなら、バラ十字運動の起源について一貫した説明が可能になってくるという気がするのは事実である。『バラ十字の啓蒙』におけるイエーツは、その起源をポーランド王子に招かれた英国の新プラトン主義者ジョン・ディーのハイデルベルグ、プラハを経てポーランドに向かう旅に求めているのであるが、このジョン・ディーはまさにジョルジの『世界の調和について』を介して新プラトン主義の洗礼を受けた人間なのであり、彼がドイツで説いて歩いた理想、イエーツの言う『アストライア――星の処女神エリザベス女王』(原題『アストライア――十六世紀における王権の問題』)を盟主としてローマ＝ウィーン体制を脱却しヨーロッパの新秩序を築こうという理想も、このジョルジの構想を継承し発展させたものと考えることができる。それはつまり、ディーの布教から生まれたとイエーツの言うバラ十字思想が、元をただせばこのジョルジに端を発するものだったということに他ならない。

だが、ジョルジという謎の人物について、これ以上あまり確かでもないことを述べるのはよそう。いずれにせよ、ドイツにもたらされたヘルメス＝カバラ的学問(バラ)が、ローマの支配を脱してキリスト教世界を再生させようという夢(十字)と深く結びついたものであったことは確かだし、そしてまた、このバラと十字を象徴とする運動がヴェネツィアの自由主義と緊密な関係にあったことも明らかなのであるから。

このことを何よりもはっきりと示しているのは、最初のバラ十字文書『ファーマ』が、その前年にヴェネツィアで出されたトリアノ・ボッカリーニの『パルナッススからの告知』の一部のドイツ語訳を含んでいることであろう。このボッカリーニは、ヴェネツィア自由主義の闘将パオロ・サルピのグループに属する人間であるが、この時のヴェネツィアは、ローマ教皇庁のヴェネツィアに対する聖務禁止令(一六〇六年)によって、ローマに屈伏するか、それとも公然と叛旗をひるがえすかの岐路に立たされていたのである。ボッカリーニがこの激越な反ローマ文書を発表したのはこのような状況においてであるが、その文章がただちに『ファーマ』に現われたということは、このバラ十字宣言がヴェネツィアの革命的情勢に呼応したものであることを推測させずにはおかない。バラ十字文書の出現はおそらく、このヴェネツィア自由主義の危機に連動しているのである。

折しも、ドイツにおける革命的情勢も高まっていた。ファルツ選帝侯と英国王女の結婚は、ロンドンとハイデルベルグの結合をこの上もなく強固なものと信じさせた。そして、ボヘミアはこの若き選帝侯を彼らの王として選出する。こうして、おそらくはジョルジが夢み、ディーが遊説して歩いたヴェネツィア、ロンドン、ハイデルベルグ、プラハの反ローマ＝ハプスブルグ同盟はまさに現実化しようとしていたのである。同じバラと十字の夢によって結ばれた四つの首府は、かくて反ローマ＝ハプスブルグの作戦基地に転化する。その成功は、新しい学問に基づく友愛の世界の建設、つまり「世界全体の全面的改革」を実現するはずであった。だが、フリードリッヒがヴァイセンベルグに敗れ、英国王の支援が幻想にすぎなかったことが判明した時、すべての夢は消え去ったのである。ローマ＝ウィーン体制は確立し、ヴェネツィアはローマに屈伏する、ルネッサンスはこうして終りを告げたのである。

さて、そこで話をデカルトに戻そう。ブレダにいたデカルトが、ドイツ中を騒然とさせているこのバラ十字の夢にまったく無関心であったとすれば、その方がよほど不思議である。今は失われてしまったデカルトの草稿『ステュディウム・ボナエ・メンティス』（『良識論』）を手に伝記作者アドリアン・バイエの伝えるところによれば、デカルトは「いろいろの人から聞かされた多くの信じがたいことと、この新しい結社のうわさでドイツ中がもちきりになっていることとを考え合わせて心を揺さぶられるように感じ」、激しい「競争心」を抱いたという。ラ・フレーシュ学院で教えられるスコラ哲学にまったく関心を持つことができず、「新奇な」ルネッサンス学問の本ばかり読みあさっていたデカルト、そして今やルルスにおのれを比して「新しいアルス・ブレヴィス」を夢みるにいたったデカルトが、彼と似たことを考えているとおぼしきバラ十字団に強い関心を持ったのは当然であろう。『ステュディウム・ボナエ・メンティス』は更につづけて、彼は「この問題に無関心でいるべきではないと考え」、彼らが「ペテン師」にすぎないのか、それとも「知るに価する何か新しいもの」をもたらしたのかどうかを知るため、「この新しい学者の一人を探し出し、自分自身で事実を確かめ、彼らと議論することを自分に義務として課した」と述べているが、このことこそは、彼が静かな研究生活を捨て、あえて風雲ただならぬボヘミアの空を目指した理由に他ならない。

こう言うとすぐに、次のような反論がくるだろうことは分っている。それは、デカルトがバラ十字団のうわさを聞いたというこの話は彼がドナウ河畔の「炉部屋」にこもっていた時のことであり、従って、ここに語られていることは彼がブレダを出発してドイツに向かった理由ではないというものである。たしかに、バイエを信ずるならばその通りであろう。バイエによれば、デカルトがはじめてバラ十字団のうわさを聞いたのは、彼の「炉部屋」を訪れる「学問好きの人たち」からだというのであるから。だが、これもまたバイエの見てきたような嘘にすぎない。バイエは、デカルト自身が「気をまぎらわすようなつきあいもなく……一日中、ひとり炉部屋にこもっていた」(『方法序説』第二部)と証言しているにもかかわらず、この「炉部屋」を学者や芸術家の集まる一種のサロンのようなものにしてしまっており、そこで「学問好きの人たち」などが登場してくるわけだが、そもそも、二三歳の無名の軍人の冬営地の宿舎に大勢の学者や芸術家たちが群をなして訪れてくるなどと考えること自体がすでに非常識なのである。それに、「ドイツ中がもちきりになっている」というバラ十字団のうわさを、半年以上もドイツ旅行をした後にようやく知ったというのもまったくおかしな話ではないだろうか。

デカルトがブレダにいた時からすでにバラ十字団のうわさを知っていたことは明らかである。彼は他でもないオランニエ公マウリッツ・ファン・ナッサウの軍営にいたのだ。オランニエ公はファルツ選帝侯フリードリッヒの叔父にあたる人物であり、スペイン・ハプスブルグ家からの独立戦争を戦っていたこのオランダ連合州総督と、ウィーン・ハプスブルグ家の支配に叛旗をひるがえそうとしている若き選帝侯は、政治的にも宗教的にも緊密な同盟関係にあった。ハイデルベルグからそれほど遠くないブレダにあって、オランニエ公は若いフリードリッヒの冒険をはらはらしながら見守っていたのである。このオランニエ公の軍営にいたデカルトがドイツの情勢にまったく無知だったはずはない。すでに見たように、彼はマチアスの死からただちに「騒乱」を予想するほど状況に通じているのである。この彼がハイデルベルグの宮廷を震源地とするバラ十字団のうわさを知らなかったなどとはとうてい考えられない。バラ十字団のうわさを聞いて「競争心」をかきたてられたという『ステュディウム・ボナエ・メンティス』の話が、彼のブレダ滞在中のことであるのは明らかであろう。とするなら、「この新しい学者の一人を探し出し、自分自身で事実をたしかめ、彼らと議論する」ことこそは、彼があえて「騒乱」のドイツに向かってブレダを旅立った理由に他ならないのである。

デカルト自身がここまではっきりと彼の旅の目的を語っているにもかかわらず、今なお彼がドイツに戦争をしに行ったのだなどということが「定説」として通用しているのには驚く他はないが、この「定説」が誤りであることはもはや明らかであろう。実際、「まったく新しい」学問の建設という「信じられないほど野心的な計画」を抱いたはずのデカルトが、急に戦争がしたくなってわざわざドイツまで出かけていったなどと信ずる方がどうかしている。ここでもやはり、合理主義者デカルトともあろうものがバラ十字団などにまともな関心を持つはずがないというデカルト学者たちの偏見が、こうした無理な解釈を通用させてしまったのではないだろうか。

4 ドナウ河畔の冬

こうして、彼の「ミューズ」にさえ別れを告げてブレダを後にしたデカルトであるが、彼がベークマンに語っていたとおりの道程をたどって、首尾よくバラ十字の夢の沸騰する目的地プラハに到達したという形跡はない。彼はおそらく途中で予定を変更したのであろうし、またおそらくはプラハに行き着くこともできなかったのであろう。

はっきりしているのは、彼が四月二四日にブレダを発ってドルドレヒトに一泊した後、アムステルダムでコペンハーゲン行きの船を待っていたところまでである。だが、四月二九日付の手紙でベークマンに「今日デンマーク行きの船に乗ります」と言っているにもかかわらず、彼が実際にこの船に乗ったという可能性は極めて少ないのだ。何故なら、ルルスの「鍵」について問い合わせたこの同じ手紙の中で、「コペンハーゲンにしばらく滞在してあなたの御返事を待ちます」と約束しているにもかかわらず、ベークマンが折り返し送った五月六日付のこの返事を彼が受け取った様子はなく、以後二人の音信は途絶えてしまうのだからである。彼はおそらく乗船直前になんらかの情報を得て急遽予定を変更したのではないだろうか。実際、コペンハーゲンからポーランドに渡り、そこからハンガリーを経由してボヘミアに行こうという最初の計画は、いかに安全のためとはいえ、現実にはあまりにもまどろこしい廻り道にすぎる。もし多少とも道中の安全に自信が持てるなら、アムステルダムから陸路まっすぐにドイツに向かう方がいいにきまっているのである。

これはもちろん推測にすぎない。ベークマンとの音信途絶の結果、われわれもまたこの時からデカルトの足取りを見失ってしまうのであり、彼が再びフランクフルトの皇帝戴冠式の見物人たちの中に姿を現わすまでの約四カ月の間のことについては、われわれは何ひとつ確実なことを知らないのである。しかしながら、この間の彼の動静をある程度推測させるような材料がまったくないというわけでもない。

デカルトがコペンハーゲン行きを取り止めてまっすぐドイツに向かったのではないかという推測を可能にするのは、彼がその晩年のエリザベート王女(ヴァイセンベルグの戦いに敗れたフリードリッヒの息女である)との文通の中で、マグデブルグの南西四〇キロの所にあるホルンハウゼンの霊泉について語っているということである(デカルト宛エリザベート書簡、一六四八年一〇月一〇日付)。このあたりは、アムステルダムのちょうど真東にあたり、アムステルダムから陸路プラハに向かう道筋である。しかも、彼がこの附近を通過するとすれば、それはこの時をおいて他に考えられないのだ。彼が最初の予定を変更して陸路プラハに向かった可能性は極めて大きいのである。

だが、結局、彼はボヘミア行きをあきらめたにちがいない。六月に入ると、トルン伯とマンスフェルトが兵を動かし、ボヘミア地域が一時的にだが戦争状態になったからである。マグデブルグあたりまで来て形勢を観望していたデカルトは、ついに本格的な戦争が始まったと思ってしまったことであろう。

こうしてついにボヘミア行きを断念したデカルトが、次に目指すとすればそれはどこであろうか。バラ十字団員との接触という当初からの目的からするならば、それは当然もう一つのドイツ・ルネッサンスの中心地であるファルツの首府ハイデルベルグではないだろうか。

この想像を裏付けるのは、彼がエリザベート王女に宛てた別の手紙の中で「美しきファルツ」の思い出を語っているという事実である(一六四九年二月二二日付)。ここから知られることはまず、彼がファルツを訪れたことがあるということだが、それはかりではない。この「美しき」という形容詞は、シャルル・アダンもガストン・ミローとの共編による『デカルト書簡集』の註の中で指摘しているように、彼がこの地を訪れたのがこの頃であることを暗示するものなのだ。何故なら、一六二〇年八月から九月にかけて、ファルツはスピノーラの率いるスペイン軍によって徹底的に荒らされてしまうのであり、したがって、もしデカルトが「美しきファルツ」を見ることができたとすれば、それはこの寇掠以前のことでなければならないのだからである。これもまた同じくアダンの指摘していることだが、ホルンハウゼンは、北ドイツからマグデブルグを経て南ドイツに下る街道上に位置している。デカルトはおそらく、ボヘミア行きをあきらめ、ファルツに向かってこの街道を下ってゆく途中、ホルンハウゼンの霊泉に立ち寄ったのであろう。

以上のことは、くりかえすようだが、あくまでも推測である。しかし、このように考えた時はじめて、デカルトが突然フランクフルトに姿を現わしたことも納得されるのだ。ファルツの運命を左右するフランクフルトでの皇帝選挙を、デカルトはファルツの人びととともに強い関心をもって見守っていたにちがいない。彼がハイデルベルグとは目と鼻の先のフランクフルトに姿を現わしたのは決して偶然ではないのである。

実際、マチアスの後任を決める皇帝選挙の帰趨は必ずしも明らかではなかった。フランクフルトに赴くファルツ選帝侯フリードリッヒの大使は、もし大勢がフェルディナンド支持に傾くならばフェルディナンドに投票し、もしその逆なら反対票を投ずべしという奇妙な指示を受けていたが、事態はそれほど流動的だったのである。ウィーンを出発してフランクフルトの皇帝選挙に向かうフェルディナンドが、まずミュンヘンに立ち寄り、カトリック諸侯の領袖であるバイエルン公マキシミリアンの支持を取り付けようとしたのもそのために他ならない。だが、マキシミリアンの提示した条件はあまりにもきびしかった。彼はフェルディナンドを支持する代償として、㈠ボヘミア地域におけるマキシミリアン軍の完全な行動の自由、㈡フェルディナンドによる全戦費の負担、およびその完済までの占領地域の保持、㈢フリードリッヒの全所領と称号を自分に与えること、という三条件を示したのである。これはフェルディナンドの要請を拒否するに等しいような条件であり、フェルディナンドはこの三条件を呑むことができず、マキシミリアンの支持を取り付けることができないままフランクフルトに向かったのである。

だが、幸か不幸か、彼は神聖ローマ皇帝に選出されてしまった。もはや、ボヘミアの王冠を受け取ったフリードリッヒ、および彼を支持する福音同盟(プロテスタント)諸侯との決戦は避けようがない。かくして、マキシミリアンの支持が絶対に必要となったフェルディナンドは、戴冠式を終えてウィーンに帰る途中ふたたびミュンヘンに立ち寄って、マキシミリアンの提示した全条件を呑んでしまうのである。その調印が行なわれたのは、一六一九年一〇月八日であった。マキシミリアンが戦費の調達と募兵を開始するのはこの時からであり、そして、デカルトはこの募兵に応じてマキシミリアン軍に入ることになるのである。それは北国の早い冬も目前の一〇月中旬か下旬の頃であったろう。当時の習慣として冬の間は戦争はない。軍は冬営地に入って春まで待機するのである。『方法序説』第二部と第三部において語られるデカルトの生涯の決定的な事件「炉部屋の思索」は、この冬営の間に行なわれたのであった。

『方法序説』第二部は、「そのころ私はドイツにいました。いまでもまだ終っていない戦争が私をそこへ呼び寄せたのです」という冒頭の言葉につづけて、この時のことを次のように語っている。「そして、皇帝の戴冠式から軍隊の方へ(vers l'armée)戻った時[7]、冬の訪れが私をある場所に引き留めました。そこでは私の気をまぎらすような交際もなく、また幸いにも、いろいろな心配事や情念によって心を悩まされることもなかったので、私は一日中ひとり炉部屋にこもって、心ゆくまで思索にふけることができたのです。」(傍点引用者)

　例の「肝臓の熱」のせいでまた戦争がしたくなったのだろうなどと考える必要はない。ドイツのきびしい冬を前にし、両派の軍隊があちらこちらに集結しているような状況の中で、もはや自由に旅をつづけることのできなくなったデカルトにとっては、軍隊の中こそは一冬を過ごすための最も安全で便利な場所だったのである。リープストルプは、オランニエ公のプロテスタント軍にいたデカルトが、今度はマキシミリアンのカトリック軍に鞍替えしたことを遺憾として、彼はまったく何も知らなかったのだとデカルトのために弁解これつとめているが、それはまったく余計なことである。デカルトはなんでもよく知っていたのであり、一冬を越せさえするならば、プロテスタントであろうとカトリックであろうと、そんなことは彼にとってはどうでもよかったのだ。そして、事実、彼は戦争が休みになる冬の間だけ軍隊にいて、「冬のまだ十分に明けきらぬうちに」(『方法序説』第三部)さっさと冬営地を脱走して旅を再開しているのである。脱走は原則としては死刑ということになっていたが、ウェッジウッドも言うように、当時はそれはもはや空文であり、傭兵たちは待遇次第であちらについたりこちらについたりで、出入りはほとんど自由だったのだ(『三十年戦争』)。

こうしてマキシミリアン軍の冬営地に入ったデカルトは、粗野で喧噪な傭兵たちに混じって、兵士の「仮面をかぶって」一冬を過ごすことになる。デカルトがこの「仮面をかぶって歩もう」という有名な一句を、彼が当時常にたずさえていた「羊皮紙製のノート」に書きつけたのは、アンリ・グイエの推測するように(『デカルトの初期思想』)、彼がまだブレダのオランニエ公の軍隊にいた時のことであろうが、それはそのままマキシミリアン軍の冬営地における彼の生き方でもあったろう。「信じられないほど野心的な計画」を胸に秘めたこの二三歳の青年は、姿は兵士にやつしていても、もはや兵士ではなく哲学者だったのである。

ところで、彼が「引き留め」られたというその「ある場所」とはいったいどこだったのであろうか。もちろん、それがどこであったにせよ、肝腎な「炉部屋の思索」の内容に変わりがあるわけではなく、どうでもいいといえばどうでもいいようなものであるが、しかし、それがウルム郊外であったという従来の定説はあまりにもばかばかしい誤りであり、この明らかな誤りを放置しておくのもどうかという気がするので、やはりここで一言ふれておくことにしよう。

このウルム郊外説なるものは、歴史をまったく知らない初期の伝記作者リープストルプに発するものであるが、これをもとに、アダン＝タンヌリ版『デカルト全集』の編者シャルル・アダンが「ウルム郊外と思われる」という推測を下したため、このアダンの権威に従って、たいていの本を開くと「ウルム郊外と思われる」と書かれているのであるが、実は、どう考えてみても「ウルム郊外とは思」われないのだからである。

まず、ウルム郊外説の発生源となったリープストルプのテキストを見てみよう。それは次のとおりである。

その頃、オランダとスペインの間には休戦条約が結ばれていた……そのためにわれらのデカルトは暇な軍隊生活に苛立ちをおぼえ、オランニエ公のもとを去ってドイツに向かい、この世紀の一九年、フランクフルト・アム・マインで行なわれた皇帝フェルディナンド二世の戴冠式に出た。そこから軍隊に戻り、バイエルン公マキシミリアンの軍に参加した。われらの悲しい歴史が教えるように、ちょうどこの時、マキシミリアンはファルツ選帝侯でボヘミア王であるフリードリッヒに対し、軍隊を差し向けていたのである。だがこのマキシミリアンのもとでも、デカルトは志願兵の資格で登録しているのであり、この軍隊が攻撃しようとしている敵が何者であるかまったく知らなかったものと思われる。軍は最後にスワビア地方に進攻し、ウルムに向かって陣を布き、砲撃を開始した。だがこの時、フランス国王の使節の介入によって平和会議が開かれ、神の御恵により、マキシミリアンとウルム福音同盟の間に和平が成立した。今世紀二〇年のことである。軍はそこで冬営地に送られた。この間、デカルトはウルムの町に入り、この地の有名な数学者ヨハン・ファウルハーベルに挨拶した。彼はこの未知の客をこころよく迎え入れた……

この前半の部分の、デカルトが戦争をしたくてドイツに行ったのだとか、彼はドイツで起っていることにまったく無知だったとかいった理解が誤りであることはすでに述べたとおりである。問題はそれよりも後半の部分であるが、ここでも彼の言っていることはまったくのでたらめであり、このようなでたらめをもとに、いまだにウルム郊外説なるものがまかりとおっていることには、ただもう驚くほかはないのである。

まず、リープストルプによれば、マキシミリアン軍はウルム条約が締結された後に冬営地に入ったということであり、ここから冬営地はウルムの近辺だったろうというアダンの推測が生まれてきたのであるが、もしリープストルプの言うとおりなら、マキシミリアンは夏のまっさかりに軍を冬営地に送ったということになる。何故なら、ウルム条約の調印は一六二〇年七月三日だからである。これだけでもう、ウルム郊外説がいかに根拠のないものかは十分に明らかであろうが、ついでにつけ加えておくなら、マキシミリアンはウルム条約（これは福音同盟とフランス使節団との間で結ばれた条約であり、リープストルプの言うよう

図 9　1620 年におけるマキシミリアン軍の動き.

にマキシミリアンとの間で結ばれたのではない）の成立を見とどけると、冬営地に軍を送るどころか、ただちに軍を率いてボヘミアに向かったのであり、こうして一一月九日のヴァイセンベルグの戦いは起るのである。リープストルプの語るマキシミリアン軍の行動、すなわち、フリードリッヒ攻撃→ウルム条約→冬営は、時間的順序から言って実際のマキシミリアン軍の行動のちょうど逆なのだ。マキシミリアン軍は冬営地を出てウルムを包囲し、しかる後にフリードリッヒ攻撃に向かったのである。

以上で、「ウルム郊外」説な

るものが根も葉もないでたらめであることは明らかになったであろうが、それでは、本当は冬営地はいったいどこだったのであろうか。この点については、もう一人の伝記作者バイエが貴重な示唆を与えてくれている。彼は最初の『デカルト氏の生涯』(一六九一年)では、この冬営地の所在をただ「ドナウ河畔」「バイエルン国境」の「某所」とのみ記していたが、その後になんらかの情報を入手したらしく、二年後の一六九三年に出版された『デカルト氏の生涯』の縮刷版では、その所在を「ノイブルグ公国のドナウ河沿いの某所」と更に明確にさせているのである。このバイエの貴重な情報は、しかしながら、アダンの権威のおかげでデカルト学者たちからほとんど無視され、今なおまったく根拠のないウルム郊外説がまかりとおっているのが現状であるが、しかし、リープストルプやボレルらの初期のデカルト伝の著者たちを「ドイツの著者たちは自分の国の歴史をよく知らない」と批判するバイエは、そう言うだけのことはあって、その欄外の註が示すようによく資料にあたっており、三十年戦争の歴史に関するかぎりリープストルプなどとは比較にならないほど正確に知っているのである。リープストルプのでたらめをうのみにする前に、このバイエの言うことに果たして信憑性がないのかどうか、まず一応は検討してみるべきだったのではないだろうか。

だが、ウルム郊外説が誤りであることは明らかにしても、このノイブルグ説にも実は直接的な証拠があるわけではない。バイエはおそらくなんらかの情報をにぎっていたのであ

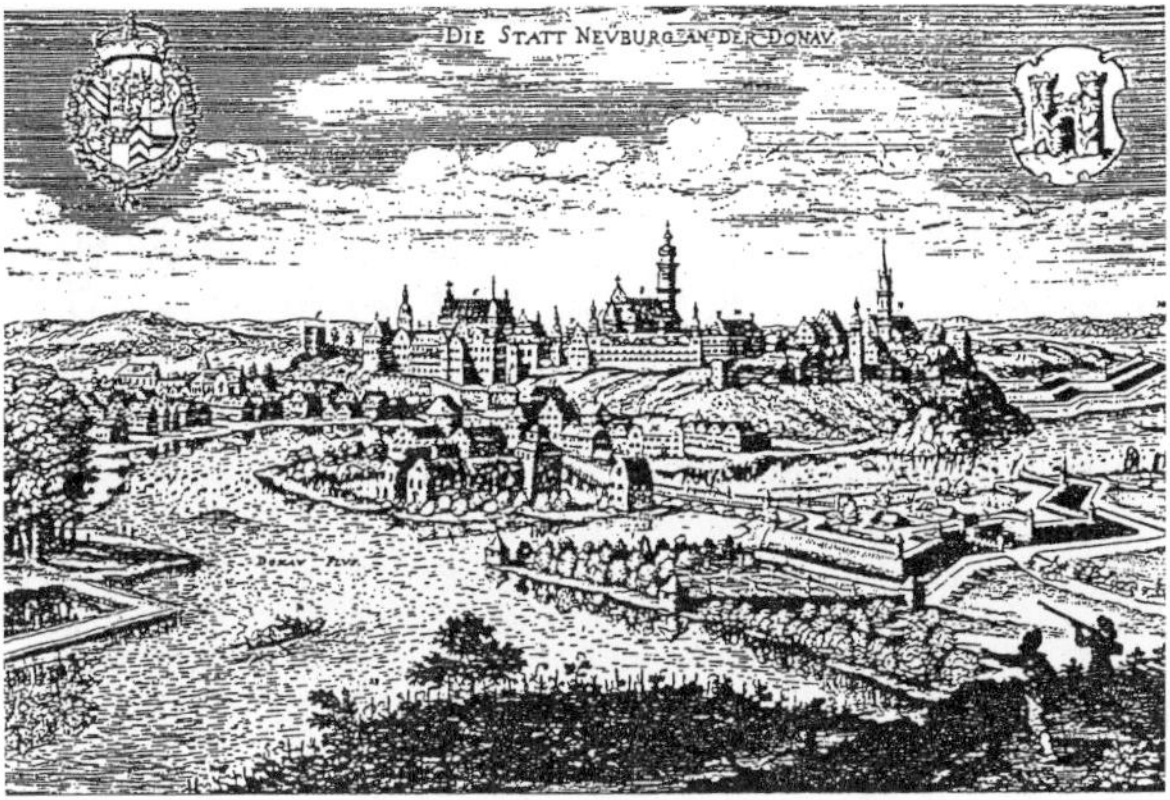

図10　ノイブルグ城

ろうが、今のわれわれは一六一九年冬のマキシミリアン軍の駐屯地がノイブルグだったことを裏付ける資料を発見し得ていないのである。その意味では、ノイブルグ説もまた一つの説以上のものではないのだが、しかし、いろいろな状況証拠、三十年戦争開戦前夜の状況や冬が明けてからのマキシミリアン軍の行動などを見ていると、マキシミリアンが冬の間軍を置くとすれば、それはノイブルグ以外ではあり得なかったろうと確信されてくるのである。以下、デカルト自身からは少し離れるかもしれないが、当時の状況をできるだけ再現しつつ、問題の冬営地がノイブルグであった可能性がいかに大きいかを見てみることにしよう。

　神聖ローマ皇帝の帝位についたフェルディナンドの要請を受けて、マキシミリアンが挙兵を決意したことについてはすでに述べた。だが、挙兵を決意したからといって、いきなり戦争が始められるわけではない。戦費の調達や募兵は当然のこととして、その前にしなければならないことがたくさんある。スペインに援軍を求めたり、ローマに財政援助を申し入れたり、ヴュルツブルグにカトリック諸侯を招集して結束を固めたり(一六一九年一二月五日から一四日まで)……。だが、それよりも何よりも彼にとっての最大の課題は、彼がボヘミアに攻めこんだ後の留守を襲われないよう、まず、その背後を固めることであったろう。彼の背後、つまり南西ドイツは、バイエルン西側国境に接するヴュルテンベルグ公国をはじめフリードリッヒを支持する福音同盟の勢力が強い。この勢力を制圧してからでなければ、彼はボヘミアに攻め込むわけにはいかないのである。

このマキシミリアンにとっては幸いなことに、福音同盟諸侯の側にも動揺があった。これらの諸侯は戴冠式直後の九月一二日にはすでにローテンベルグに会してフリードリッヒ支持を決議し、一一月のニュールンベルグ会議では更に武力の行使をも辞さないことを宣言していたが、しかし、表向きのこの強腰にもかかわらず、彼らはマキシミリアンを非常に怖れており、こうした強硬な決議の一方で、マキシミリアンに使節を送って武装を解くよう頼んでみたり、新旧両派の調停委員会の設置を提案したりして、はからずもその弱腰と不統一をさらけ出していたのである。そこにマキシミリアンのつけめがあった。彼の戦略目標はまず第一に、この福音同盟に圧力をかけて解体させることにあったのである。

彼にはこの戦略のために利用すべきおあつらえ向きの手段があった。それは、このドイツ地域における紛争を調停すべく、はるばるフランスからやってくることになっていたアングレーム公の使節団である。この使節団は、まず福音同盟諸侯と話し合って和平への合意をとりつけた後、ウィーンにおもむいて皇帝ならびにカトリック諸侯を説得するという予定であった。マキシミリアンの作戦は、まず、アングレーム公を迎えて開かれるこの福音同盟諸侯の会議に圧力をかけ、彼らにアングレーム公の和平提案を呑ませることだったのである。冬営地を出たマキシミリアン軍の行動は、このことをはっきりと示している。

マキシミリアンは冬が明けても動こうとしなかった。二万五千のマキシミリアン軍が冬営地を出るのは、ようやく初夏も間近になってからである。軍はドナウヴェルトでドナウ河を渡って北上し、ヴェンディング（バイエはヴェルティンゲンだと言っているが、これは誤り）(8)に集結する。だが、何故か軍はここで突如として反転して南下を開始し、ウルムに押し寄せるのである。マキシミリアン軍のこの奇妙な行動は、アングレーム公のフランス使節団の動きに照準を合わせたものとしてしか説明できない。まず、この使節団がパリを出発するのは五月六日、ストラスブールに到着するのは同二五日であり、マキシミリアンはこの使節団のドイツ到着の頃合を見はからって行動を起しているのである。それでは彼はいったい何故最初軍を北上させたのであろうか。それは初めに予定されていた福音同盟諸侯会議の開催地がハイルブロンだったからである。彼は最初はこの町を目指していたのだ。だがこの開催地は急にウルムに変更される。アングレーム使節団もストラスブールではじめてそのことを知らされてウルムに向かうのであるが、ヴェンディングまで来たマキシミリアンが突然軍を反転させてウルムに向かったのは、彼もおくればせながらもこのことを知ったからに他ならない。こうして、ウルム郊外ランゲナウに陣を布いたマキシミリアン軍と、ウルム城内から出てきたアンスバッハ侯の福音同盟軍は、「おたがいに話ができるほど」の距離で対峙したと、当時のフランスの官報『メルキュール・フランセ』は伝えている。

マキシミリアンの作戦は図にあたった。このマキシミリアンの示威行動に恐れおののいたヴュルテンベルグ公国代表の弱腰のおかげで、福音同盟のボヘミア問題への不介入(それはつまりフリードリッヒを見捨てるということに他ならない)を約するウルム条約(七月三日)は成立したのである。こうして、後顧の憂いを去ったマキシミリアンは、ただちに軍をまとめて一路ボヘミアに向かい、ヴァイセンベルグの戦いにフリードリッヒを撃破するのである。ウルム条約を成立させた後、今度はカトリック側を説得すべく、フランス使節団がのんびりとドナウをさかのぼってウィーンに到着した時には、事はすべて終ってしまっていたのだ。アングレーム公は、結局、マキシミリアンにうまく利用されただけにすぎなかったのである。

戴冠式を終えてウィーンに戻ってきた時のフェルディナンドの行列を見たあるヴェネツ

イアの外交官は、「もしハプスブルグ家を救うことができるものがあるとすれば、それは神だけでしょう」という感想を本国に書き送っているが、実際、この最初の時点における力のバランスは明らかに反乱側の方に傾いていたのである。このバランスを逆転させたのは、なんといってもマキシミリアンの戦略的天才であった。彼はアングレーム使節団を利用して福音同盟にボヘミア問題から手を引かせ、この使節団がウィーンに到着するまでのわずかな時間を利用して、ボヘミア問題にかたをつけてしまったのである。これがあらかじめ練られた彼の戦略だったことは言うまでもあるまい。とするならば、このような戦略に基づいて冬の間軍を待機させる場所もおのずから明らかではないだろうか。彼の目標はまず南西ドイツを制圧することにあったのであるから、それは彼の領地バイエルンの西側国境に面し、しかもドナウ河の渡河地点ドナウヴェルトから遠からぬ所でなければならない。バイエの言うとおり、それはまさに「ドナウ河畔」の「バイエルン国境」であるはずなのである。

　ところで、長いバイエルン国境にも、このような条件を充たし、しかも長い間軍隊を置いておくことができるような場所がそうたくさんあるわけではない。そして、バイエの言うノイブルグこそは、中でも最もよくこうした条件にかなった場所なのだ。

　ノイブルグ公国、より正確にはファルツ・ノイブルグ公国は、バイエルン公国とヴュルテンベルグ公国にはさまれた小さな国であるが、ここの領主ファルツ・ノイブルグ伯は、一六一四年、ルター派からカトリックに改宗することによって、エーリッヒベルグその他の地を得て公爵となった人物であり、カトリック・リーグの一員としてマキシミリアンとは緊密な同盟関係にあった。しかも、その首府ノイブルグはドナウ河に面し、ドナウヴェルトとは指呼の間にある。隣接するヴュルテンベルグ公国を威圧するとともに、いざという場合には敏速に軍を南西ドイツに展開させることのできるこのノイブルグこそは、マキシミリアンの作戦基地として願ってもないような場所だったと言えるのではないだろうか。バイエがどのような情報に基づいてマキシミリアン軍の冬営地をノイブルグあたりとしたのかはまったく不明だが、それはマキシミリアンの戦略とも実際の行動とも極めてよく合致しており、彼が十分に信頼できる根拠を持っていたことを想像させせずにはおかないのである。

三十年戦争前夜の一六一九年冬を、デカルトはおそらくノイブルグの軍営で過ごしていたのであろう。だが、彼にとって紅旗征戎《せいじゅう》はわが事ではなかった。ドナウ河畔の冬、あわただしい情勢の動きとも周囲の兵士たちの喧噪ともかかわりなく、二三歳のこの青年は、ひとり、闇のかなたにほの見える「一すじの光」をじっと見つめていたのである。

5　三つの夢

「そこで私が最初に考えたことの一つは」と、『方法序説』は淡々とこのドナウ河畔の「炉部屋」での思索について語りはじめる。それは「いろんな材料を組み合わせ多くの職人たちが手を加えてできた仕事よりも、誰かが一人だけで仕上げた仕事の方がしばしばより完全である」という、一見して何のことだか分からないような考察であった。彼はこのことを建築、都市、法律を例にとって、いささか冗長にさえ感じられるほど詳しく説明する。簡潔な『方法序説』としては異例な彼のこの力の入れ方は、ここにこそ彼の最も言いたかったことがあることを示すものであろう。それ故、少し長くはなるが、彼の意志に従ってその部分もとばさずに読んでゆくことにしよう。

こうして、一人の建築家が計画し完成した建物の方が、大勢の人が、他の目的のために造られた壁を利用しつつ徐々に作り直していった建物よりも、一般にはるかに美しく整然としているごとく、最初は村落でしかなかったのが時とともに大きな町へと発展していった古い都市よりも、一人の技師が平野の真中に思うがままに図面を引いた規則正しい都市の方がはるかに整っているのが普通なのです。仮りに、その建物の一つ一つをとってみた場合、同等もしくはそれ以上のたくみの妙をそこに見出すことがままあるとしても、その秩序ということからすれば、ここでは大きく、かしこでは小さく、街路をくねらせ凹凸を生じさせており、理性を用いる何人かの人の意志によるというよりも、ただ偶然の結果としてこのような配列になってしまったのだとしか思えません。いつの時代でも、個人の建物が全体の美観と調和するように監督する役人はいたのでしょうが、こうしてみると、他人のした仕事の上に立って完璧なものを作り上げるということがいかに困難なことであったかがよく分ります。同様にして、かつて半ば未開であった民族が次第に文明化してゆき、犯罪や係争による不都合の生じるごとに少しずつ法を整備していった場合よりも、この民族が形成されたその当初から、一人の思慮深い立法者によって制定された法を守ってきた場合の方が、はるかによく秩序立っているということが言えるだろうと私は考えました。神一人によって掟が定められた真の宗教が、他のいかなるものとも較べられないような整然とした状態にあることは言うまでもありませんが、ちょうどそれと同じことです。人間的次元で考えても、たとえばスパルタがかつてあれほど栄えたのも、多くは異常で良俗に反してさえいるその法律の一つ一つが良かったためではなく、ただ一人の人間によって作られたその法律が、全体として一つの目的によって統一されていたからなのだと私は思います。

建物ぐらいならばともかく、一人の人間が設計した整然たる町で一人の人間が制定した法律のもとで秩序正しく暮らすのがいいことかどうかは大いに疑問である。だが、実は彼はそのこと自体を主張したいのではない。彼がこうした比喩を用いて一生懸命に説明しようとしているのは、言うまでもなく学問のことであり、学問においてもこうした設計者、立法者が必要だということなのである。ただ、『方法序説』はそこまではっきりとは言わない。彼はこの後にすぐにつづけて、「そして、このことから私が考えたのは、書物による学問、少なくともその根拠が蓋然的でしかなく何の証明も持たないような学問は、さまざまな人のさまざまな意見をつなぎ合わせて次第にふくらんでいったものであり、一人の良識を備えた人間がその前に現われる事柄について自然に行なう素朴な推論ほどにも真理に近くないということでした」と述べているだけなのである。だが、彼が言外に言わんとしているところは明らかであろう。雑然とした不統一な都市や法律と同様、いやそれ以上に、従来の書物による学問は一人の設計者、立法者によってあらたに作り直される必要があるということである。そして、彼もさすがにそこまではっきりと言えなかったのは当然だが、この設計者、立法者こそは彼自身に他ならないのである。ラ・フレーシュ学院で学んだ「書物による学問」に失望して旅に出たデカルトは、この「炉部屋」に到ってついに、学問を根底から作り直す設計者たることを決意したのだ。だが、それにしても、いったいなんという強烈な自信であろうか。この自信はいったいどこから生まれたものなのであろうか。

二三歳の青年デカルトがすでに、これほどまでの強烈な自信を持っていたとはにわかに信じ難い。それはおそらくは、すでに新しい学問の設計図を引き終えたデカルト、『方法序説』を書いている四〇を過ぎたデカルトの自信であろう。『方法序説』はまさにこの設計図を世に問い、この設計図に基づいて学問を再建するよう人びとに協力を呼びかけた書物なのである。だが、この自信そのものは後年のデカルトのものであるにしても、彼がこのような使命を自覚するに到ったのが、この「炉部屋」の思索においてであったことに間違いはない。そこには、『方法序説』の語らない一つの劇的な事件が隠されているのである。ある予感と、前方にほの見える「一すじの光」に導かれて青春彷徨をつづけてきたデカルトは、すでに述べたごとき第一と第二の転機を経て、この「炉部屋」においてついに、彼の生涯の決定的転機、彼に学問の設計者たることを決意せしめた一つの重大な事件を迎えたのだ。この事件こそが有名な「三つの夢」の事件に他ならない。

デカルトがストックホルムで客死した後、彼の遺稿の中から発見され、その後に行方不明になってしまった一冊の「羊皮紙製のノート」がある。このノートの扉には、このノートの使用開始の日を示すと思われる一六一九年一月一日という日付が書き込まれており、そこに書き留められているさまざまな思索や体験が、彼のブレダ滞在の末期からドイツ旅行中にかけてのものであることをはっきりと示しているが、「三つの夢」はこのノートの中の『オリンピカ』という標題を持つ断章群の中の一際長い「物語形式」(バイエ)の手記に語られている話である。この手記は、すでに述べたごとく、「羊皮紙製のノート」とともに失われてしまい、今日では、このノートを直接見ることのできた伝記作者アドリアン・バイエの報告以外には、ドイツの哲学者ライプニッツによって筆写された部分を除いて、その内容を伝える資料はまったく残っていないのであるが、幸いにして、このバイエの報告は一部にデカルト自身の言葉の引用を含む極めて詳細なものであり、おかげでわれわれもそのおおよそのところは知り得るのである。

とはいえ、デカルトの原テキストが失われ、脚色の多いバイエの紹介によって原テキストを想像する他はないという事情は、夢というようなただでさえ謎めいた事件の意味を明らかにしようとする場合、ほとんど致命的とさえ言える。そこでは、極端に言うならば、あらゆる想像が可能であり、あらゆる解釈が可能だからである。実際、謎の部分の多いデカルトの生涯の中でも、この夢の事件くらい多くの論議を呼び、異なったさまざまな解釈を生み出したものもない。この夢の事件を彼の学問的生涯の決定的事件として重視する人があるかと思うと、逆に、彼の合理主義哲学の出発点にこのような非合理的体験があったなどということ自体、デカルトに対する許しがたい中傷だと考える人もいる。夢の事件そのものについてさえ、多くの人がこれを実際にあったことと見なしているのに対し、これをデカルトの創作した作り話にすぎないと主張する人もいるのだ。そして、そのどれが正しいのかは、デカルトの原テキストが再び発見されるのでもないかぎり、永遠に五里霧中とでも言う他はないのである。

だが、それはそのとおりであるにしても、ただバイエの伝える話だけをひねくりまわして、いろいろな想像をしているだけではあまりにも能がなさすぎる。もう少し別の視点からこの問題に接近する方法はないものであろうか。以下、この点についていささか私見を述べたいと思うのだが、その前にまず、バイエの伝える「三つの夢」の話を、かいつまんで紹介しておかねばなるまい。

バイエによれば、一六一九年一一月一〇日夜、一日中「炉部屋」にこもって思索にふけっていたデカルトは、「この日、驚嘆すべき学問の基礎を発見したという思いで心を一杯にし、非常な興奮に充たされて眠りにつき、一晩のうちにつづけて天から来たとしか思われない三つの夢を見た」という。この傍点を付した箇所が『オリンピカ』のラテン語原文をそのまま訳したものであることは、バイエが別の所で引用しているその原文との対比によって明らかであるが、ただ、「発見した」となっている所はバイエの誤訳であり、グイエも指摘するように(『デカルトの初期思想』)、原文の reperirem は正しくは「発見しつつある」と訳すべきところであろう。この点はやがて「三つの夢」の解釈に微妙にかかわってくることになるが、それは後のこととして、もうしばらくバイエに話を続けてもらうことにしよう。バイエによれば、それはおよそ次のような夢である。

第一の夢では、彼は道を歩いている。そこにいくつかの幻影が現われて彼をおびやかし、右側から来るその圧力のため、なおも目的地に向かって進もうとすれば左側に体を傾けざるを得ない。このようにして歩いていることに屈辱を感じた彼は、なんとかして立ち直ろうとする。すると烈しい風が吹いてきて彼をその渦巻きの中に捲き込み、左足の上で数回転させる。だが、彼がなおも一足ごとに倒れそうになりながら歩きつづけてゆくと、行く手に学院が見えたので、彼は救いを求めてその中に入ってゆき、祈るために学院の教会堂に行こうとする。その時、知り合いの男が彼に挨拶をせずに通り過ぎたので、彼は後戻りしてこの男に挨拶しようとするのだが、またしても烈しい風が吹いてきて彼は教会堂の壁に押し付けられてしまう。と同時に、学院の中庭にもう一人の男が現われて彼の名を呼び、丁重な言葉で、もしN氏に会いに行くのなら差し上げたいものがあると言う。夢の中のデカルトはそれが遠い国からもたらされたメロンであろうと考えるのだが、驚いたことには、彼が相変わらず風の中でよろめき倒れそうになっているのに、この人物も、またこの人物のまわりに集まってきた人たちも、みな平気な顔をして立っているのである。

ここで彼は目を覚まし、実際に左半身に痛みを感じる。彼は左側を下にして眠っていたのである。近代人ならここで「なんだ、そういうわけでこんな夢を見たのか」と納得してしまうところであろう。だが、バイエを信ずるなら、デカルトはここでかえって「これは彼を誘惑しようとする悪霊の仕業ではなかったのか」と怖れるのだ。彼にとって悪霊は実在なのであり、それが夢を介して働きかけることを彼は信じているのである。夢から覚めたデカルトは、それ故、激しい不安に襲われる。彼は「この夢の悪しき影響から保護してくれるよう」、そしてまた、「彼の罪の罰として下されるかもしれないさまざまな不幸をまぬがれさせてくれるよう」神に祈るのである。

彼がなにか罪悪感を抱いていることは疑いない。この罪悪感が悪霊の誘惑を恐れさせ、罪の赦しを求めさせているのだ。では、彼はいったいどんな罪を犯しているというのであろうか。この罪が、いわゆる悪事でないことは明らかである。彼は「それまで人間の目からすれば特に非難されるような生き方はしてこなかった」のだからである。彼が恐れている罪はそういうことではなく、「それにもかかわらず、天の怒りを招くに十分な理由となり得るとみずから認めていた罪」なのである。それでは、この罪は具体的にいったいどのような罪なのであろうか。だが、この点について解釈を下す前に、もうしばらく、バイエの話を聞くことにしよう。

「こうして二時間ほどの間、この世の善と悪についていろいろと思いにふけった後、再び眠りについた」デカルトは、つづいて第二の夢を見る。それは、夢の中で雷鳴のごとき音に驚かされて跳び起きると、部屋の中をたくさんの火花が降ってくるのが見えたというものである。この夢そのものについては、デカルトはそれほど驚いた様子はない。この夢が意味を持ってくるのは、彼が「三つの夢」を見終えて、その解釈を始めた時であり、この時はただ目を閉じたり開けたりして、この火花が夢の中のものにすぎないことを確かめただけである。こうして彼は安心して三度眠りにつき、そこで最も重要な第三の夢を見るのである。

その夢はこうだ。誰が置いたか分らないが机の上に本があり、開いてみると辞書であった。その時、彼の手はもう一つの本に触れる。それは『詩全書……』という題名の読める詩華集であり、開くとそこに「ワレ、イカナル人生ノ道ヲ歩ムベキカ」というアウソニウスの詩の冒頭の一句が読めた。するとそこに見知らぬ一人の男が現われて「在リ、シカシテ在ラズ」で始まる詩を挙げ、いい詩だと言う。デカルトはそれがアウソニウスの田園詩の一つであり、詩華集にのっていると答えて先ほどの本のページをめくり始めると、男はその本をどこで手に入れたかと尋ねる。デカルトはどうしてこの本を持っているのか分らないし、また、少し前には別の本(辞書)をめくっていたのにそれが消えてしまい、それも誰が持って来て誰が持って行ったか分らないと答える。だが、彼がこう答えている中にその本が机の一方の端に現われる。しかし、この辞書は最初に見た時のような完全な姿ではない。その間に彼はアウソニウスの詩に行き当たるが、「在リ、シカシテ在ラズ」で始まる詩は見出せないので、この男に同じアウソニウスの詩で「ワレ、イカナル人生ノ道ヲ歩ムベキカ」で始まるもっと美しい詩があると言う。男がそれを見たいと言うので、デカルトが再び探し始めると、さまざまな木板の肖像画が現われてきて、どうも先ほどの詩華集とは違うような気がする。ここで人も本も消えてしまうのだが、奇妙なことに、デカルトは眠ったままこれが夢であると断定するばかりか、眠った状態のままこの夢を解釈し始めるのである。この夢の中での夢解釈によれば、辞書は「総合された学問」、詩華集は「統合された学問と知恵」、「ワレ、イカナル人生ノ道ヲ歩ムベキカ」は「賢人の忠告、または道徳神学」を示すというのである。

夢はここまでである。彼はここで「夢を見ていたのか、それとも瞑想にふけっていたのかといぶかりながら」「平静に」目を覚ます。そして今度は、覚めた状態で更に夢解釈をつづけるのである。重要なのが、夢そのものよりもこの解釈の方であることは言うまでもない。デカルトにとってこの夢が大きな意味を持ったのは、彼がこの夢を解釈し、そこから彼自身にとっての意味を取り出したからなのである。それでは、彼はどのようにしてこの作業を行ない、そして、どのような意味をそこから取り出したのであろうか。

目を覚ましたデカルトは、夢の中の夢解釈の後を受けて、詩華集は「啓示と興奮(と仮りに訳しておくが、原語の enthousiasme は元来神がかり的状態を意味する語である)」を示し、

「在リ、シカシテ在ラズ」はピタゴラスの「然リト然ラズ」であって、「人間の認識と地上的学問 (sciences profanes) における真と偽」を示すと解釈する。そして、「こうした解釈がすべてうまくいったのを見て、彼は大胆にも、この夢によって全ての学問の宝庫を開いて見せてくれたのは真理の霊であったと確信するに到った」のである。

ここで十分に注意しなければならないのは、彼がこの夢を「天から来たとしか思われない」と確信したのは、第三の夢についての「こうした解釈がすべてうまくいったのを見て」だということである。彼は決してはじめからこの夢を天の啓示として信じていたわけではない。反対に、彼がその解釈に成功したが故に、真理の霊の啓示だと確信したのである。この奇妙な逆説はいったいどう考えたらいいのであろうか。

だが、まだ謎解きをする時ではない。まだもう少しバイエの話は残っている。それをまず済ませてしまおう。

こうして、第三の夢の解読に成功し、それが真理の霊の訪れであったことを確信するに到ったデカルトに、第一と第二の夢があらためて意味を持って現われてくる。それらは「人間の目からはともかく神の前においては決して清かったとは言えない彼の過去の生活に対する恐ろしい警告」であり、この罪の悔悛によってはじめて第三の夢の真理の霊の訪れは準備されたのだ。だが、それはいったいどのような罪だったのであろうか。

バイエもこの点については何も説明してくれない。おそらく彼自身もよくは分らなかったのであろう。しかし、この夢の主題、というよりも、この夢を解釈するデカルト自身の一貫した関心が、真理の探求にかかわることであるのを考えるなら、彼の言う罪もまた真理を探求することとそのことの罪であると考えるのが当然ではないだろうか。何も驚くにはあたらない。世はまだファウスト博士の時代なのである。自然の秘密《アルカヌム》を手に入れようというような大それた望みを抱くことは、すなわちメフィストフェレスに魂を売ることではないかという不安をデカルトが感じていたとしても少しも不思議はない。知識欲を罪の源泉たる三つの欲望の一つに数えた聖アウグスティヌスの伝統、学問を信仰の敵として排除したクリュニー修道僧たちの伝統はまだ生きていたのだ。「羊皮紙製のノート」の冒頭に「神へノ懼レコソハ知ノハジマリ」と旧約聖書の詩篇の一句を引いて自戒の言葉とし、自分の真理探求が決して神に背くものとならないことを誓っていたデカルトは、しかし、彼自身のとどまるところを知らない知識欲に恐怖を感じはじめている。彼は悪魔が関わっているかもしれないルネッサンス的魔術師《マグス》たちに強く心を惹かれ、バラ十字団との接触を求めてここドイツまで来ているのである。神への懼れにもかかわらず、彼は悪魔の手に落ちてしまっているのかも知れないのだ。

　こうして、人間の目から見れば何ひとつ悪い事をしていないデカルトが、それにもかかわらず、「天の怒りを招く」十分な理由を持っているとみずから認めていたわけも理解される。真理を探求することとそのことに彼は罪の意識を抱いていたのであり、その潜在意識が第一の夢から覚めたデカルトを激しい恐怖と不安におとし入れたのだ。だが、今や真理の霊の訪れを迎えたデカルトには、第一の夢の意味していたものがよく分る。風は悪霊に他ならず、夢はこの悪霊の力に押されて歩いていた彼に対する警告だったのだ。彼が学院の教会堂の壁に押しつけられたのは、「彼がみずから望んで行こうとしていた場所にむりやり彼を投げ込もうとした悪霊」の仕業であり、「それ故にこそ神は彼がそれ以上進むことを許し給わなかった」のである。何故なら、「彼が最初に教会に向かって歩き始めたのは疑いもなく神から遣わされた霊の働きによってであったが、しかし、たとえ聖なる場所とはいえ、神が送り給うたのでない霊の力によって彼がそこに連れ込まれること」を神は喜ばれなかったからである。これがデカルトが第一の夢について下した解釈であるが、この教会堂を真理の象徴と考えるなら、話は非常によく分ってくる。神の送った霊によって真理探求の道を歩み始めたデカルトを、悪魔が自分の側に取り込もうとしていたのだ。第一の夢は、このデカルトに対して下された警告だったのである。

これはまさに「魂の闘い《プシコマキア》」そのものではないだろうか。彼の魂を神と悪魔が取り合っているのであり、彼の魂はこの相反する二つの力の闘っている場なのである。

「魂の闘い《プシコマキア》」とは元来、教会の壁面やニッチなどに時折り見かける、たとえば貞節が姦淫を踏みにじっているといった図像を言う図像学上の言葉であるが、こうした図像のもとになったプルデンティウスの同名の詩が作られたのは紀元二世紀のことであり、ヘルメス

図11　ミケランジェロ「勝利」．善を象徴する青年はミケランジェロの恋人カヴァリエリであり，悪を象徴する下の老人はミケランジェロ自身だと言われているが，この老人はいつでも青年をひっくり返せそうである．

文書やグノーシス主義を生み出したこの時代の活潑な精神活動の根底にあったものが、プシコマキアの図像に示されているような霊肉の深刻な分裂意識であったことを想像させずにはおかないが、この意識が最も深刻になったのはおそらく、ルネッサンス的な調和と安定が崩壊を始めた十六世紀だったのではないかという気がする。たとえばミケランジェロ後期の傑作「勝利」像を見ても分るように、美しい青年が象徴する善は醜い老人(これはミケランジェロ自身を写したものと言われる）の象徴する悪を踏み敷いてはいるが、この青年はいかにも弱よわしげであり、老人がその気になりさえすればいつでもひっくり返せそうなのである。善の勝利はもはや必ずしも確実ではない。人間の肉を捕えている力は強大であり、人間は文字通り二つに引き裂かれているのだ。死に臨んでの「魂の闘い《プシコマキア》」の指導書である『往生術《アルス・モリエンディ》』が当時最もよく読まれた書物であることは、十六世紀の人間のこうした精神状況をよく物語っている。この書物では、死んで行く者は、神と悪魔が彼の魂をめぐって争う中で、みずから悪魔の誘惑を退け、神にその魂をゆだねるのである。この『往生術』がさかんに読まれていたのは、デカルトの時代からそう遠い昔のことではない。彼もまた自分の内部にこうしたプシコマキアを持っていたとしても、少しも不思議ではないのである。

図12　16世紀の『往生術(アルス・モリエンディ)』の中の挿画．聖人と悪魔が死んでゆくものの魂を取り合っている．

夢は彼の真理探求というこ

とに関するこのプシコマキアの解決であった。デカルトはつづいて第二の夢を解釈し、この夢で「彼を襲った恐怖は、シンデレシス、すなわち、彼のそれまでの人生で犯したかもしれない罪に対する良心の悔恨であり、彼が聞いた激しい雷鳴は、彼に真理の霊が降ってくる合図であった」としているが、こうして悔悛と浄化を経て悪霊は去り、真理の霊が彼の真理探求を祝福しに降ってくるのである。彼の青春のドラマの中心をなす「ワレ、イカナル人生ノ道ヲ歩ムベキカ」という問いに、ついに解答が与えられたのだ。かくして、彼はようやく不安と迷いを脱し、真理探求の道に自分の一生を捧げることを決意するのである。

「三つの夢」がデカルトの人生にとって決定的な意味を持ったのは、まずなによりもこの人生の選択ということにおいてであった。夢のちょうど一年後にあたる一六二〇年一一月一一日、彼は一年前のこの日を回顧して、『オリンピカ』の夢の話の冒頭の「一六一九年一一月一〇日、興奮に充たされ(cum plenus Enthousiasmo)、驚嘆すべき学問の基礎を発見しつつあった」という言葉の欄外の余白に、「一六二〇年一一月一一日、驚嘆すべき発明の基礎を理解し始めた」という今日なお謎である言葉を書きつけるとともに、主として彼の体験や観察を記録するためのものだったと思われる「羊皮紙製のノート」の中の『エクスペリメンタ』という項目の中に(グイエ『デカルトの初期思想』の推定による)、「一六一九年一一月一〇日の夢、その中でワレ、イカナル人生ノ道ヲ歩ムベキカに始まるアウソニウスの第七歌」と書き記してその夜の回想をあらたにしているのであるが、それはこの夢が彼にとっていかに記念すべき事件であったかを示すものであり、そしてまたそれがせんじつめれば「ワレ、イカナル人生ノ道ヲ歩ムベキカ」という一句に集約される人生の選択の問題であったことをわれわれに教えてくれるのである。

「三つの夢」が彼の人生の一つのエピソードといったようなものでなかったことは明らかであろう。それは彼にとってはその生涯を決定した大事件だったのである。彼のこの人生の選択はもちろん、それまでの彼の歩みの中で次第に準備されてきたものではあった。だが、彼が本当に学問に一生を捧げることを決意したのはまさにこの時なのである。この点、これまでの理解は極めて不十分であったように思われる。それはおそらく、学問をすることが無条件にいいこととされ、場合によっては富と名誉をもたらすものとさえなっている今日では、当時、学問に一生を捧げるということがどんなに大変なことであったかがもはやほとんど理解し得なくなってしまっているからであろう。多くの人が、デカルトがはじめから至極当然のように学問の道を志していたかのごとく考えてしまったのも無理はない。そして、そのためにそこに到るまでの彼の不安と迷いにも、また、この不安と迷いの解決としての「三つの夢」の意味にも十分な注意がはらわれることがなかったのだ。

だが、当時において学問に一生を捧げるということは、今日われわれの考えるほど簡単なことではなかった。公認の既成学問を修めて神学博士になろうとでもいうのであればともかく、本当の意味で真理を探求しようと志すならば、富や名誉はおろか、生活すらも保証されない。いや、それどころか、生命さえ危険にさらされることを覚悟しなければならないのだ。当時の大学は、真理探求の場どころか、新しい学問や思想を取り締まる機関と化していたのであり、真理の探求は必然的に大学の外で、大学の監視の目を盗んで行なわれるものであった。まかり間違えば、いつ異端邪説の烙印を押されて焼き殺されるかも分らない。デカルトが「三つの夢」を見たのと同じ一六一九年には、トゥールーズで放浪の哲学者ヴァニーニが焚殺されており、その二年後の一六二一年には、フォンタニエがその著書を告発されて火刑台にのぼっている。新しい学問や思想を弾圧して既成の権威を守ろうとするパリ大学は、一六二四年には更に、パリ高等法院を動かして、アリストテレスを批判する者は死刑にするという布告まで出させているのだ。学問を志すとは、つまり、こうしたすべての危険をおかして、あえて一文にもならない道を選ぶということなのであり、大学院に行って大学教授にでもなろうかなどというような話ではまったくなかったのである。

だが、こうした現世的な問題もさることながら、彼にとって更に大きな迷いとなっていたものが、むしろ宗教的次元のものだったことは明らかである。第一の夢で彼を恐怖におとし入れた不安、自分をそそのかして自然の秘密《アルカヌム》の探求に向かわせているのは悪魔の力ではないのかという不安。自分の内なるやむにやまれぬものに突き動かされて、すでに事実上哲学者への道を歩み始めていたデカルトにとって、これが彼に残された終局的な不安であったろう。「三つの夢」はこの最後の不安を解消することによって、彼を一切の迷いから解放するものだったのである。

このことは、しかし、単に彼個人にとっての大事件であったにとどまらず、もっと大きな歴史的意味を持つ事件であったという気がする。それはいわば新しい学問理念の誕生だったのだ。すでに少しふれたように、真理の探求ということには常に悪魔の影がちらついていた。自然の秘密《アルカヌム》を知ろうとする孤独な探求者は、最も悪魔につけ入られやすい状態にあるのであり、教会の教える以上のことを知りたがる者に対して、教会は常に疑惑の目を向けていたのである。「三つの夢」はまさにこの伝統的な学問観の悪魔祓いであった。こうして、真理を探求することはすなわち神の栄光を讃えることだという新しい学問観が生まれる。それはやがてデカルトの盟友であるミニム会修道士メルセンヌが高らかに謳い上げることになる理念に他ならない。真理に二つはないのであり、神の造り給うた自然を探求することは、その造り主の認識へと必然的に導くのだ。このメルセンヌの信念がまたデカルトの信念でもあったことは、彼がオランダ隠棲後九カ月間の形而上学研究によって彼の哲学の基本構造を作り上げた時、その出発点が、「神によってこの理性の使用を許し給うた者はみな、それをまず神と自分自身を認識することに用いるよう努めねばならない」

(メルセンヌ宛、一六三〇年四月一五日付)と考えたことにあったと語っていることからも明らかであろう。自己と神の認識から出発して自然の探求に向かうというデカルト哲学の基本構造は、まさに、理性を用いて真理を探求することが神から与えられた義務だというメルセンヌ的信念の具体化なのである。だが、この点については後でしかるべき所で詳しく述べることとして、ここでは、「三つの夢」がデカルト＝メルセンヌ的な新しい学問理念に道を開くものであったことを指摘するにとどめておこう。それはデカルトに宗教的真理と学問的真理の一致を確信させ、彼が大胆かつ自由に学問の変革者の道を歩むことを可能にするとともに、デカルト以後の新しい学問の飛躍的発展の基盤を用意するものだったのである。

さて、こうしてついに「イカナル人生ノ道ヲ歩ムベキカ」を決断したデカルトではあるが、人生というものは、一度決断すれば後はただまっすぐに歩いてゆけばいいというようように簡単にゆくものではあるまい。特にデカルトのようにきびしい道を選んだ場合はなおさらである。途中で自分の能力に自信を失ってしまうようなことがあるかもしれない。富や名誉が欲しくなって、他人の職業がうらやましくなったり、自分の選んだ道を後悔したりするようなことにならないともかぎらない。そうなってしまってはその人生は失敗であり、そんなことになるくらいなら、はじめから学問の道など目指さない方がいいのである。長い人生において、はたして今のこの決意を最後まで貫いてゆくことができるかどうか、これが自分の歩むべき「人生ノ道」を決断するにあたっての青年デカルトの最後のためらいであったにちがいない。

『方法序説』第三部に語られるいわゆる暫定的四準則、少なくともその第二、第三、第四準則は、おそらく、後でこの決心がゆらぐことのないよう、彼がこの時に自分のために立てた生活の規範であろうと思われる。(9) この四準則についてもやはり、やがて彼の学問が完成したあかつきに、あらためて決定的道徳として認知さるべき「ほぼ決定的な道徳」(ジルソン『方法序説註解』)であるとか、道徳思想においては彼がモンテーニュの後継者であったことを示すものだとか、いろいろともっともらしい解釈が施されているのであるが、学者たちの手にかかるとどうしてこうなんでも難しくなってしまうのであろうか。デカルトが望んでいたように素直に読みさえすれば、それがそんな大げさなものでないことはすぐに分るはずなのである。まず第二準則だが、ここに言う「方角」を彼の選ばんとする「人生ノ道」と読み替えるなら、その言わんとするところは誰の目にも明らかであろう。

私の第二の準則は、自分の行動においてはできるかぎり決然として意志を強く持ち、いったん一つのことを決心した以上は、たとえそれがこの上もなく疑わしい考えであろうとも、あたかも極めて確実なものであるかのごとく断固としてこの考えを貫くということでした。それはちょうど森の中で迷った旅人の場合と同じで、ある時はあちら、ある時はこちらとさまよい歩くべきでもないし、ましてや一所にじっとしているべきでもなく、一つの方角に向かってできるかぎり真直ぐに歩き、たとえ最初にこの方角を選んだのが偶然にすぎなかったとしても、薄弱な理由によってはこの方角を変えるべきでないのと同様です。何故なら、こうすることによって、かりに望んだところには行きつかないにしても、少なくとも最後にはどこかに出るはずであり、その方が多分森の中にとどまっているよりはましだろうからです。それと同じく、人生の行動においては一瞬の遅滞も許されないのですから、最も正しい意見を見分ける力がない時には最も蓋然性の高い意見に従うべきだというのは、極めて確かな真理だと言えます。いやそれどころか、どちらが蓋然性が高いか分らないような場合でさえ、われわれはそのどちらかを決断しなければならないのですから、こうして決断した上は、実践的次元に関するかぎり、それはもはや疑わしいものとみなさるべきではなく、あたかも極めて正しく確実なものであるかのごとく考えねばなりません。何故なら、われわれがそれを決断せざるを得なかった理由は極めて正しくかつ確実なものなのですから。こうして、この時から後、私は、よくぐらつき易い脆弱な精神の持主たちが、最初いいと思ってしたことが後で悪かったと分ってうじうじと悩んでいるあの後悔と悔恨をまぬがれることができたのでした。

旅人デカルトはおそらく実際にこのような経験を持ったことがあるのであろう。だがそれはともかく、彼はこうした準則を立てることによって、将来起るかもしれない自分の迷いと不安に備えているのである。そして、いわばそれだけのことなのだ。

実際、どうしてこれが「ほぼ決定的な道徳」などという大げさな名前で呼ばれなければならないようなものなのであろうか。もしデカルトの考えていた「決定的道徳」が『方法序説』の言う「自分の行為において明晰に判断し、この人生において確実に歩む」ことを可能にするようなものであるならば、間違っていたとしても真直ぐに進めということの準則は、「ほぼ決定的な道徳」どころか、むしろその正反対でさえある。それはいまだ「自分の行為において明晰に判断」し得ない状況においてのみ妥当する純粋に実践的な次元のモラルなのだ。

ジルソンがこのいわゆる暫定的四準則を「決定的道徳」との関係で考えてしまったのは、デカルトの言葉の単なる読み誤りの結果にすぎない。彼は『方法序説』の言う morale par provision を morale provisoire(暫定的道徳)と言うのと同じだと思ってしまい、かくして必然的に四準則は「決定的道徳」に対する「暫定的」な、しかし「ほぼ決定的な道徳」だということになってしまったのである。だが、ロディス＝レーヴィスも指摘していることだが(『デカルトの著作』)、原文の par provision という言葉には「暫定的」などという意味はない。それはある計画を実行に移す前の準備、たとえば、旅に出る前の食糧や資金や装備のことなのである。ジルソンの権威のおかげで、今なお暫定的道徳とか暫定的四準則とか呼びならわされているものは、実は、正しくは、準備としての生活規範とでも訳すべきものだったのである。それは「決定的道徳」などとはなんの関係もない。今まさに真理探求の旅に旅立たんとするデカルトが、その準備として「自分自身のために」立てた生活の規範なのだ。(10)このことは第三準則を読めば更にはっきりと理解されるだろう。それは次のようなものである。

私の第三の準則は、運命よりもむしろ自分自身に打ち勝とうと努め、世界の秩序よりもむしろ自分の欲望の方を変えようと努めるということでした。もっと敷衍して言うなら、われわれが完全に自由にできるのはわれわれの内面だけであり、したがって、われわれの外部にあるものについては、最善をつくしてなおうまくゆかないような場合には、それをまったくわれわれの手の及ばないものとみなすような習慣をつけるということです。そして、将来において自分の得ることのできないようなものを望んだりすることのないようにし、こうして満足して暮らしてゆけるようにするためには、このことだけで十分であると私には思えました。

デカルトの言葉はまだ続くが、もうこれだけ読めば十分であろう。後はその説明である。

それにこれはデカルト自身の独自な思想ではなく、彼の生きた十七世紀前半を文字通り支配していたストア主義道徳哲学(ストイシズム)の基本原則をそのまま引き写したものにすぎない。不思議なのはむしろ、当時の常識であったようなこのモラルをデカルトが長ながと説明していることの方であろう。それは健全な「良識」以外のものを持たない一般の人たちを対象にして語っているためなのであろうか。

この思想——ストア主義道徳哲学——は元来、マケドニアに征服され反乱にも失敗して「世界を変える」力を失ってしまい、小状況の中でどうすれば幸福に暮らせるか以外には考えられなくなった時代のギリシャに生まれたものであり、そのモットーは「禁欲と忍耐」であったのだが、十六世紀末のギヨーム・デュ・ヴェールやジュスト・リープスらによって復興されてフランスに知られるようになったストイシズムは、この古代ストイシズムをキリスト教化したものであったのはもちろん、「禁欲と忍耐」よりもむしろ意志の力による情念の克服という面を強調するいわば英雄主義的ストイシズムなのであった。名誉と義務のためにシメーヌに対する深い愛情さえ克服するロドリグ(コルネーユ『ル・シッド』の主人公)に拍手した十七世紀前半の誇り高き人びとに、それはまさにふさわしい思想だったと言えよう。こうして、この英雄主義的ストイシズムは、いわばデカルトの時代の時代思想となっていたのである。デカルト道徳学におけるモンテーニュの影響などと大げさなことを言うにはあたらない。彼はこの第三準則を立てるにあたって、なにもモンテーニュをひもとくまでもなかったのである。富とも名誉とも無縁な真理の探求に一生を捧げる決心をした時、彼は極めて自然に自分の情念や欲望を克服する英雄主義的ストイシズムを自分の生活規範として採用したのだ。こうして人間の弱さを知るデカルトは、将来、富や名誉のようなものが欲しくならないともかぎらない自分に備えてこの準則を用意したのである。

以上の準則の結論にあたる第四の準則についてはもはや説明は不要であろう。まさにそこに書かれているとおり、学問の道を選ぼうとする彼の決意の再確認なのである。それは次のようなものであるが、いったいそのどこが「ほぼ決定的な道徳」だなどと言えるのであろうか。

最後に、以上の準則《モラル》の結論として、私は人びとが生業《なりわい》としているさまざまな仕事をひととおり検討し、その中の最も良いものを選ぶようにしようと考えました。そして、他の人たちの仕事についてとやかく言うのは慎みますが、私としては、今自分のしている仕事、つまり、私の理性を開発することに一生を用い、私が自分に課した方法に従って真理の認識においてできるかぎり前進するという仕事を続ける以上にいい仕事はないと考えたのです。

　こうして、あらゆることを考慮しつくした上で、彼はようやく自分の「人生ノ道」を決断する。このデカルトをあまりにも慎重すぎると思う人もあろう。だが、不退転の決意というものは、いろいろな迷いの中からこそ生まれるのだ。それはどこか臆病に似ているのである。しかし、この時から後、彼はもはや迷うことはないであろう。行く先にいかなる運命が待ち受けているかは分らないが、賭はなされたのだ。

6　方法としてのアレゴリー

こうして、一六一九年一一月一〇日は、彼の生涯を決定した記念すべき日となったのであるが、それは単にこの夢の事件が、真理を探求するということそのことにまつわる彼の宗教的道徳的不安を取り除いたからというだけのことではない。「三つの夢」はまずなによりも「驚嘆すべき学問の基礎」の啓示だったのであり、さればこそ、彼はこの学問を建設する設計者たる使命が自分に与えられたと感じ、一切のためらいを捨ててそのために生きることを決意したのである。それ故、この点を明らかにしないかぎり、一六一九年一一月一〇日夜、彼の上に起った事件の全貌が解明されたことにはならないだろう。それでは、彼にこのような決意を固めさせた啓示とはいったいどのような内容のものだったのであろうか。それが次の問題である。

ギュスターヴ・コーエンも指摘しているように(『オランダにおけるフランスの著作家たち』)、「驚嘆すべき学問の基礎」の「驚嘆すべき(mirabilis)」という形容詞は、元来、超自然的神秘について用いられる言葉である。それ故、もし文字通りの意味に理解するなら、デカルトが啓示されたのは超自然的な「学問の基礎」だったということにならざるを得ないが、それは言うまでもなく、デカルトを近代合理主義の父と仰ぐ人たちの容易に承認し得ないところであった。そういうわけで、この「驚嘆すべき学問の基礎」を合理主義的に解釈しようという苦しい努力が重ねられてきたのであるが、その中でも最も有力であり、今日もなお多くの学者たちによって踏襲されているのは、エティエンヌ・ジルソンの古典的な『方法序説註解』の解釈であろう。それは次のようなものである。

ジルソンによれば、「〔「炉部屋」の〕思索の出発点はあの《まったく新しい》学問の《信じがたいほど野心的な》計画であり」、この計画が「炉部屋」の思索の中で更に発展し、ついに、「この同じ幾何学的方法によってあらゆる学問を構築する可能性」(傍点引用者)を彼は確信するに到ったのだという。ここにいう「信じがたいほど野心的な計画」とは、言うまでもなく、デカルトが一六一九年三月二六日付のベークマン宛の手紙で語っていた普遍数学構想、すなわち、図形化という「幾何学的」方法によって、「連続量に関すると非連続量に関するとを問わず」、量に関係するかぎりのあらゆる問題を「一般的に解くことを可能にするまったく新しい学問」の計画のことであるが、ジルソンによるならば、デカルトはこのベークマン宛書簡から約八カ月後の「炉部屋」の思索において、あらゆる量に関する問題ばかりでなく、「あらゆる学問」、つまり形而上学や道徳学のような学問にいたるまで、すべてこの「幾何学的方法」によって構築できると考えるに到ったというのである。

いかにも近代的合理主義者ジルソンらしい解釈である。夢の啓示などというものをおよそ信じないジルソンからすれば、「夢」はこの「驚嘆すべき学問の基礎」の発見に興奮した若きデカルトの脳細胞が作り出したヴィジョンにすぎず、彼にこの発見に対する「確信を固めさせた」という以上の意味は持たないのである。だが、それは果たして本当なのであろうか。

一見して整然と筋がとおっているかに見えるこの解釈は、実はまったく根拠のない想像にすぎない。まず、ジルソンはデカルトが「炉部屋」の思索において「幾何学的方法」によるあらゆる学問の統合を考えるに到ったと言うのだが、もしそれが事実なら大変である。もしそうなら、デカルトはこの「炉部屋」において「幾何学的」形而上学や「幾何学的」道徳学などのまさに驚くべき構想を持ったことになるからである。だが、それは具体的にはいったいどのようなものなのであろうか。ジルソンは何も答えられまい。デカルトがこのような驚くべきことを考えていたという形跡はどこにもないからである。それは要するにジルソンの想像にすぎないのだ。

この想像の出所は明らかである。彼は彼の「夢」解釈からこのような想像を引き出したのだ。彼はまずデカルトが「発見しつつ」あった「驚嘆すべき学問の基礎」が「幾何学的方法」のことであろうと想像し、次にそれを第三の夢に登場する辞書(学問の総合)と詩華集(学問と知恵の統合)に結びつける。こうして、「夢」は「幾何学的方法」による「学問の総合」、更にはこの「学問と知恵の統合」を示すという解釈が出来上がるのであるが、夢というものを現実の反映としか考えない近代人ジルソンは、これが「炉部屋」においてデカルトが実際に考えていたことにちがいないと想像したのである。

夢というものを神経生理的現象としてしか見ないジルソンからすれば、「三つの夢」もただデカルトに自分の考えに対する「確信を固めさせた」というだけのことにすぎない。それはデカルトの精神とはなんのかかわりもないのだ。だがそれならば、ジルソンは何故はじめから「三つの夢」など無視してしまわなかったのであろうか。困るのは、彼がバイエの話の中から都合のいい部分だけを取り出して、いかにも本当らしい解釈を作り上げてくれたことである。おかげで、今日に到るまで、「驚嘆すべき学問の基礎」が「幾何学的方法」のことであり、デカルトは「炉部屋」においてこの方法による全学問の統合の構想を持ったなどという根も葉もない話が定説として通用することになってしまったのだ。ジルソンも、もし「三つの夢」を問題にするのだったら、近代人的先入見を捨てて、「三つの夢」を全体として忠実に読み解く努力をすべきであったろう。ジルソンは「道徳的宗教的こだわりは別として」と言って、第一と第二の夢をあっさりと無視してしまったが、このようなやり方で「三つの夢」がデカルトにとって持った意味が理解できるわけがない。第一の夢から覚めては恐怖と不安におののき、第三の夢を解釈してはこれこそ天の啓示にちがいないと確信するデカルトは、ジルソンのような近代人ではなく十七世紀の人間なのである。このデカルトを理解するのに「道徳的宗教的こだわりは別として」しまったのでは話にならない。ジルソンの「夢」解釈は、そもそも解釈でさえないのである。

ジルソンのおかげで余計な手間をとってしまったが、それでは、デカルトが「発見しつつ」あったという「驚嘆すべき学問の基礎」とはいったい何だったのであろうか。それがジルソンの想像したような「幾何学的方法」でないことだけは少なくとも明らかである。それがデカルトは「発見しつつある」と言っているのだ。それが八カ月も前にすでに発見している「幾何学的方法」のことだというのは、まったく理屈に合わない話ではないだろうか。

彼が「発見しつつ」あったのは、おそらくはまったく別のこと、それも何か超自然的なことであったにちがいない。もう一度、バイエの伝える「夢」の話の最初の部分を読み返してみよう。デカルトは「興奮〔この言葉が一種の神がかり的状態を意味することはすでに述べた〕に充たされ、この日、驚嘆すべき〔この言葉もすでに述べたように神秘的なことに対する言葉である〕学問の基礎を発見した〔これもすでに述べたごとくバイエの誤訳であり、正しくは「発見しつつある」である〕という思いで心を一杯にして床についた」デカルトは、「一晩のうちにつづけて天から来たとしか思われない三つの夢を見た」のである。この興奮状態は実はこの日急に始まったわけではない。バイエはこの話の終りの方で、「彼は更に付け加えて、彼をこの興奮状態におとし入れた霊は、数日前から彼の脳髄を火のように燃やし、床につく前からこれらの夢を予告していたのであり、そこには人間の精神は少しも関与していなかった」と言っている」と、デカルト自身の言葉を紹介している。ジルソン以上の合理主義者でも、ここまではっきり言われればごまかしようはあるまい。「驚嘆すべき学問の基礎」の発見は、あらかじめ霊によって予告され、数日間の興奮状態の中で準備されたのである。こうして床についたデカルトに真理の霊はくだり、「驚嘆すべき学問の基礎」は啓示されたのだ。それは決して、ジルソンの言うような、「炉部屋」の思索の結果などではない。「そこには人間の精神は少しも関与していない」のである。

それでは、真理の霊がデカルトに啓示した「驚嘆すべき学問の基礎」とはいったい何だったのであろうか。この問題を解く鍵は、彼が第三の夢を解釈し終えた後、「こうした解釈がすべてうまくいったのを見て、彼は大胆にも、この夢によって全ての学問の宝庫を開いて見せてくれたのは真理の霊であったと確信するに到った」という所に隠されているように思われる。デカルトは実はこの夢が「天から来た」とはじめから信じていたわけではなかったのだ。彼はある方法によって第三の夢を解読し、そこに一貫した意味を見出すことができた結果、ようやくこれが天から来た啓示だと確信するに到ったのである。このことを裏返して言うならば、彼はこの方法によって天の啓示が解読できることを発見したということに他ならない。そして、この方法こそが「驚嘆すべき学問の基礎」なのではないだろうか。バイエが引用しているラテン語原文からもはっきり知られるように、「驚嘆すべき」という形容詞は「基礎」という言葉にかかっているのではなく、「学問」を修飾しているのである。「驚嘆すべき学問の基礎」とは、つまり、「驚嘆すべき超自然的天上的学問」の「方法」という意味なのであり、ジルソンはじめ多くの学者たちが誤解したように、この「方法」が「驚嘆すべき」だったということではないのである。デカルトはその日、この「方法」を「発見しつつ」あった。そしてその「興奮」のまま眠りに落ち夢を見たデカルトは、さっそくこの「方法」を今見た夢に適用し、それがまさに超自然的な事柄を解読する方法であることを確認すると同時に、この夢が天の啓示であったことを確信するに到ったのである。それが、「こうした解釈がすべてうまくいったのを見て」、これが「天から来た夢」であることを確信したということの意味に他ならない。

それでは、彼が発見したと信じたこの「方法」とは、いったいどのような方法だったのであろうか。それは言うまでもない。彼がこの夢を解釈するのに用いている方法、つまり、彼を彼の意に反して押しやる風を悪しき霊と解し、部屋の中に降ってくる火花を真理の霊と解するアレゴリーの方法に他ならないのである。デカルトともあろうものがそんな幼稚なことを、と言われるかもしれない。だが、それなら、「三つの夢」につづく『オリンピカ』の断章群――これらはバイエとは別に哲学者ライプニッツの筆写によって伝えられたものである――の中の、次のごとき断章はいったいどう読めばいいのであろうか。

感覚的事物はオリンピカ的なものを概念することを可能にする。風は霊を、持続する運動は生命を、光は認識を、熱は愛を、瞬間的活動は創造を意味する。

この断章の意味は誤解しようもあるまい。彼は風＝霊、光＝認識(真理)といったアレゴリーが、オリンピカ的(天上的)なものを解読する方法だと言っているのである。この断章の意味は、『オリンピカ』のもう一つの断章とつき合わせてみるなら、更にもっとはっきりしてくるだろう。デカルトはそこで次のように述べているのである。

想像力が物体を概念するのに図形を用いるように、知性は精神的なものを表象するのに、風、光といったある種の可感的なものを使用する。このようにして、われわれはより高度な仕方で哲学し、認識によって精神を最も高い所まで導くことができるのである。

ここで、霊を風によって表象するというアレゴリー的方法が、図形を用いる「幾何学的」方法に対比されていることに注意すべきであろう。ところで、この図形化という方法こそは、この夢の事件の約八カ月前に彼がベークマンに語っていた「連続量に関すると非連続量に関するとを問わず」あらゆる種類の量に関する問題を解く一般的方法に他ならない。とするならば、アレゴリーは、この可感的量の問題における図形の使用(つまり幾何学的方法)に対置さるべき方法、すなわち精神的、非可感的なオリンピカ的領域についての学問の方法だということになる。可感的なものを図形によって置き換えることも、非可感的なものをアレゴリーによって置き換えることも、置き換えるということにおいては同じである。デカルトはこの新しい置き換えの方法を発見したことによって、非可感的領域についての学問への道が開かれたと考えたのではないだろうか。実際、「三つの夢」の話につづく、『オリンピカ』の断章群は、彼がこの方法を用いて「より高度な仕方で哲学し」、「精神を最も高い所まで導」こうとしていた形跡をはっきりと示している。彼はそこで『創世記』をアレゴリーとして解釈し、そこに隠された創造の秘密を読みとろうとさえ試みているのだ。

神が闇から光を分けたと『創世記』が言う時、それが意味しているのは神が悪しき天使たちから善き天使たちを分けたということである。実際、欠性(privatio)から有性(habitus)を分けることはできないのであり、それ故、この一節は言葉どおりに理解することはできない。神は純粋なる知(intelligentia)である。

シルヴァンの言うように(『デカルトの遍歴時代』)、デカルトはこの断章の前半を、一六一七年(「三つの夢」の事件の二年前である)にドゥエーで出版された『逐語的註釈付聖書(Biblia sacra cum Glossa ordinaria)』から[11]、後半を聖アウグスティヌスの『創世記釈義』から引き出し、この二つを結びつけたのであろうか。そうかもしれないし、そうでないかもしれない。だがそのいずれであるにせよ、重要なことは彼がここで『創世記』をアレゴリーとして読もうとしていること、そして「三つの夢」の時と同じようにこのアレゴリーを解読することによって天上的啓示的真理を理解しようと試みているという事実であろう。そして更に重要なことは、彼のこの『創世記』解釈への関心が、近代主義的デカルト研究者たちの信じたがるように、この時だけの一時的なものでは決してなかったということだ。まず、彼が『宇宙論』と取り組んでいた一六三二〜三年頃のものと推定されるある書簡の断片だが[12]、彼はそこで次のように語っているのである。

　私は今世界の誕生について書いているところですが、私はそこに私の自然学の大部分を含めたいと思っています。ところで、あなたに申し上げますが、(四、五日前から)『創世記』の第一章を読み返していて、私はそれがこれまでのいかなる解釈の仕方にもまして私の考えによってはるかによく全面的に説明される——と私には思える——ことを、まるで奇跡のように発見したのです。それはまったく期待もしていなかったことでした。でも今や私は、私の新しい哲学を説明し終えたら、今度はそれがアリストテレス哲学よりもはるかに信仰の真理と合致することをはっきり示そうと考えています。

この時の計画はもちろん『宇宙論』そのものの出版断念とともに流れてしまった。だがしかし、だからといって『創世記』解釈に対する彼の関心と熱意が失われてしまったわけではない。『方法序説』出版の後、『省察』出版を準備していた一六四一年一月二八日のメルセンヌ宛書簡においてもなお、聖変化の問題とともに『創世記』第一章を彼の自然学によって説明し、ソルボンヌの認可を得て出版するという計画を述べているのである。『ビュルマンとの対話』(一六四八年四月一六日)で語っているように、デカルトは結局この計画を放棄して「神学者にまかせ」てしまうのであるが、それはこの一六四一年よりも後、彼の晩年のことにすぎないのだ。神の啓示である『創世記』をアレゴリーとして解読することこそは、いわば一生を通じての彼の自然学の目的であったと言ってもおそらく決して過言ではないのである。そしてその出発点はまさに、「三つの夢」による「驚嘆すべき学問の基礎」=アレゴリー的方法の発見にこそあったのだ。

こうして、一六一九年一一月一〇日夜、青年デカルトの上に起ったドラマは完全に理解できる。「真理の霊」によって天上的学問の方法を開示されたと信じたデカルトは、その八カ月前にベークマンに語っていた地上的学問についての「信じがたいほど野心的計画」を更に一歩進めて、天上的学問と地上的学問を統合する更に雄大な「アルス・ブレヴィス」を実現する可能性をかいまみたのである。「三つの夢」の中の「辞書」(総合された学問)はまさにこの新しい「アルス・ブレヴィス」の象徴に他ならない。「真理の霊」はこの「辞書」を彼に与えることによって、それが象徴する天上的地上的諸学問統一の使命を彼に与え、その将来を祝福したのだ。こうしてデカルトはついに、彼がたえず問いつづけてきた「ワレ、イカナル人生ノ道ヲ歩ムベキカ」という問いに解答を与えられ、この使命を実現することを決意するのである。みずからを新しい学問の設計者、立法者に擬す『方法序説』第二部冒頭の「そこで私が最初に考えたことの一つは」というさりげない言葉の背後には、実は、彼を熱狂と興奮で充たしたこの一夜のドラマが隠されていたのだ。

「三つの夢」のこのような理解の仕方が、デカルトを近代的学問の祖と仰ぐ人たちの気に入らないだろうことはたしかである。だが、バイエの伝える「三つの夢」の話と、ライプニッツの筆写による断章群とを総合し、そこに述べられているとおりに理解するなら、どうしても以上述べたような解釈にたどりつかざるを得ないのだ。すべてのこじつけ的解釈は素直にこのことを認めようとしないことから起る。たとえば、「驚嘆すべき」という形容詞は神秘的なことを意味しているのではなく、ただ、「一年このかた発見に発見をつづけてきた」自分自身に対する驚きを示しているにすぎないとか(グィエ『デカルトの初期思想』)、神がかり的状態を指す「興奮」は「キリスト教的神秘主義の用語としてはあまり使われていない」(同前)といった苦しい説明がそれだが、こうした説明がおよそ無理であることは、もう一度バイエの伝えるテキストに戻ってみればすぐに分る。グイエ的解釈に従うなら、デカルトは一年も前から彼に多くの発見をなさせてきた「学問の基礎」を、この時になってはじめて「驚嘆」をもって「発見しつつ」あったというおかしなことになってしまうし、また、「興奮」状態にしても、デカルト自身が「そこには人間の精神は少しも関与していなかった」と言明しているのは、きっとなにかの間違いだろうとでもごまかす他はないのである。こうした鷲を鳥と言いくるめるような無理な説明の積み重ねの上に、一見整合的な権威ある解釈が出来上がるのかと思うと恐ろしい。それは一見して整合的であればあるほど、人びとを正しい理解から遠ざけるのである。この点、『オリンピカ』の註に「意味不明」を連発しているアルキエ(『デカルトの哲学的著作』第一巻)の方が正直であり、無理な解釈を作り上げないだけ、まだしもましだとは言えるだろう。だが、『オリンピカ』は少しも「意味不明」などではない。まさにそこに書かれているとおりの意味なのである。デカルトは風＝霊といったアレゴリーを用いることによって「精神を最も高い所まで導くことができる」とそう言っているのである。それが「意味不明」ということになるのは、デカルトがそんなことを言うはずがないという先入見にとらわれているからにすぎない。だが、デカルトはたしかにそう言っているのだ。

実際、デカルトを「興奮」せしめた「驚嘆すべき学問の基礎」がアレゴリーの方法だったなどというのは、近代人の常識からすれば荒唐無稽と思われるかもしれない。だが、デカルトの生きていた時代を考えるなら、それは少しも意外なことではないのである。たとえば、今日マニエリスムなどと呼ばれている彼と同時代の美術を思い浮かべてみればいい。それはまさしくアレゴリーの世界なのだ。このことについてはここで詳しく説明している余裕もないし、また今更その必要もあるまいが、一つだけ、その典型的な例として、有名なアルブレヒト・デューラーの『メランコリーI』を見てみよう(図13)。この絵が霊感を受けた天才の挫折感を示すものだとするエルヴィン・パノフスキーの説に反対してフランセス・イエーツが提示する読解によれば(『魔術的ルネッサンス』)、メランコリー気質(黒胆汁質)を象徴するこの青黒い女性は、恍惚として天上的なヴィジョンを見ている芸術家なのだ。かたわらにうずくまる痩せ衰えた犬は彼女が脱ぎ棄てた肉体的感覚であり、そして、彫刻刀を握った子供像は、この恍惚状態の中でただひとり目覚めている芸術家の手、デューラー自身の手なのである。

ところで、重要なことは、こうしたアレゴリーの世界の背景にあるのが、他ならぬフィチーノやピコ・デラ・ミランドーラの新プラトン主義だったということだ。この『メランコリーI』にしても、そこにアレゴリーを用いて表現されているのは、イエーツが見事に解読したように、まさしくフィチーノの『生命論』の思想——デューラーが想を得たのは直接にはアグリッパの『オカルト哲学について』からであるにしても——なのである。すでに少しふれたように、フィチーノがこの書を執筆したのは、彼自身を含めて土星の支配

図 13　デューラー『メランコリー I』

下にある黒胆汁質の人たちのメランコリーの治療のためであった。ギリシャの医学者ガレノス以来信じられてきたところによれば、この星のもとに生まれた人間は、悲しく、貧しく、不成功で、卑しい軽蔑される仕事につく運命にあった。彼らは髪も皮膚の色も青黒く、その典型的なポーズは片手で頭を支えることであった。彼らは木星のもとに生まれた人間のように豊かな才能に恵まれることも、金星のもとに生まれた人間のように優雅で愛らしい資質を持つこともなく、ただ計量する才能——土地の測量や金銭の勘定——に秀でているだけにすぎない。コンパスを持ち、秤や財布や幾何学的物体に囲まれたデューラーのこの青黒い女性は、明らかにこの黒胆汁質の人間なのである。だが、孤独の中で生き、時としては狂気にかられるこの種の人間こそは、フィチーノによれば、また天上から霊感を受けることのできる天才——詩人、哲学者——の資質でもあるのだ。天上に通じる「ヤコブの梯子」のかたわらで翼を折りたたんで瞑想するこの女性は、イエーツの言うように、まさしくこのフィチーノ的土星人に他ならない。肉体的感覚(犬)から離脱した彼女の魂は、やがてこの翼によって天上にかけ上ってゆくのである。

このデューラーの版画の中には他にも、それが新プラトン主義思想の図像化であることを示すアレゴリーがいろいろと含まれている。たとえば、画面の向かって右上方の数字を配列した方形の板は、フィチーノが『生命論』の中で説いている護符、土星の激しい影響を和らげるために木星の影響を引き寄せる護符なのである。そしてまた、イエーツによれば、女性の持つ翼は土星の天使の翼であり、彼女の行使するカバラ的魔術を悪しき霊の影響から守っているのである。それはまさしくピコ・デラ・ミランドーラのキリスト教的カバラと白魔術の思想の図像化に他ならない。

このことはなにもデューラーだけにかぎったことではない。『メランコリーI』はくり返すようだがあくまでも典型的な一つの例であるにすぎず、パノフスキーの諸著作やアンドレ・シャステルの『マルシリオ・フィチーノと芸術』がすでに明らかにしたごとく、同じことはすべてのマニエリスム芸術についても言い得ることなのである。マニエリスム芸術家は、いわば絵筆を握った新プラトン主義哲学者なのだ。彼らはアレゴリーを用いて超自然的非可感的なものを目に見えるものとするのであり、アレゴリーは彼らにおいてもまた「方法」だったのである。

だが、少し見方を変えてみれば、アレゴリーを「方法」として用いなければならなかったということ自体、すでに一種の精神の衰弱を示すものであったと言えるだろう。たしかに、マニエリスム芸術家たちの時代、青年デカルトがバラ十字団を求めてドイツをさまよっていた時代、超自然的非可感的な世界はなお生きてはいた。しかし、それは、到るところで天使や悪魔に出合うことのできた中世の人たちにとってのように、あるいは、聖なるものと俗なるものが融合し同じ地平の上で生きていた盛期ルネッサンスの人たちにとってのように、そこに直接に見ることのできるものではもはやなかったのであり、アレゴリーによって翻訳され解読されねばならないものになってしまっていたのである。超自然と自然、天上と地上とのダイナミックな交流を復活させた新プラトン主義が何故急速にその活力を失ってしまったのかはここではともかく、短い蜜月時代の後で地上から分離を開始した超自然は、いつの間にか天の彼方に遠ざかっていたのだ。マニエリスムという言葉の意味は、ルネッサンスのマニエラ(形式、技法)化、つまり、ルネッサンスが完成したものをその内実を失ったマニエラとしてのみ継承したということであるが、それはルネッサンスの内実である新プラトン主義思想の衰弱の結果に他ならない。そこではその根底をなす新プラトン主義そのものもマニエラ化されていたのであり、それがアレゴリーの氾濫となって現われたのだ。アレゴリーとはまさに超自然と自然との関係のマニエラ化なのだからである。

「三つの夢」のデカルトが生きていたのはまさにこのような時代においてであった。彼が「三つの夢」をアレゴリーとして解釈し、そこに天上の啓示を読み取ろうとしたのは、いわば極めて自然なことだったのである。ただ、彼とマニエリスム芸術家たちとの大きな違いは、彼がアレゴリーを超自然的真理の翻訳の方法としてではなく、その発見の方法――「驚嘆すべき学問の基礎」――として捉えたことであろう。それはむしろ、聖書をアレゴリーとして読み、神から与えられた神聖なヘブライ文字を解読することによって、神がそこに隠した真理を発見しようというカバラとよく似た立場だとは言えないだろうか。

デカルトが、カバラをキリスト教化して『創世記』解釈に適用したピコ・デラ・ミランドーラの『エプタプルス』を読んでいたと証明することはできない。創造の七日間を七つの意味層において解釈したピコのこの著作は、一五七八年に出版されたド・ラ・ボドリー兄弟によるフランチェスコ・ジョルジの『世界の調和について』の仏訳の中に、同じく仏訳されて挿入されており、デカルトがそれを手にしたとしても少しも不思議はないのだが、『オリンピカ』の断章群との多くの類似にもかかわらず、われわれの知る二つのデカルトによる『創世記』解釈——例の『オリンピカ』の中のそれと『ビュルマンとの対話』の中の神が分離した「水」についての解釈——とはっきり対応するものをそこに見出すことはできないのだからである。だが、それにもかかわらず、デカルトの『創世記』に対する関心が、このピコのキリスト教カバラの系譜を引くものであったことは大いに想像ができる。何故なら、彼はその後聖書研究のためにヘブライ語の勉強を始めているのであり、(13) そして事実、『ビュルマンとの対話』ではヘブライ文字を用いて『創世記』を解釈しているのだからである。もちろんヘブライ語習得すなわちカバラへの関心と断定することはできないだろうが、そうである可能性もまた否定し得ないであろう。デカルト自然学の起源がピコ的カバラであったというのは大いに考えられることなのである。

以上で、「三つの夢」の事件が青年デカルトにとって持った意味はほぼ解明できたように思うが、実はもう一つだけ重要な問題が残っている。それは彼がいったい何故この「夢」の詳細な記録を書き残したのかということである。実際、ラテン語で書かれ、しかも、バイエが「説話形式の論文」と呼んだほどの首尾一貫した構成を持つ「夢」が、単に彼の個人的な心憶えとして書かれたものだとはどうにも考えにくいのだ。そもそも、「夢」がもしただ彼の個人的体験の記録にすぎないのだったら、彼はそれを同じ「羊皮紙製のノート」の中の『エクスペリメンタ』と題する項目の中にこそ書き留めるべきであったろう。そこは彼が自分の雑多な観察や体験を記録するのに用いていた場所なのであるから。しかるに、彼は新たに『オリンピカ』という項目を設け(「夢」は『オリンピカ』の冒頭なのだ)、そこに「夢」を記しているのである。このことは「夢」が必ずしも純粋な彼の体験の記録ではなく、なんらかの目的をもって書き記されたものであることを示唆するものではないだろうか。

ここで思い出されるのは、「夢」がデカルトによって実際に体験されたものではなく、既存のバラ十字文書を真似てデカルトが創作した一種のバラ十字文書だというバラ十字団研究家ポール・アルノールの主張である(『デカルトの「夢」』、カイエ・デュ・シュッド三一二号)。もしこのアルノールの主張が正しいとすれば、これまで述べてきたことはすべて嘘ということにならざるを得ないが、この点いったいどうなのであろうか。「夢」がいったいなんのために書き記されたのかを解明するためにもまず、このアルノール説を検討することから始めないわけにはいかないだろう。

アルノールによれば、デカルトの第一と第二の夢はアンドレアエの『化学の結婚』を、第三の夢は主として著者不明の『哲学の法悦《ラプトス・フィロゾフィクス》』をモデルにしたものだというのだが、たしかに、「三つの夢」とこれらのバラ十字文書の間には、彼の言うほど「明確な対応関係」かどうかはともかく、かなり多くの類似点が存在することは事実である。まず、第一、第二の夢と『化学の結婚』だが、その最初の共通点はどちらも話者が事件の開始に先立って深い瞑想に沈んでいることである。『化学の結婚』の主人公ローゼンクロイツの方は、「天空のごとく星をちりばめた」青い衣服をまとった美しい女性によって瞑想の中から引き出され、《王の結婚式》——これは錬金術の象徴に他ならない——の招待状を受けとって城——フランセス・イエーツの推定によれば、この城はファルツのハイデルベルク城である——に向かうのであるが、途中で道に迷ったローゼンクロイツは、「激しい風のために後戻りすることができず」まっすぐに進んでゆくことを強いられる。こうして一日中歩きつづけた彼が目を上げると、そこに目指す城があり、彼が山をよじ登ってこの城の中に入ってゆくと、門番が親しげに彼に挨拶し、中庭を横切って、彼の来るのをずっと前から待っている第二の門番に会いにゆくように言うのである。一方、これに対して、瞑想にふけりながら眠りについたデカルトが最初に見た夢では、彼もまた風に押されて歩いてゆき、学院の中に入ってゆくのであるが、ここでもまた一人の男が学院の中庭から丁寧な優しい声で彼の名を呼び、N氏に会いにゆくのなら進呈したいものがあるというのである。アルノールの言うほど「明確」かどうかは分らないが、ともかくもこの二つの話の間に一種の「対応関係」があることだけは認められよう。さて、そこで再びローゼンクロイツに話を戻すと、第二の門番に導かれて城中の大広間に入った彼は、そこに集められた人びとの酒宴に加わる。やがて、トランペットが鳴りわたり、何千という小さな光が部屋の中をみたし、つづいて先ほどの美しい女性が入ってきて、次の日、「恐怖と悔恨の大試煉」が行なわれることを告げるのである。ローゼンクロイツはこの試煉を経て選ばれた者となるのであるが、この話もたしかにデカルトの第二の夢とよく似ている。夢の中で、雷鳴のごとき大音響を聞いて跳ね起きた彼の目に、部屋中を火花が降ってくるのが見えたというのであるから。そればかりではない。彼はみずからこの夢を解釈して、この恐怖は「良心の悔恨」を示しており、また雷鳴は「真理の霊が彼に降る合図」(ローゼンクロイツの場合は真理の霊は「美しい女性」の形をとっている)だと言うのである。

第三の夢に関しては、しかし、アルノール自身も認めるように、『化学の結婚』との対応は決して「明確」ではない。せいぜい、デカルトの夢に登場する辞書と詩華集が、『化学の結婚』の「いろいろな象徴を含む書物」のエピソードと対応しているくらいである。それ故、もしこの第三の夢と対応するバラ十字文書を求めるなら、それはむしろ「三つの夢」の事件と同じ年に出た『哲学の法悦』であろうとアルノールは言う。このバラ十字文書は、バラ十字団入会志願者がさまざまな試煉を経た後、ついに王冠を戴いた女性――《自然》の象徴――に迎えられるまでを語っているのだが、この女性は志願者に対して、「ワレ、イカナル人生ノ道ヲ歩ムベキカ」という問いによく似た(とアルノールは言う)「どこへ行くのか、いかなる霊が汝をここに導いたのか」という問いを発するのである。更にまた、この女性=《自然》は、志願者に厳粛な宣誓を行なわせた後、一冊の本を与える。それは天と地にあるすべてのこと、あらゆる学問技芸を書き記した書物なのである。これはまさにデカルトの第三の夢の「辞書」(学問の総合)に相当するものであろう。デカルトは、この書物を彼に示し「あらゆる学問の宝庫」を開けて見せてくれた見知らぬ人が「真理の霊」だったと断定しているが、『哲学の法悦』の「志願者」も同様、見知らぬ青年に導かれており、彼もまた「真理の霊」であることは、彼が「《自然》は現在のところ学者や哲学者にはほとんど知られていない。私の後に従い、正しい道を歩むのでないかぎりは、誰も彼女に出会うことはできない」と言っているところからも明らかであろう。この青年の言葉は、「羊皮紙製のノート」の『プラエアンブラ』と題する項目の中に見出される「諸学問は現在のところ仮面の下に隠されている」というデカルトの言葉を思い起させずにはいないが、それはここではともかくとして、この両者の間には、その他にも、この本を前に見たような気がしたり、途中で本が消えたり、といった類似点まであるのである。

たしかに、アルノールが「三つの夢」を「既存の象徴的寓話をモデルにし、そのテーマを借りてデカルトが作り上げた一種の夢物語」だと主張したのも理由のないことではない。「夢」の中の、風＝悪霊、雷鳴＝真理の霊の訪れの予告、光＝真理、辞書＝真理の霊によって開示される自然の秘密《アルカヌム》といったアレゴリーは、まさにバラ十字文書の愛用するアレゴリーそのものであるし、また、試煉と悔悛を経て選ばれた者に真理の扉が開かれるというテーマもまたしかりである。「夢」は偶然というにはあまりにもバラ十字文書に似すぎているのだ。夢に仮託して大胆な、あるいは危険な思想を語るということは、『スピキオの夢』の昔から行なわれてきたことであり、アンドレ・シャステルも指摘しているように（『マルシリオ・フィチーノと芸術』）、十五世紀末頃からは特に一種の流行とさえなっていたのであるから。実際、デカルトの「夢」は、これがはたして本当の夢だろうかという素朴な疑問を抱かせずにはおかないほど詳細な細部にみちており、その中には、第三の夢に登場する「詩華集」のように、書物を下敷きにして書かれたのではないかと疑わせるようなものさえ存在するのである。「夢」の中のデカルトと見知らぬ男との間で話題になるアウソニウスの二つの詩、「ワレ、イカナル人生ノ道ヲ歩ムベキカ」で始まる詩と、ピタゴラスの「然リト然ラズ」という言葉で始まる詩は、デカルトが手にし得たであろうリヨン版詩華集(一六〇三年と一六一一年に刊行)では、見開きの二頁にまたがって印刷されており、おまけに、この二つの詩にはさまれている「ピタゴラスによる賢者について」と題された詩の中には、デカルトが第一の夢に出てくるメロンを「孤独の魅惑」と解釈したその出典ではないかという説もある[14]「円い球に閉じこめられた宇宙のごとき静穏」という一句さえ見出されるのだ。デカルトが『化学の結婚』や『哲学の法悦』を参考にし、リヨン版詩華集を下敷きにして「三つの夢」を創作したというのは決して想像できないことではないのである。

だが、それでは、アルノールとともに「夢」は完全なフィクションであると結論すべきかということになると、やはりためらわざるを得ない。「夢」はフィクションではないかと疑わせる要素も多く持っている反面で、どうしてもこれは本当の夢ではないかと思わせずにはいないような夢特有の不透明さをも持っており、時間的順序を追ったその語り口は一種の臨場感さえ与えるからである。まず第一の夢について言えば、唐突さと飛躍にみちたいかにも夢らしい雰囲気はもちろん、そこに出てくるメロンや「木版刷りの小さな肖像画」も、「夢」が実際の夢そのものであることを強く印象づけずにはいない。メロンのイメージはまずなんといっても球体であり、それは当時の常識からすれば、宇宙、世界、学問の総体、あるいは世界に君臨する王権などのアレゴリーであるはずなのである。アルノールがこのメロンに対応すると強引に主張している『哲学の法悦』の中の「内部に星の輝いているのが見られる巨大な球体」は、まさにその典型的なものであろう。しかるに、デカルトはこのメロンに「孤独の魅惑、ただし純粋に人間的な勧めによる」という独自な解釈を与えているのだ。これが当時としていかに奇想天外な解釈であったかは、ダニエル・

ユエがその戯文の中で、デカルトの友人である駐スウェーデン大使シャニュに「メロンが孤独を意味するということをどうやってあなたが発見なさったのか、私には分りません」(グイエ『デカルトの初期思想』の引用による)と言わせていることからも察しられよう。この独特な解釈がアウソニウスの詩を踏まえたものだという説のあることは先に述べたとおりだが、それよりも、これをデカルトの潜在意識のあらわれと見るロディス＝レーヴィスの見方の方に(『デカルトの著作』)、より説得性が感じられる。彼女によれば、「夢」の中でメロンを差し出した人物はベークマンなのである。デカルトが「三つの夢」を見たという一六一九年一一月一〇日の正確に一年前、一六一八年一一月一〇日に彼はベークマンと出合い、一緒に数学を自然学に適用する研究を始めたのであった。だが、デカルトはこの静かな研究生活を捨て、おそらくはベークマンの忠告をふりきって(デカルト宛ベークマン書簡、一六一九年五月六日付)、バラ十字団との接触を求めて旅立ったのである。彼はベークマンに対してなにか後めたいものを感じていたにちがいない。それに彼はその後、手紙を出すというベークマンに対する約束さえ果たしていないのである。もし「夢」の中で彼が挨拶もせずに通り過ぎた男、そして再び現われて彼の名を呼んだ男がベークマンなら、彼の差し出すメロンが、「孤独の魅惑、ただし純粋に人間的な勧めによる」と解釈された理由もよく分る。それは静かな研究生活に戻ることの勧めなのである。このことはデカルトが既成のアレゴリーを用いて「夢」を創作しているのでないことの一つの証拠と言えるだろう。

また、この「夢」の中に、デカルト自身ついに解釈できなかった木版画が登場することも、これが創作ではない本当の夢であったことを示唆するものであるように思われる。バイエは、「あるイタリア人の画家がその翌日に彼を訪問してからは、彼はもうこの点については解釈を求めようとしなかった」と述べ、デカルトがこの木版画をイタリア人画家の来訪の予告と解釈したかのごとく思わせようとしているが、これはおそらく木版画についての解釈が欠落していることを気にしたバイエがつけ加えた蛇足であろう。バイエはデカルトの「炉部屋」を学者や芸術家の集まるサロンのようなものにしてしまっており、それで突然イタリア人の画家などがでてくることになるのであるが、これが誤りであることはすでに述べたとおりである。

第二と第三の夢については、しかしながら、事情は必ずしも同じではない。特に第三の夢については、すでに述べたように、書物を下敷きにしたものと解せば解せなくもないのである。だが、しかしまた、それは本当の夢と考えても少しもおかしいとは言えないのだ。雷鳴に驚いて目をさましたら部屋中に火の粉が降っていたという第二の夢は、「出眠状態」の典型的な現象として説明できるし、第三の夢も、デカルト自身「夢を見ていたのか、それとも瞑想していたのか」といぶかっているように、半醒半睡の「トランス状態」だと考えることができるからである。このような状態においては、彼が前に読んだアウソニウスの詩が、その文脈を離れて(原詩の意味はデカルトの解釈とはおよそかけはなれているのであるから)飛び交い、彼の関心によって勝手に結びついたとしても別に不思議はないのである。

「三つの夢」が完全なフィクションであると断定することはできない。バラ十字文書との無視しがたい類似にもかかわらず、それは実際の夢としての多くの特徴をも備えているのである。それではいったいどう考えるべきなのであろうか。答えは一つしかない。それはその両方だということである。デカルトはおそらく実際に夢を見たのであろう。前にもすでに触れたことだが、デカルトはこの夢の事件のちょうど一年後の一六二〇年一一月一一日に、この夢を記念して、『エクスペリメンタ』の中にその回想を記しているのである。グイエも言うように(『デカルトの初期思想』)、それはこの「夢」が彼に実際に起った事件であったことを証明するものであろう。何故なら、フィクションに記念日などはないからである。だが、夢を見たことと夢を書くこととはまったく別のことである。夢というものはそもそも、スクリーンの上に映写されるように、文字の上に写し出されるわけではない。それは想起され、物語的構造に再構成されてはじめて言語化されるのである。久米博の言葉を借りるなら、「めざめてからの夢語りは、必然的に物語の形をとる」(「準＝物語テクストとしての神話・夢・幻想」『思想』一九八五年九月号)のだ。そして、この夢語りの最も重要な特質は、それが「物語をつくり出すという客観的側面と、物語を通しての自己理解という主観的側面を併せもつ」(同前)ことにある。それはデカルトの「夢」についても同じであろう。彼は自分の見た夢を彼自身の関心に従って解釈し物語化することによってはじめて、そこからこの夢の自分自身にとっての意味を取り出したのであり、そしてそれと同時にこの夢を客観的な一つのテクストとして提出しているのである。久米はこの両側面を併せもつ神話、夢、幻想などの物語を、いわゆるテクストと区別して準＝物語テクストと呼んでいるのだが、デカルトの「夢」こそはまさにこの準＝物語テクストなのである。

その意味では、グイエのように、「夢」が実際に起ったものであることを「証明」してみても、それだけではあまり意味はない。物語化されたものである以上、すべての夢語りはフィクションだと言えるからである。一方また、アルノールのように、「夢」が他のバラ十字文書に酷似しているからといって、それが完全なフィクションだと断定するのは飛躍である。「夢」がバラ十字文書に似ているのは、いわば当然のことなのだ。何故なら、すべての物語の創作と同様、夢を物語化する作業もまた、一つの時代の文化的環境の中でのミメーシス(模倣行為)に他ならず、デカルトの場合、それはバラ十字的環境だったのだからである。この環境はまた、新プラトン主義＝マニエリスム的環境と言いかえることもできるだろう。新プラトン主義運動のドイツ的表現形態であるバラ十字文書が錬金術的アレゴリーによって語っていたのは、まさしく、同じ新プラトン主義を背景とするマニエリスム芸術が、その図像的アレゴリーによって語っていたものに他ならないのだからである。

デカルトが実際に夢を見たであろうことを疑う必要はない。「三つの夢」はまさしく彼の「驚嘆すべき学問の基礎」の発見の物語なのだ。だが、そのことと、彼がこの物語をある目的のもとに書き記したということは少しも矛盾するものではない。彼はおそらく、自分の見た夢を物語化することによって重大な発見をすると同時に、この発見を人びとに——そして具体的にはバラ十字団員に——知らせようと考えたのではあるまいか。この「夢」の事件が起ったのは、時あたかも、彼が「目に見えない人びと」(バラ十字団員の仇名)を探しあぐねて、冬営地で一冬を過ごすことにしたばかりの時であった。当然のことながら、実在しないバラ十字団員を「探し求める努力は徒労に終った」(『ステュディウム・ボナエ・メンティス』)のである。しかしながら、彼にはまだもう一つだけバラ十字団と接触する手段が残されていたのだ。それはバラ十字団への献辞を付した文書を発表することであった。デカルトはもちろんバラ十字団のマニフェストである『ファーマ』を読んでいたであろうが、その末尾には次のような呼びかけが記されていたのであるから。

われわれはわれわれの名も集まる場所も今のところ明らかにしていないが、すべての人の意見は、何語で書かれていようと、必ずやわれわれの所まで届くであろう。そして、その名を明示する人はすべて、必ずやわれわれの一人ひとりと直接に会って話すことができるであろうし、もし疑いを抱くなら、手紙で話すこともできよう。

フラッドが、マイヤーが、ファウルハーベルが、バラ十字団への讃辞を付した書物を公刊したのは、彼らがバラ十字団員だったからではない。彼らもまたこのようにしてバラ十字団と接触しようとしたのである。そして、ある意味では彼らはバラ十字団からの返事を受け取ったとも言える。「バラ十字の夢」の震源地ファルツの出版社、特にオッペンハイムのド・ブリー書店がこれらの文書の出版を引き受けたのだからである。「夢」によって重大な発見をしたと信じたデカルトが、彼らと同じことをしようと考えたとしても少しも不思議はない。彼はバラ十字団員も決して無関心ではいられないに違いないこの発見を公表することによって、彼らからの応答を引き出すことを思いついたのではあるまいか。

これが必ずしも単なる想像でないことは、同じ「羊皮紙製のノート」の中の『プラエアンブラ』と題された断章群の中に、バラ十字団への献辞をともなった『数学の宝庫』という論文のための長い表題案が残されていることからも理解されよう。しかも、そこには、「再び、全世界の学者、とりわけドイツにおいて高名極まりなきバラ十字団員に捧ぐ」(傍点引用者)と記されているのだ。この「再び」を文字通りに理解するなら、デカルトは二度も文書をもってバラ十字団に呼びかけようとしたということにならざるを得ない。(15)

デカルトはおそらく、バラ十字団に捧げるための二つの論文を、彼が肌身はなさず持ち歩いていた「羊皮紙製のノート」の中に準備していたにちがいない。その一つは言うまでもなく『数学の宝庫』であり、これはその表題案の示唆しているように、「羊皮紙製のノート」の中の『パルナッスス』と題される数学的問題を扱った断章群に相当するものと思われる。そして、もう一つの論文、『数学の宝庫』よりも前に出されたか、あるいは出される予定であった論文こそは、「三つの夢」を含むこの『オリンピカ』だったのではないだろうか。実際、『オリンピカ』にしても『パルナッスス』にしても、まさにバラ十字文書にふさわしい題名なのである。まず『オリンピカ』は、アンドレアエの『化学の結婚』の中の「オリンピカの塔」を想起させずにはいない。孤島に立つこの七階建ての塔の最上階こそは、七段階の錬金術的階梯を昇りつめた後、殺された王と王妃が再生する場所であり、バラ十字的学問の最高の奥儀の象徴なのである。また『パルナッスス』にしても、トリアノ・ボッカリーニの『パルナッススからの告知』を連想させる。すでに述べたように、ヴェネツィアで出されたこの書物は、その一部のドイツ語訳がそのまま『ファーマ』の中に含まれており、バラ十字文書のルーツの一つと考えることができるものなのである。『パルナッスス』がすでにブレダ滞在中から書き出されていたことは明らかであり、この題名の由来もむしろ、デカルトとベークマンが数学を「われわれのミューズ」と呼んでいたことと関係づけるべきではあろうが、それはともかくとして、『オリンピカ』や『パルナッスス』といった題名がいかにもバラ十字団に捧げられる予定の論文の草稿であったことだけは確かであろう。

『オリンピカ』がバラ十字文書風のものであった可能性は極めて濃厚である。「三つの夢」によって「驚嘆すべき」オリンピカ的学問の方法を啓示されたと信じたデカルトは、この学問の構想をもってバラ十字団に呼びかけるべく、「羊皮紙製のノート」の中にあらたに『オリンピカ』という項目を設け、そこにまずこの「驚嘆すべき学問の基礎」の発見の物語である「三つの夢」を方法序説として記すとともに、この天上的学問についてのさまざまな思索を断章の形で書き留めはじめたのではないだろうか。そして、それは、「幾何学的方法」による地上的学問(『パルナッスス』=『数学の宝庫』)と相まって、「諸学問の統一」を実現することになるはずだったのであろう。

アルキエは、先に引いた風=霊といったアレゴリーについて述べている『オリンピカ』の断章に、御丁寧にも「完成したデカルト哲学は、もはやこのような象徴は用いないだろう」(『デカルトの哲学的著作』第一巻)という註をつけているが、それはことさらあらためて言うまでもないことだ。美術の世界においてやがて間もなくアレゴリーが消滅(あるいは形骸化)してゆくように、デカルトの哲学の中においてもアレゴリー的方法は捨て去られる。それはまた超自然と自然との生きた交流が保たれていたルネッサンスと呼ばれる一つの時代が完全に終ったことを意味するものに他ならない。そして、アルキエの言う「デカルト哲学」は、まさにこの一つの時代の終焉の中からこそ生まれたのだ。だが、それはもう少し先のことであり、現在の「炉部屋」に籠っているデカルトではない。このデカルトはアレゴリーというもう一つの置き換えの方法の発見に心を躍らせ、あらゆる学問を統合する新しい「アルス・ブレヴィス」を夢みているのである。デカルトは決して初めからデカルトだったわけではないのだ。

7 「炉部屋」を出て——コスモスの崩壊

　こうして、われわれはようやく『方法序説』第一部末尾の、「世界という大きな書物の中で学び、いくらか経験を積もうと努めることに数年を費やした後、ある日、私は自分自身の内部においても学び、私の進むべき道を選ぶことに精神の力のすべてを傾注しようと決心したのです」という言葉に戻ることができる。ジルソンは、この部分はデカルトが「事実を勝手に変えて」(『方法序説註解』)書いたものだと言っているが、「勝手に変えて」いるのはむしろジルソンの方であり、これがデカルトの青春の歩みの極めて忠実な要約であることは、われわれにはもはや明らかであろう。すでに述べたように、デカルトは正確には「自分自身の内部」と「世界という大きな書物」の中で学ぼうとして旅に出たのではない。彼が旅に出たのは、まず、ラ・フレーシュ学院にいた間に自分が現実に対してすっかり無知になってしまっていたことを痛感し、「世界という大きな書物」の中で学び直そうと考えたからなのである。この時の彼にとっては、オランニエ公軍に入って唯一「気に入って」いた数学を勉強するということは、まださしあたっての目的以上のものではなかったろう。だが、ベークマンとの出合いを経て彼は次第に数学の「本当の使い道」に気付きはじめ、ついに新しい「普遍数学」という「信じがたいほど野心的な計画」を胸に宿すに到るのだ。しかし、だからといって、彼がこの時からすでにこの計画の実現に一生を賭ける決意をしていたというわけではない。彼が自分の「進むべき道を選ぶことに精神の力のすべてを傾注しようと決心」するのは、「ある日」、すなわち一六一九年一一月一〇日夜の「三つの夢」の事件を経てからのことなのである。そして、彼の旅もまたこの時から、「世界という大きな書物」の中で学ぶばかりでなく、「自分自身の内部においても学ぶ」という新たな目的意識によって導かれることになるのだ。

ところで、「三つの夢」が彼にとってまず何よりも「進むべき道」の決断の問題であったことはすでにこれまでに見たとおりであるが、それがまた彼に「自分自身の内部においても学ぶ」という新たな方向を与えたというのは、具体的にはいったいどういうことなのであろうか。この「自分自身の内部」が、ラ・フレーシュ時代の「書物による学問」(＝既成の知識)とはもちろん、「世界という大きな書物」(＝経験知)とも対置されたまったく新しい真理探求の方向であることは明らかであるが、この新しい方向への転換もまたこの「ある日」に起ったのだとすれば事は重大である。何故なら、経験知から出発するアリストテレス以来の哲学に対し、やがて完成することになる彼の哲学は、内的直観に基礎を置く彼の「方法」にしても、コギトの内的直証性を原点とする彼の形而上学にしても、すべてこの「自分自身の内部においても学ぶ」という方向の上に築かれることになるのだからである。それはまさに哲学における「コペルニクス的転回」ともいうべきものであり、デカルト哲学の根本的革命性もまたここにこそあったのであるが、『方法序説』第一部末尾のこの記述からするなら、この「コペルニクス的転回」の出発点も同じくこの「ある日」にあったというのだ。だが、このような重大な方向転換がはたして「ある日」突然に起ったりするものなのであろうか。

たしかに、この「コペルニクス的転回」は、「三つの夢」の直接の結果である新しい学問建設の決意から必然的に生じてきたものだということは言える。何故なら、「明晰で確実」な新しい学問建設を志すということは、とりもなおさず、明晰でも確実でもない既成の知識(＝「書物による学問」)と経験(＝「世界という大きな書物」)に対して意識的に批判の立場をとるということであるが、デカルトの場合、そこにおいてラ・フレーシュ以来彼の導きの糸となってきた数学が、あらためてこれらの知識や経験の批判原理として自覚されていったにちがいないのだからである。それがやがて数学的「方法」による知の枠組み(パラダイム)の再構築へとつながっていったことは言うまでもない。その意味では、「ある日」はまさしく彼の「自分自身の内部」への歩みの出発点だったと言えるのである。『方法序説』第一部の末尾を受けて、第二部が「ある日」につづく「炉部屋」の思索として語っているのは、まさに彼のこの「自分自身の内部」に向かう歩みに他ならない。そこではまず、学問は一人の設計者によって根底から作り直されねばならないという「三つの夢」から直接に生まれた思索が語られた後、つづけて従来の知識(書物による学問)と経験(世界という大きな書物)に対する懐疑の必要が説かれ[16]、次に、そのため[17]に彼が数学的手続きをモデルとする「方法四則」――明証、分割、総合、枚挙の四則――を自分に課したことが述べられるのである。ラ・フレーシュ以来、彼が唯一「気に入っていた」数学は、ここにおいてようやく「方法」として自覚されるに到ったのだ。

　とはいえ、こうした「自分自身の内部」への方向転換が、「ある日」突然に起り、短い「炉部屋」の冬の間に完成したとはにわかに信じがたい。それは懐疑の深化と「方法」の形成――この二つのことは表裏のごとく不可分の関係にある――にともなって徐々に実現されていったものなのではないのだろうか。事実、『方法序説』第二部が「炉部屋」[18]での思索として語っている「方法四則」の成立は、研究者たちのほぼ一致した見解によれば、「炉部屋」の時代よりずっと後のことなのである。ここでもやはり、デカルトは後年の視点から過去を再構成しているのだと考えざるを得ない。デカルトはおそらく、数年間にわたる懐疑の旅の中で徐々に具体化していったこの方向転換をひとまとめにして、その記念すべき出発点である「ある日」と結びつけて語ったのではないだろうか。『方法序説』が「炉部屋」の思索として語っているのは、実はおそらく「炉部屋」にはじまる数年の思索の歩みを要約したものなのである。だが、それは決して彼が「事実を勝手に変えて」いるということではない。「ある日」は、実際に、その後の彼のすべてのはじまりだったのである。

こうして、「三つの夢」によって生涯の決定的転機を迎えたデカルトは、冬が終るのも待ちきれず、「炉部屋」を出て再び旅立つ。それは彼が一六二八年一〇月もしくは一六二九年春[19]にオランダに定住するまでの、九年にわたる放浪の旅のはじまりであった。この新たな旅が、「ワレ、イカナル人生ノ道ヲ歩ムベキカ」という問いを胸にさまよった「炉部屋」までの青春彷徨の旅でないことは言うまでもない。「三つの夢」は、「世界という大きな書物」に対する彼の態度を根本から変えてしまったのだ。彼はすでに新しい学問を建設するという人生を選んだ人間であり、旅はこの目的を達成するための準備、つまり、あらゆる誤謬と偏見を抜き去るための旅としてあらたに位置づけられるのである。『方法序説』第三部は、この新たな旅立ちにあたって彼が立てた「準備としての生活規範」の四準則を紹介した後、次のように言う。

こうしてこれらの準則で身を固め、常に私の第一の信条であった信仰の真理とともにこれらの準則をとりのけた上は、私が持っているその他の意見はすべてこれを捨て去ろうと企てても少しも差し支えないと私は判断しました。そして、以上のごとき思索を行なったこの炉部屋にこれ以上とどまっているよりは、他の人びととつき合うことによってはるかによくこの企てを達成できるのではないかと期待したので、まだ冬も十分に明けきらぬうちに私は再び旅路についたのです。そして、それにつづく九年間というもの、私はこの世の中において演じられているあらゆる悲喜劇において、登場人物であるよりはむしろ観客であろうと努めつつ、ただここかしこさすらう以外のことは何もしませんでした。こうして、すべてのことにつけて、何がそれを疑わしくさせているのか、何がそれを誤って理解させる理由となっているのかについて特に注意をはらって考えながら、それまで知らずしらずのうちに私の精神の中に入り込んでしまっていた誤謬を、少しずつ抜き去っていったのです。しかし、だからといって、私は疑うために疑い常に不決断であることをてらう懐疑主義者たちの真似をしていたわけではありません。何故なら、私の計画は彼らとは反対に、土砂を取り除いて岩盤か粘土層を見出し、その上にしっかりと立つことにこそあったのだからです。

さてそれでは、新しい学問建設の決意を胸に秘めて「炉部屋」を出た——つまりはマキシミリアン軍の冬営地を脱走した——デカルトは、いったいどちらに向かったのであろうか。伝記作者たちが大筋において一致しているのは、旅に出たデカルトがまずウルムの町を訪れて数学者ファウルハーベル(先に少しふれたようにバラ十字文書を発表した一人である)と交際し、アングレーム公のフランス使節団と福音同盟の交渉とウルム条約の締結(一六二〇年七月三日）を見守った後、マキシミリアン軍とともにか、あるいはマキシミリアン軍の後を追ってウィーン、プラハ方面に向かい、プラハ郊外ヴァイセンベルグの戦いに参加もしくは観戦したということである。バイエによれば、デカルトは更にその後、ビュコア伯の軍に参加してモラヴィアからシレジアの奥地までフリードリッヒの残党を追撃した後、ポーランド、北ドイツ、デンマーク、オランダと北ヨーロッパを一周する大旅行を行ない、二年後の一六二二年にようやくフランスに帰ってきたという。

　だが、見てきたような嘘とは、まさにこのようなことを言うのであろう。デカルト自身はもちろんこのような大旅行についてはどこにも言及していないし、また、そのことをおぼろげなりとも推測させる資料さえまったく存在しないのだからである。[20] この「大旅行」は要するに伝記作者たちの想像の産物であるにすぎない。バイエ自身、この「大旅行」の話から「三つの夢」の事件に話を戻そうとして、「彼〔デカルト〕についてもっと確実なことを述べるならば」と、この「大旅行」の話がなんら確実な根拠に基づくものでないことをみずから白状しているのである。バイエが「自分の国の歴史をちっとも知らない」と嘲笑しているドイツ系の初期伝記作者リープストルプ、テペル、ボレルらの支離滅裂さは論外であるが、こう批判するバイエ自身、実はこの時期のデカルトについては何も知っていたわけではないのだ。彼はただ彼の得意とする歴史的知識によってデカルト伝のこの空白部分を埋めているにすぎないのである。

実際、マキシミリアン軍を脱走したデカルトが、またのこのことマキシミリアン軍に戻ってゆくなどということは、常識ではまず考えられることではない。それに彼はそもそも新しい学問の建設を決意して「炉部屋」を出たのではなかったろうか。それがまた何故、彼自身嫌悪をもって語っている「無為と放縦」(ポロ宛？ 一六四八年？)の軍隊生活に舞い戻ったりするのであろうか。さすがにバイエもこのことの不自然さには気付いていたらしく、彼を再度マキシミリアン軍に従軍させる時にも、ヴァイセンベルグの戦いの後でビュコア軍に参加させる時にも、青年デカルトはまだ自分の人生の選択に最終的な決断は下していなかったのだと苦しい釈明をくり返しているが、語るにおちるとはこのことであり、かえってバイエ自身がデカルトにこうした行動をさせることの不自然さを感じていたことを暴露しているのである。

だが、「炉部屋」を出たデカルトがウィーン、プラハ方面に向かったという説がなんの根拠もないことは明らかだとしても、それでは彼がどちらに向かったのかがはっきりしているというわけではない。ただ、一つだけ、「炉部屋」を出てからのデカルトの行動をある程度推測させる資料がある。それは『オリンピカ』の中に含まれている次のごとき断章である。

一一月末までにはロレートに到着しよう。そして、もしもそれがさほど困難でもなく、また慣例となっているのであれば、ヴェネツィアからは徒歩で行こう。もしそれができないとしても、少なくとも、人びとが常としている中でも最も敬虔な仕方でもって。

いずれにせよ、復活祭までには私の論文を仕上げよう。そして、もし本屋が十分にあって、この論文にその価値があると思われるなら、出版しよう。今日誓ったごとく。

一六二〇年二月二三日。(21)

デカルトは「まだ冬も十分に明けきらぬうちに」旅に出たと言っているが、寒い北国のドイツであることを考えるなら、それはおそらく三月初旬か中旬頃のことであったろう。とするならば、二月二三日の日付を持つこの断章は、「炉部屋」からの旅立ちを前にしてデカルトが立てた旅の予定表なのだ。この時南西ドイツ、おそらくはノイブルグにいたデカルトは、四月の復活祭までに書きかけの論文を仕上げて出版した後、ブレンナー峠でアルプスを越えてヴェネツィアに行き、次の冬が来て旅ができなくなるまでには南イタリアの有名な巡礼地ロレートに到着しようと計画しているのである。

ところで、ここに言う「論文」とはいったい何であり、彼はそれをどこで出版し、そして何故ヴェネツィアに行こうとしているのであろうか。この断章が謎とされ、これまでさまざまな解釈を生み出させてきたのは、合理主義哲学者デカルトがバラ十字団などにまともな関心を持つはずがないという先入見にとらわれているデカルト学者たちにとって、こうしたことが何を意味しているのかさっぱり見当もつかなかったからなのであるが、それはわれわれにはもはや謎でもなんでもない。まさにそこに書かれているとおりのことなのである。

まず、この断章が『オリンピカ』に含まれていることからすれば、そこに言う「論文」が『オリンピカ』そのものを指すと考えるのが最も自然な解釈というものであろう[22]。すでに述べたように、「三つの夢」を冒頭とする『オリンピカ』はおそらく、バラ十字団に捧げるべく準備されていた論文の草稿なのである。とするならば、彼がその出版を期待している「本屋」が、ド・ブリー書店その他のファルツの出版社であることも明らかであろう。彼はアルプスのこちら側、南西ドイツで、バラ十字文書『オリンピカ』を発表してバラ十字団員との接触をはかった後、アルプスを越えてバラ十字思想のルーツであるヴェネツィアに行こうと考えていたのである[23]。「炉部屋」のデカルトは決してバラ十字団との接触をあきらめていたわけではなかったのだ。彼は冬営地で一冬を越すと、冬が完全に明けるのも待ちきれず、再びバラ十字団を求めて旅立ったのである。

だが、この最初の予定にもかかわらず、彼が「論文」を出版したという形跡はないし、またこの時ブレンナー峠を越えたという様子もない。彼はおそらく、「炉部屋」を出た後で急に予定を取り止めにしたのであろう。それはつまり彼が旅を中断してフランスに帰ったということに他ならない。

シャルル・アダンがガストン・ミローとの共編による『デカルト書簡集』の中で「推測」しているのはまさにこのことである。その根拠は二つあり、一つは、デカルトが一六四〇年九月三〇日付のメルセンヌ宛書簡で、二〇年前にルヴァスール氏(デカルトのパリにおける止宿先)から数学者ドゥノー氏のうわさを聞いたと語っていることであるが、一六四〇年の二〇年前といえば一六二〇年であり、この数字が正確なら、彼は「炉部屋」から旅立ったその年のうちにパリに帰ってきていたということになる。もう一つは、一六二九年一〇月八日付の手紙でストラスブール大聖堂の時計について、また同じく一二月一八日付の手紙でこの大聖堂の塔の高さについてデカルトが語っていることであり、デカルトがこの町を通ったことがあるのは確実であるが、それはこの時以外にはちょっと考えられないのである。デカルトはおそらく、南西ドイツをしばらくさまよった後、ストラスブールを経て、まっすぐフランスに帰ってしまったのではないだろうか。この二つのことは根拠というにはあまりにも薄弱であることはたしかだが、それでもまったく根拠のないバイエの「大旅行」よりはましである。少なくとも、アダンの「推測」の方がはるかに信頼できるということだけは言っていいだろう。

さて、もしこのようにして、デカルトが予定を中断してフランスに帰ったとするなら、それはいったい何故だったのであろうか。よんどころのない家庭の事情が生じたからだとも考えられなくはない。一六二〇年と一六二一年については書簡がまったく残っていないので分らないが、残っている一六二二年の書簡からは、彼が遺産相続や就職の問題でいろいろとわずらわされている様子がうかがえるからである。だが、彼が旅を中断したとすれば、やはりそれだけの理由ではあるまい。それはなによりも彼自身が旅の目的を失ってしまったからなのではないだろうか。一六二〇年一一月八日のヴァイセンベルグの戦いによってバラ十字の夢は消滅した。そして、それとともに彼が旅をつづける理由もまた消滅したのだからである。

こうしてデカルトのドイツの旅は終ったのだが、それはまたデカルトにとって一つの時代が終ったことを意味するものであったろう。青年デカルトがその中で生きていたバラ十字の世界は、遅れ咲きのルネッサンス、ルネッサンスの終りの終りであった。一六二〇年一一月八日、音を立てて崩れ落ちたのはこのルネッサンスであり、青年デカルトの生きていた世界なのである。それは彼の精神にとってどんなに深刻な危機だったことであろうか。

親の意に反してのブレダへの旅立ち、ベークマンとの出合い、三つの夢と、幾つもの転機を経てきたデカルトの青春の歩みは、ここでおそらくは最も決定的な転機を迎えたにちがいない。すでに述べたように、数学という導きの糸に導かれてついに「信じがたいほど野心的な」普遍数学を夢みるに到ったデカルトにとって、打ち払うべき「深い闇」となっていたのは彼がその中で生きていたルネッサンス的世界像であった。この世界像が彼の外部においても内部においても崩壊した時、デカルトははじめてデカルトになることができたのである。そして、それが「炉部屋」を出て南西ドイツをさまよっていたデカルトの上に起ったことだったのではないだろうか。たしかに、デカルトは彼が体験したにちがいないこの重大な転機については一切黙して語らない。だが、語られなかったことは存在しなかったということでは決してない。いわゆる文献実証主義の悪い所は、文献に現われたことしか事実と認めようとしないことだ。しかし、人間の深い真実というものは、しばしば語られないところにこそあるのであり、文献に現われたところだけをつなぎ合わせて作り上げられた人間像は、一見科学的客観的のように見えて、実は肝腎な点を捨象した虚像にすぎず、時としては最も悪質な歪曲であることさえしばしばである。デカルトが生まれながらの近代的合理主義者であったかのごとき従来の解釈も、文献に現われないこのデカルトの決定的転機を、文献に現われないが故に無視してしまった結果に他ならない。こうして、デカルトの初期文献の強引な合理主義的「解釈」の上に、天から突然降ってきたような生まれながらの近代人デカルト像が作り上げられてしまったのであるが、それは果たしてデカルトにとって名誉なことと言えるのであろうか。

バラ十字団を探し求めていた『オリンピカ』のデカルトが『宇宙論』のデカルトとして生まれ変わるためには、どうしても、彼が生きていたバラ十字的世界の崩壊を深刻に体験したのでなければならない。そして、デカルトの偉大さはまさに、このルネッサンス的世界の廃墟の中から、新たな第一歩――近代という名で呼ばれることになる新しい世界への第一歩――を踏み出したところにこそあるのである。この第一歩がいったいどのようにして踏み出されたのか、残念ながらデカルト自身は何も書き残していないが、ただ、この時期の彼が残した唯一の手がかり、彼がヴァイセンベルグの戦いの三日後の一六二〇年一一月一一日に書き記した謎の言葉は、もしかしたら、彼のこの第一歩を示すものであるのかもしれない。

「三つの夢」のちょうど一年後の記念日にあたるこの日、デカルトは『オリンピカ』の夢の話の冒頭の「一六一九年一一月一〇日、興奮に充たされ、驚嘆すべき学問の基礎を発見しつつあった」という言葉の傍らに、「一六二〇年一一月一一日、驚嘆すべき発明の基礎を理解し始めた」と書きつけているのだが、この言葉が彼の人生の転機となった一年前の「三つの夢」の事件を回顧し記念するとともに、一年前の自分とその一年後の自分とを対比したものであることは明らかであろう。ただ謎はここに言う「驚嘆すべき発明の基礎」がいったい何を意味するのかということである。

この点については幾つかの推測が行なわれているが、その中で今のところ最も有力でもあり、また説得的でもあるのは、ガストン・ミロー(『学者デカルト』)の説であろう。それは、一一月八日のヴァイセンベルグの戦いの後、マキシミリアン軍とともにプラハ城内に入ったデカルトが、そこでケプラーの『屈折光学』(一六一一年)を読む機会に恵まれ、かくして望遠鏡（「驚嘆すべき発明」）の数学的原理（「基礎」）を「理解し始めた」のだというものである。このミロー説の前半の、プラハでケプラーの本を読んだという点についてはともかく、後半の「驚嘆すべき発明」が望遠鏡のことだというのはうなずける。何故なら、デカルトは『方法序説』に付した三つの試論の一つ『屈折光学』の中で、望遠鏡について「これほど有用でこれほど驚嘆すべき発明が」と同じ言葉を用いて語っているからであり、また、デカルトとベークマンの共同研究を記録している一六一八年〜一六一九年の『ベークマンの日記』に望遠鏡（あるいは屈折光学）に関する研究の記録が見出せないことからすれば、デカルトがこの問題に強い関心を持つようになったのは一六二〇年以後、つまりこの頃からだったと考えられるからである。ただこの説の難点は、グイエも指摘しているように（『デカルトの初期思想』）、デカルトが何故望遠鏡の原理のようなものを「驚嘆すべき発明の基礎」として「驚嘆すべき学問の基礎」に対比したのかが今ひとつよく分らないということだ。(24) 実際、「三つの夢」によって啓示された「驚嘆すべき学問の基礎」の一年後における発展の結果が単なる望遠鏡の原理だったというのでは、なにか泰山鳴動して鼠一匹といった感じなのである。それではいったいどう考えたらいいのであろうか。

デカルトがこの時「理解し始め」ていたのが望遠鏡の原理、つまり屈折光学に関係したことであったのはおそらくミローの言うとおりであろう。だが問題はその意味であり、デカルトにとってはそれがまさに「驚嘆すべき学問の基礎」に対比されるようなものだったということなのではないだろうか。このことは、やがて書き始められる『宇宙論』において光学の果たすことになる重要な役割を考えてみれば少しも意外なことではあるまい。すでに「はじめに」のところでも少しふれたように、光学こそは彼が提出しようとした新しい学問『宇宙論』の基礎なのである。一六二〇年一一月一一日に彼が「理解し始めた」のは、おそらくはこの「新しい学問の基礎」としての望遠鏡の原理、つまり屈折光学だったのだ。

ところで、すぐれて幾何学的な学問である光学を基礎として構築される宇宙とは、『宇宙論』がはっきりと示しているように、幾何学化された空間に他ならない。そして、ルネッサンス的コスモスが天動説に立脚していたごとく、この幾何学的空間が地動説の上に立つものであることもまた言うまでもなかろう。『宇宙論』の公刊を断念したデカルトがメルセンヌに語っていたように、それは「地動説と分かちがたく結びついている」(前出)のである。とするならば、この時彼が「理解し始め」ていたのは、やがて『宇宙論』として構築されることになるこのまったく新しい世界像だったということになりはしないだろうか。何故なら、光学を基礎とする新しい学問の構想が成り立ち得るためには、まずその前提として幾何学的空間が定立されるのでなければならないのだからである。

この時彼がどこにいたのかは分からない。彼がケプラーを読んだのかどうかも分からない。ミローによれば、デカルトは落城直後のプラハの混乱の中で悠然とケプラーを読んでいたことになるが、もしデカルトがケプラーを読んだ——それは大いにあり得ることだ——としても、それがなにもヴァイセンベルグ直後のプラハにおいてでなければならないという理由はないだろう。だが、それがどこにおいてであれ、もしミローの言うようにデカルトがケプラーを読んだのだとすれば、彼がそこで学んだのは単に望遠鏡の原理ばかりではなかったはずである。言うまでもないことだが、ケプラーはコペルニクスの地動説を発展させ確立した人間なのだ。そして、もしデカルトがこの頃にケプラーを読んだのが事実なら、その地動説はデカルトが空間の幾何学化への第一歩を踏み出すのに決定的なインパクトを与えたであろうことは想像に難くない。だが、デカルトがケプラーを読んだにせよ、読まなかったにせよ、もし一六二〇年一一月一一日に彼が『オリンピカ』の余白に記した「驚嘆すべき発明の基礎」が新しい学問の基礎としての屈折光学のことであるなら、彼がこの時すでに空間の幾何学化への第一歩を踏み出していたことは明らかである。ヴァイセンベルグの余燼もいまだ消えやらぬうちに、彼は早くも新しい方向に向かって歩み始めていたのだ。

こうして、彼が「三つの夢」の一年後に「驚嘆すべき学問の基礎」と対比して「驚嘆すべき発明の基礎を理解し始めた」と書きつけた理由も分ってくる。一年前の彼はルネッサンス的コスモスの中で生き、アレゴリーという天上的学問の方法の発見に興奮していた。それが今では光学という幾何的空間を前提とする新しい学問の基礎を理解し始めているのである。わずか一年の時間は、かつての彼との間に無限とも思えるほどの距離を作り出してしまったのだ。深い感慨をもって一年前の「三つの夢」を回顧したデカルトは、『オリンピカ』の欄外に「驚嘆すべき発明の基礎を理解し始めた」と記すことによって、この一年の間に自分の上に起った大きな変化をあらためて確認しているのではないだろうか。

とはいえ、彼はまだようやく「理解し始めた」ばかりである。ルネッサンスのコスモスの崩壊の中から歩みはじめたデカルトが、『宇宙論』によってこのまったく新しい世界像の構築にとりかかるまでには、後まだもう八年の放浪の旅が必要なのである。闇はまだなお深いのだ。

Ⅱ　ワレ思ウ、故ニワレ在リ

ブレダへの出発から数えて約三年、波瀾にみちた長い旅を終え、ドイツから故郷ポアトゥ州に帰ってきたデカルトを待ち受けていたのは、先にも少しふれたように就職と遺産相続の問題であった。もちろん、すでに「自分の理性を開発することに一生を用い……真理の認識においてできるかぎり前進するという仕事を続ける」(『方法序説』第三部)決意を固めていたデカルトに、父親の意志に従って就職するつもりなどはじめからなかったことは言うまでもない。だが、このような富とも名誉とも無縁な人生を送るためにも、彼としてはなんとか遺産だけは無事に相続したかったことであろう。当時の彼が父や兄に宛てて書いた書簡類は今では残っておらず、それを読むことのできたバイエの紹介によってそのごく一部を知ることができるにすぎないのだが、そこに示されている彼の煮えきらないあいまいな態度はおそらく、彼のこのジレンマに基づくものなのであろう。彼は決して就職しないとは言わないが、具体的な話になるといろんな口実をもうけて逃げまわるのである。

だが、無事に遺産を相続してからの彼の態度は明快である。一六二三年六月には相続したラ・ボビニエールとラ・グランメゾンの土地を、同じく七月にはル・ペロンの土地とその領主権を売り払って金にかえ、こうして真理探求に生涯を捧げるための経済的基盤を確立すると、九月にはさっさとイタリアに向かって旅立ってしまうのである。出発に先立って彼は兄ピエールに、「たとえ今より金持ちにはならないにしても、少なくとも今よりは有能になって戻ってくるでしょう」と書き送っているが、この捨て台詞《ぜりふ》にも似た奇妙な別れの挨拶は、彼が「富と名誉をもたらす」ような職につき「金持ちになる」ことを期待していた父や兄に対する、最後的な訣別を意味するものだったのではないだろうか。父ジョアシャンが「本の虫になるようなおかしな息子を生む必要があったろうか」と怒ったというのも、彼の立場からすればまったく無理はないのである。

ところで話は少し戻るが、ドイツから帰ってきたデカルトは、もちろん、故郷ポアトゥ州に閉じこもってただ就職と遺産相続の問題にばかり明け暮れていたわけではない。彼の主たる生活の場はむしろパリであり、用事ができるたびに故郷との間を往復していたと言った方が実態に近いだろう。それでは、このパリで、彼はいったい何を見、何を考えていたのであろうか。

デカルトがパリに滞在していたこの時期は、ちょうど、リベルタン(自由思想家)と呼ばれる人たちがパリを狭しと暴れまわっていた時期に一致している。キリスト教道徳に従わず、ことさらに反道徳的であることを誇示していたこのリベルタンたちは、メルセンヌ神父の計算によれば「パリだけでも少なくとも五万人」(『理神論者の不敬』)はいたということだが、彼らの活動はデカルトがドイツから帰ってきた(と思われる)一六二〇年末あたりから急に活潑になり、一六二二年にはその絶頂に達する。これがルネ・パンタールがその瞬時的な激しい燃焼を指して「炎の自由思想《リベルティナージュ》」(『書斎の自由思想』)と名付けたところのものだが、この「炎の自由思想」は、デカルトがイタリアに向かって旅立つ直前の一六二三年八月一九日、詩人テオフィル・ド・ヴィヨーが有罪宣告を受け、逃亡中の本人のかわりに本人をかたどった藁人形がグレーヴ広場で火刑に処せられると、急速に鎮火してしまう。人びとは一斉に信心家道徳家の仮面をかぶり、こうして、たがいに監視し密告し合うような重苦しい「偽善者タルチュフ」の時代がやってくるのだが、それはここではともかく、パリに滞在していたデカルトは、まさしく、この「炎の自由思想」が燃え上がり、絶頂に達し、そして消えてゆくまでを、直接その目の前に見ていたわけである。だが、彼は果たしてただ見ていただけなのであろうか。それは彼とは関わりのない騒ぎにすぎなかったのであろうか。

そうだ、というのがアンリ・グイエ『デカルトの宗教思想』以来定説となっていることのようである。つまり、ちょうど象牙の塔に閉じこもっていて国が戦争をしているのも知らなかったというどこかの国の学者のように、デカルトは自由思想の炎の燃えさかるパリにあって、これにまったく関心を持たず、まったく無関係に生きていたというわけだ。別に定説に反対したくて反対するのではないが、デカルトに関する定説というものはどうしていつもこう常識ばなれしているのであろうか。実際、グイエ自身も認めているように、デカルトが多くのリベルタンたちと交わりを持っていたことはまぎれもない事実なのである。それでもなお、彼がリベルタンたちと無関係であり、リベルティナージュに無関心だったというのは、いったいどういうことなのであろうか。

この矛盾を止揚するグイエの論理はまさに感嘆に価する。彼によれば、デカルトとリベルタンたちとの関係は「それを友情とみなすには多大な想像力を必要とするような関係」、つまり必ずしも友人関係とは言えない関係だったのであり、したがって、デカルトが彼らと関係があったということにはならないのである。このグイエの主張が事実関係から言っても間違いであることは後ほど明らかにするつもりだが、そのことは別にしても、関係はあったが無関係だったというこの論理はまったくなんという論理なのであろうか。グイエは更にまた、第二の論拠として、「新しい哲学」の建設を志すデカルトが「基本的にルネッサンス人であるリベルタンや懐疑主義者」などに関心を持ったはずがないと主張するのであるが、これもまったくおかしな話である。バラ十字団に関心を持ったデカルトが、同じく「基本的にルネッサンス人であるリベルタン」に関心を持たなかったはずはないという点はこの際別にするとしても、そもそもこの時すでに彼の「新しい哲学」は確立していたのであろうか。たしかに、「新しい哲学」を確立した後年のデカルトならば、グイエの言うように、こうしたものに関心は持たなかったかもしれない。だが、この時のデカルトはまだ二四、五歳、闇の中たる一筋の光をたよりに模索をつづけている時なのである。この青年が、自分の眼前で爆発している「基本的にルネッサンス」的な思想運動——後にあらためて述べるように、リベルティナージュはまさに大きな思想運動だったのだ——にまったく無関心だったとすれば、それは若年性脳細胞硬化以外のなにものでもないのである。

バラ十字団の場合と同様、デカルトといかがわしいリベルティナージュとのかかわりを否定し、デカルトを消毒しようとするグイエの涙ぐましい努力にもかかわらず、彼がリベルティナージュと無関係であり無関心だったと証明することはできない。それはもちろんデカルトが彼らに全面的に共感し、彼らと一緒になって暴れまわっていたということを意味するものではないが、少なくとも彼がリベルティナージュとなんらかの接点を持っていたことは明らかなのである。そして、重要なのはまさにこの点なのだ。何故なら、結論を先に言ってしまうなら、彼の形而上学の出発点は実はこの接点にこそあったと考えられるのだからである。だが、このことを明らかにするためにはまず、リベルティナージュというものがいったい何であったかを一通り見ておくことがどうしても必要であろう。それは決してグイエの思っているほどいかがわしいものではなく、もっと底の深いものだったのだ。

1　炎の自由思想《リベルティナージュ》

一五九八年のナント勅令によってフランスにようやく平和が訪れた時、教会はまさにその荒廃の極にあった。キリストの名において殺し合った長い宗教戦争は、皮肉なことに、かえって教会に対する信頼を失わせ、信仰を退廃せしめたのである。司祭はミサの挙げ方さえ忘れ、教会はかっこうの密会の場と化していた。このような状況の中で、無信仰をてらい不道徳であることを誇示するような風潮が広がっていったのは自然である。モーリス・マジャンディが紹介している次のようなエピソードは、こうした状況を象徴的に物語るものであろう。ある戦線で一兵士がうっかり「神に誓って」という言葉を使ってしまった。彼はそのために皆からさんざん笑い物にされ、とうとうその部隊にいられなくなってしまったというのである。彼は「悪魔に誓って」と言うべきだったのだ(『社交的洗練』)。

こうした風潮が最もひどかったのは言うまでもなくパリである。キリスト教が肉食を禁ずる金曜日、パリの酒場は満員であった。詩人たちも酒宴に加わり、自作の瀆神的でわいせつな詩を朗誦して人びとの喝采を浴びる。たとえばこんな詩である。

教会の中で××××をすることが、
悪いことだなどと思っている世の御婦人方よ。
私の詩など読んではならぬ。
私の詩は反キリストの女たちに捧げたものだ。（テオフィル・ド・ヴィヨー『ソネ』）

こうした詩はもちろん酒場で朗誦されたばかりでなく、『サテュロスの逸楽』『サテュロス詩集』（サテュロスは山羊の角と足を持つ半獣神で淫乱の象徴）といったアンソロジーにまとめられ、宮廷の貴婦人たちの枕頭にまで置かれていたのである。当然ながら風紀も乱れ、そのすさまじさは、当時の一市民がその日記の中で、「今日のパリの評判はひどいもので、ほんのしばらくでもこの町に滞在した女はすべてその貞操を疑われるほどだ」（ピエール・レトワール『アンリ四世治下の日記』）と嘆いていることからも察しられよう。

たしかに、こうした現象そのものは、この時に始まったものでないということは言える。瀆神的言辞を弄し、卑猥な言葉を用いて喜ぶのは、いわば中世以来の伝統であり、社会的規制が弱まった時には必ず表にあらわれてくるフランス人の「ガリヤ気質」のあらわれのようなものにすぎない。それは元来信仰そのものとは無関係なのであって、ジルソンも指摘しているように（『フランシスコ会士ラブレー』）、決して無信仰や反宗教的思想に由来するものではなかったのである。だが、この時のそれは少しばかり違っていた。その瀆神的言辞の執拗さがはっきりと示しているように、それはいささか悪ふざけの限界を超えており、明らかに反キリスト教的な何ものかを指向していたのである。

もちろん、酒場で瀆神的な詩に喝采している人たちがすべて、こうしたことをはっきりと自覚していたわけではない。リベルタン攻撃の先頭に立ったイエズス会士ガラス神父の言い方で言えば、彼らの大部分は「まだ完全には無神論者になっておらず、多少回心の見込みがある」(『当今軽薄才子の奇怪なる教説』)のである。だが、無自覚的にではあったにせよ、「パリだけで五万人」にものぼる——もちろんそこには誇張もあろうが——多数の人たちが、公然と反キリスト教的態度を示したというのはただごとではない。こうしたことが起ったのは、おそらくヨーロッパのキリスト教の歴史の中でも初めてのことなのである。それはつまり、それまで空気のごとく誰も疑うことのなかったキリスト教に、ひいてはまた、このキリスト教を基盤とする一枚岩的な一つの文明に、大きな亀裂が生じたことを意味するものに他ならない。リベルタンはこの亀裂から出現したのであり、その出現はこの文明の危機を最も尖鋭な形で表現するものだったのである。

それ故、キリスト教道徳に従わない彼らの乱行は、それ自体がすでに一つの思想的態度だったと言うことができるだろう。リベルティナージュという言葉は自由放縦とも自由思想とも訳されているが、彼らの自由放縦は、すなわち自由思想(キリスト教から自由なという意味での)でもあったのである。もっとも、思想とはいっても、初期のそれは思想の星雲状態のごときものにすぎなかったわけだが、その核はすでにそこに存在していた。それはひとまず懐疑主義と呼んでおいていいような精神的状態である。キリスト教の形骸化を本能的に感じとっていた人たちは、神の存在も霊魂の不滅も心から信じきることはできなくってしまっていたが、さりとてこうした教えを全面的に否定するまでの確信もない。確かなことは、何ひとつ確かなことがないということだけなのであった。それはまさに晩年のモンテーニュの世界である。彼は一五八〇年版の『随想録』では「死こそはわれわれの人生の目的(but)である」(一巻二〇章)と書いていたのだが、一五八八年版では、この目的という言葉に0を一つ加え、「死は人生の終り(bout)であるが目的ではない」(三巻一二章)と書き記すのだ。モンテーニュがこの0を一つ書き加えたことの意味はかぎりなく大きい。それは一五八〇年のモンテーニュが生きていた世界が、八年の間に崩壊してしまったことを意味するものに他ならないのである。キリスト教的世界が厳然として存在していた間は、生も死も明確な位置づけを持っていた。死は来世への門口であり、それ故、それは生の目的であり完成なのである。だが、死がこの位置づけを失い、ただの終りにすぎなくなった時、生もまたその意味を見失ってさまよいはじめる。人間はもはや自分がどこから来てどこに行くのかも知らず、自分がいったい何者であるかも分らず、ただ運命にもてあそばれているだけのはかない存在に堕してしまうのだ。

ジャン・ルッセがその著『バロック時代のフランス文学』において描き出したのは、まさに、リベルタンたちと同時代の文学にあらわれたこうした精神状況に他ならない。そこでは人間は泡、虹、風、夢などにたとえられるあわれなはかない存在にすぎないのである。

まぼろし、風、夢、幻想、
流砂、渦巻、そして塵煙、
藁、小枝、木の葉の群。（モタン）

それは服をまとった虚無、いつわりの仮面、
………
夢の影にすぎぬもの。（ビュシェール）

この人間はボールのように運命にもてあそばれ、明日のわが身さえ知り得ない。そして、世界もまた光によって七色に変化する水の面のごとく、たえず姿を変え、しばしもとどまることがないのである。

われは運命のもてあそぶボール、

偶然のなぐさみもの、時のおもちゃ、
不安にそよぐ葦。（ホフマンスバラドー）

鉄鎖の下に呻く者は、三日の後に、
この鉄鎖をその主人の手に移すやも知れぬ。
征服された者が征服者として現われる。
いつ王座から転げ落ちるかもしれぬし、
またそこに登るやも知れぬ。（ジョルジュ・スキュデリ）

自然はただよい、その動きによって、
その面《おもて》を千変万化させる。（ジャン・ド・スポンド）

かくして人間は自分自身を見失う。人間は実在しない。それはいわば死の影なのだ。
私は私が在ることを疑う。私は自分を見失い、私を知らない。
自分で自分を忘れ、もはや自分が何者かも分らない。（ロトルー）

この死者は人間よりは幻影に似ている。

……

この死者は生きている。いや、生きていて、そして死んでいる。（オヴレー）

ルッセがこの著書を発表したのは一九五三年、まだマニエリスムという概念が定着していなかった時である。マニエリスムはまだバロックからはっきり区別されず、いわばバロックの概念の中に含まれていたのだ。それでルッセはこの時代をバロック時代と呼んだのだが、現在だったら、彼はおそらくその著書を「マニエリスム時代の文学」と名付けたことであろう。実際、ルッセがこの著作の中で扱っている文学は、今見たばかりの例からも分るように、マニエリスムの典型的な特徴を示していると言える。マニエリスムとは、一言にして言うなら、ルネッサンス崩壊後の現実喪失の表現なのだからである(25)。だが、ここではこの議論の多い問題にこれ以上立ち入る余裕はないし、またその必要もない。どのような名を与えるにせよ、美術史家がマニエリスム時代と呼ぶ「ローマの劫掠」以後のイタリアの精神状況とよく似た精神状況が、フランスにおける遅いルネッサンスの崩壊後のこの時代に生じていたことは確かであり、そして、このような現実喪失状況――言いかえるなら懐疑的精神状況――の背景の中からこそ、大量のリベルタンは出現したのである。

キリスト教的秩序を維持すべく激しいリベルタン攻撃を行なったガラス神父が、モンテーニュの弟子である懐疑主義者ピエール・シャロンを「リベルタンの大頭目」と呼んだのはまさにそのためである。さいわいシャロンはこの時はもう死んでしまっていたが、もし生きていたらさぞかしこの非難に面くらったことであろう。『三つの真理』の著者でもある彼は、自分では一生けんめいキリスト教の真理を擁護しているつもりだったのだからである。だが、ガラスのこの非難は決して的はずれではなかった。彼は自分の敵の正体が懐疑主義であることを正確に認識していたのである。それはガラスとともにリベルタン攻撃の先頭に立ったメルセンヌ神父も同様であるが、彼の場合は更に極端であり、懐疑主義者すなわちリベルタンとするばかりか、更には無神論者とさえ同一視して、次のような激しい非難を浴びせているのである。

しかしながら、この真理に反対するリベルタンの一群がいる。彼らは処罰を怖れてあえてその無信仰は表明せず、無知な人たちに、変転定めなきこの世には確実なものは何もないと思い込ませようと努めているのだ。……こうして彼らは、学問的真理と、神に向かって上昇するための階梯である自然的事物についての真理に対する信用を失わせ、そうすることによって、宗教についても同じことをしようともくろんでいるのである。(『懐疑論者すなわちピュロンの徒に対し学問の真理を擁護する』)

だが、リベルタン現象の根源が、十六世紀の終り頃から人びとの心をむしばんでいった懐疑主義的精神状況にあることは確かだとしても、そこからただちにリベルティナージュが生まれてくるわけではない。単にキリスト教道徳に対する懐疑であったものが、積極的な反キリスト教道徳の実践に転化するためには、その媒介として、おとなしくキリスト教道徳に従っている人たちを嘲笑し、キリスト教道徳にとらわれない自由な生き方をする方がかっこうがいいという風潮が生じてくるのでなければならない。そして、ガラスが護教家シャロンを「リベルタンの大頭目」と呼ぶのも、実は、主としてこの点に関してなのである。ガラスは、こうした風潮の起りは、シャロンがその主著『知恵について』において人間を三種類に分類したことにあると言うのだ。

ガラスが言っているのは、おそらく、『知恵について』の中心をなす「廉直の士(prud'homme)」という観念のことであろう。シャロンはこの著で必ずしもガラスの言うほどはっきりと人間を三種類に分類しているわけではないが、「廉直の士」という観念が出てくれば、必然的にその反対の廉直でない人という観念が出てくるわけだし、この両者の中間の人を数えれば、たしかに三種類になるのである。それでは、この「廉直の士」という観念は何故これほどにまでガラスを憤慨させたのであろうか。それがリベルティナージュを生み出した元兇だというのはいったいどういうことなのであろうか。

シャロンにこのような観念を抱懐せしめたのが、彼の宗教戦争の体験であったことは言うまでもない。宗教戦争の渦中において、キリストの名において多くの悪がなされるのをいやというほど見てしまったシャロンには、キリスト教を信ずる者はすなわち道徳的にも正しいという、従来自明の理とされていたことがもはや信じられなくなってしまったのである。先輩のジュスト・リープスやギヨーム・デュ・ヴェールにならって、彼が古代のストア道徳哲学に助けを求めたのは極めて自然なことであった。彼はエピクテートスやセネカのイメージを元に、キリスト教的賢者の理想像を作り上げる。この理想像がすなわち「廉直の士」に他ならないが、それは彼の定義によれば、「たとえ天国に行けなくても、おのれの良心に従って善を行なう人間」なのである。

問題はまさにこの「天国に行けなくても」というところにあった。この考えからするなら、道徳はそれ自体が目的であり、救いの問題とは必ずしも関係がないことになるからである。こうしてシャロンは宗教と道徳の間に原理的区別を導き入れ、その主観的善意にもかかわらず、宗教と道徳の不可分性一体性を基盤とするキリスト教社会秩序の根底に大穴をあけてしまったのだ。だが、ガラスが怒っているのは、それ以上に、シャロンがこの「廉直の士」を賞揚することによって、結果的に普通一般のキリスト教徒を軽蔑する道を拓いてしまったことなのである。シャロンは天国に行けなくとも善をなす「廉直の士」の高貴さに対し、天国に行きたいがためになされる一般信者の善を「本当の善ではない」ときめつけているが、キリスト教的社会秩序を維持しようとするガラスの立場からすれば、このような信者こそが本当の信者なのである。それ故、このガラスから見れば、シャロンこそはキリスト教徒の仮面をかぶった最も悪質なキリスト教的秩序の破壊者、「リベルタンの大頭目」に他ならない。シャロンの言う「独立した精神」――つまり「廉直の士」のことだが――は、そのままリベルタンの「超越的精神」となるのであり、彼はこうして、習慣的に伝統的教えに従っている善き羊たちを「機械的精神」として嘲笑し、自分たちをこうした愚かさから「超越」した精神だと称するリベルタンに突破口を開いたのだ。シャロンこそはまさしくリベルティナージュの火付人なのである(『当今軽薄才子の奇怪なる教説』)。

ガラスに対する後世の評判はすこぶるよくない。たしかに、彼は思想家というよりは論争家、それも極端に走る激越な論争家である。だが、当時、キリスト教と矛盾するどころかキリスト教の支柱とさえみなされていたシャロン的ストイシズムの反キリスト教性をいち早く見抜き、パスカルやラ・ロシュフーコーに先立って攻撃を開始したガラスの眼力は評価されていい。実際、十六世紀末頃からさかんになるストイシズムも、同じ頃から広がり始めるリベルティナージュも、そのあらわれ方こそ対照的ではあるが、実は懐疑主義的状況という同じ根から出たものなのである。マケドニアの支配の下に手も足も出なくなり、現実を運命と観ずるほかはなくなったギリシャに生まれたストイシズムが十六世紀末のフランスにおいて復興したのは、そこに同じ現実喪失の状況があったからに他ならない。それはまた、すでに述べたように、リベルタンを生み出した状況でもある。自己の内面を統禦することによって定めなき運命に打ち勝とうとするストイシズムも、定めない運命に身をまかせて刹那的な快楽に生きるリベルティナージュも、その根底においては少しも変りはないのだ。それらはいずれも、中世的キリスト教秩序がついに救いがたく崩壊した――それが何故どのようにして起ったのかという大問題について述べることは無論本稿の範囲外である――ことを示す時のしるしなのである。ガラスやメルセンヌがいくら非難しても無駄である。歴史の深部で起ったこの地すべりを押しとどめ元の秩序に戻すことは誰にもできはしないのだ。

このいわば風俗的自由放縦が本当の意味での自由思想となるためには、しかし、ある一つの大系的思想と接触することが必要であった。この触媒の役を果したのが、ポンポナッツィを中心とするイタリアのパドヴァ学派の思想、というよりも、この学派の流れを汲むジュリオ・チェザーレ(ルッツィリオ)・ヴァニーニ(一五八五―一六一九年)の思想である、とそう断定してまず間違いはあるまい。ガラス神父は、リベルタンの本棚の一段目にはポンポナッツィ、パラケルズス、マキャベリの著作が、二段目にはカルダーノ、シャロン、ヴァニーニの著作が置かれていると言い、リベルタンがシャロン並びにこれらの多様なイタリア系の思想家から影響を受けているかのように言っているが、フォルチュナ・ストロスキも指摘しているように、これはガラスが自分の知っているイタリア系思想家の名前を並べただけのものにすぎず、これらの思想家の著作は実際には、ヴァニーニの著作を除いて、当時「入手不可能もしくは〔一般には〕読解不可能」(『パスカルとその時代』)だったのだからである。リベルタンの本棚にあったのは、実は、シャロンの他はヴァニーニだけだったのだ。事実、ガラス自身も、「ポンポナッツィについては、あの憐れむべきルッツィリオ〔ヴァニーニのこと〕の本から察するに大変邪悪な人間であるということ以外は何も言えない……神の御恵みにより、彼の語る不敬の数々を読むのに時間を無駄にせずにすんでいるからである」(『当今軽薄才子の奇怪なる教説』)と述べ、彼のポンポナッツィについての知識がヴァニーニの著作を介したものでしかないことを白状しているのである。

図14　ジュリオ・チェザーレ・ヴァニーニ

　実際、この当時において、ヴァニーニの『自然の讃嘆すべき秘密』(一六一六年)のような危険なイタリア思想が、ソルボンヌ神学部の認可を受けて堂々と公刊されたということ自体、まったくの例外的なことであった。十六世紀前半のいわゆるフランス・ルネッサンス時代には、もちろん、ポンポナッツィをはじめとするパドヴァ学派の思想も他のイタリアの文物とともにフランスに流れ込み、多くの信奉者を出した(アンリ・ビュッソン『ルネッサンス・フランス文学における合理主義』)のであるが、この伝統はどうやら宗教戦争の渦中でいったん途絶えてしまったらしく、十七世紀初頭のこの時期には、ヴァニーニのもの以外はイタリア思想に関する著作はおろか、これについての言及さえ不思議なほど見当らないのである。[26] ストロスキがリベルタンにはイタリア思想の影響は全然なかったとまで極言するのはこんなところからであるが(前掲書)、ヴァニーニという人間がいる以上、それが間違いであることは言うまでもない。ストロスキはヴァニーニという存在を過小評価するあまり、そのリベルタンに対する重大な影響を見落とし、リベルタンがシャロンの影響からだけ生まれたかのように考えてしまったのだ。だが、それはここではともかく、十七世紀初頭のフランスにおけるこの空白状態が、国際的宗教権威ソルボンヌ神学部の厳しい検閲の結果であることは容易に想像できよう。ヴァニーニは、危険な個所を削除した原稿を提出してこのソルボンヌの認可を得たということだが、[27] このヴァニーニを見逃してしまったのは、なんといってもソルボンヌの重大な手ぬかりであった。ヴァニーニは独自な哲学者というよりもむしろ通俗的な啓蒙家だというのが一般の評価であるようだが、そうだとすればこそむしろかえって危険なのである。実際、このソルボンヌの手ぬかりのおかげで、彼の『自然の讃嘆すべき秘密』は、その対話形式による平易で軽妙な語り口によって多くの読者に読まれ、パドヴァ学派の危険思想が通俗化された形でフランスに流れ込む窓口となってしまったのである。

それはまったく、旧来のキリスト教的秩序を維持しようとする側からすれば危険この上もない思想であった。フィレンツェの新プラトン主義に対して新アリストテレス主義とも呼ぶべきこの思想は、アリストテレスをキリスト教に調和させようとして聖トマス・アクイナスが一生けんめいに作り上げた教会公認の解釈——スコラ学——を捨て去り、聖トマスが必死になって否定したアラビア人学者アヴェロエスのアリストテレス解釈を、再びキリスト教世界に持ち込んできたのだからである。それは、しかし、神学ならぬ医学研究から出発したパドヴァ大学の伝統からすれば極めて自然なことであった。彼らの関心はもっぱら自然現象をできるだけ合理的に説明することにあったのであり、そのためにはなにも、この異教古代の哲学者を無理してまでキリスト教的に解釈する必要はなかったのである。だが、この、いわばあまりにも素直なアリストテレスの読み方が、キリスト教と矛盾するばかりか、その重大の脅威となってしまったのもまた当然であった。何故なら、それは、神の本性や霊魂不滅といったキリスト教の根幹にかかわる問題について聖トマスとはまったく違った解釈を示すことにより、教会がその哲学的拠り所としたアリストテレスの権威を、同じアリストテレスの名において土台からゆさぶる結果になったのだからである。ましてや、この素直な解釈は、アリストテレス解釈としては聖トマスの手のこんだ論理よりもむしろ筋がとおっていたのだからなおさらである。

まず第一に、神が無から天地を創造したというキリスト教の根本的な信仰箇条についてであるが、アリストテレスのどこを探してもそのようなことは書かれていない。アリストテレスにおいては、宇宙ははじめから存在しているのである。そこで聖トマスは、アリストテレスが語っているのは宇宙の運動原因としての神であり、その存在原因としての神――つまり創造主としての神――はあらかじめ前提されているのだというように解釈することにより、キリスト教との矛盾を回避するのであるが、自然研究者の立場としては、このような無理な解釈は必要がない。アリストテレスの言っているとおり、世界は始めもなく終りもないということで十分なのである。アヴェロエスも言うように、「無からの創造」というような背理は幼稚な想像の所産にすぎないのだ。

こうして神は、アリストテレスがそうしたごとく、生成変化する自然の運動原因と同一視されることになる。それは普遍的形相因として物質の生成の原因となるにせよ、またポンポナッツィの考えたように、宇宙霊を媒介として世界に働きかけるにせよ、始めも終りもない自然の中に内在するものであることに変わりはない。神とは結局自然の原理、いや自然そのものの別名なのであり、同じ神という言葉を用いていても、もはやキリスト教の説く創造主としての超越的な神ではないのである。

キリスト教のもう一つの重要な信仰箇条である霊魂不滅についても、事はまったく同様である。アリストテレスの形相と質料という基本概念を人間に適用すれば、霊魂が形相、肉体が質料ということになるが、一つの個体において形相と質料は不可分である以上、肉体が滅びればその形相である魂もまた滅びると考えるのが最も素直な考え方というものであろう。アヴェロエスにつづいてパドヴァに導入された三世紀の哲学者アフロディシアスのアレクサンドロスのアリストテレス解釈がまさにこれであった。ただ、アリストテレスは、人間の霊魂の永遠の真理を認識する理性的な働きを、運動や感覚をつかさどる働きと区別して神的なものと呼んでいた。ここから引き出されたのが、感覚運動をつかさどる霊魂は肉体とともに滅びるが、「船頭が船に乗っているごとく」この肉体に乗っている理性的な霊魂は不滅だとするアヴェロエスの解釈である。だが、残念ながら、このアヴェロエス説もキリスト教的な意味における霊魂不滅説ではない。何故なら、この不滅の霊魂は個別性を持たず、個体の死とともに元の普遍的な宇宙霊(あるいは世界理性)の中に還帰し融合してしまうのだからである。これでは宗教的には何の意味もない。実際、いったい誰が自分の死後は自分でなくなってしまう霊魂の行く方などに興味を持つであろうか。それは実際には霊魂不滅を否定するに等しいのである。

聖トマスがこのアヴェロエス説を修正し、死後の霊魂の個別性を論証しようと大いに努力したことは言うまでもない。だが、アリストテレスの漠然とした言葉から出発して、ついに個別的な霊魂の不滅性の証明に到る聖トマスの長く煩瑣な論理の鎖をたどるのはもうよそう。そしてまた、この聖トマスの論理を批判しつつアヴェロエス説を更に発展させ、激しい論争を惹き起したポンポナッツィの『霊魂不滅論』についてももう述べまい。ここでの問題は、ポンポナッツィのアヴェロエス主義でも、その後継者クレモニーニのアヴェロエス主義でもなく、フランスのリベルタンに大きな影響を与えたにちがいないヴァニーニのアヴェロエス主義なのだからである。フランスを放浪した末、一六一九年にトゥールーズで火刑に処せられたこの謎の哲学者は、しばしば単なるポンポナッツィの思想の剽窃者にすぎないかのように言われているが、それはあまりにも悪意な見方である。決して偉大ではないにせよ彼もまた一人の独自な哲学者であり、最近優れたヴァニーニ研究を発表したエミール・ナメールの言葉を借りるなら、むしろポンポナッツィの「継承者」(『ヴァニーニの生涯と著作』)と言うべき人間なのである。そして、フランスのリベルタンが接したのは、ポンポナッツィでもクレモニーニでもなく、まさにこのヴァニーニの思想だったのだ。

ヴァニーニとその師ポンポナッツィとの最も大きな違いは、一言にして言えば、ヴァニーニの方がはるかに徹底した合理主義者だったということである。すべてを「自然的原因」によって説明しようとするのはポンポナッツィもヴァニーニも同じであるが、ヴァニーニはポンポナッツィが認めていた星辰の影響さえも非合理だとして否定してしまうのだからである。『自然の讃嘆すべき秘密』におけるヴァニーニの分身ユリウス・チェザーレ(これは彼の本名に他ならない)は、師ポンポナッツィを批判して次のように言う。「私たちは彗星がいかなるヨーロッパの君主の滅亡をももたらさなかったのを見ました。そして、その反対に、いかなる星もその死を告げることなしに君主たちは死んでゆくのです。」このヴァニーニの徹底した態度は、奇蹟のような宗教にかかわる問題を前にしても少しも変わることはない。たとえば、聖水が悪魔つきを癒すことがあるのは、水の冷さが彼の頭を冷やし、沸騰していた体液と精気を鎮めたからにすぎないのである。

パドヴァ学派は、こうした宗教に関わるような問題については、二重真理説というものを主張していた。それは、啓示に基づく宗教的真理と人間の理性に基づく科学的真理とは別であり、この二つの真理が対立する場合、終局的には啓示による真理に従うべきだというものである。基本的にキリスト信者であるパドヴァの学者たちがこうした説を立てたのは、決して宗教の側からの非難をかわすための単なる隠れ蓑としてではなかったろう。ポンポナッツィも彼の哲学とは矛盾する「無からの創造」と「霊魂不滅」を、「啓示によって信ずる」と言っているが、それは彼の本当の信念であったにちがいない。教会当局による審問の場においてさえ、臆することなく堂々と自分の哲学を主張してゆずらなかったポンポナッツィは、自分の信念を曲げて言い逃れをするような人間ではなかったのであるから。だがヴァニーニはポンポナッツィと違って、おそらくははっきりした無神論者であった。彼にとっては科学的真理だけが真理であり、二重真理説は彼においてはまさに隠れ蓑にすぎなかったのである。

ユリウス・チェザーレは、まるで冗談のようにして聖水の奇蹟を「自然的原因」によって説明した後、突然、宗教的真理の擁護者のような顔になり、「カトリックがこれらの国を支配するようになった時、悪魔つきや錯乱者は聖水によって取り鎮められたのであり、それ故にこそ、神の意志の代弁者たるローマ教皇アレクサンデル六世は聖水に無数の特典を認めたのである」と言うのだが、『自然の讃嘆すべき秘密』を読む者は、誰もこれがヴァニーニの本心だなどと思い違いしたりはすまい。冗談の方が本当で、真面目な顔をして言っている方は皮肉なのである。

こうして、かろうじて宗教と科学のバランスを維持していた二重真理説を破壊してしまったヴァニーニのアヴェロエス主義は、もはや端的な神(超越的な)の存在と霊魂(個別的な)不滅の否定に他ならない。まず、神は彼によってなんの留保もなしに自然と同一視されてしまう。何故なら、生殖ということがすべてそうであるように、生むものと生み出されるものとは同種同質であるはずであり、もし神が自然を生んだとすれば、それは自然が自然を生んだということに他ならないからである。こうして神の創造は否定され、自然は「生み出された自然(Natura naturata)」から「生み出す自然(Natura naturans)」へと変貌する。それ故、それはみずからの法則に従って生成変化し、万物をその胎内から生み出すのだ。それ故、神とはまたこの自然法則の別名でもある。ユリウス・チェザーレはその対話相手アレクサンデルの、古代哲学者たちは何故うやうやしく神を崇めたのかという問いに対して、「ただただ自然法則ということにおいてです」と答えるのだ。

霊魂不滅については、しかしながら、彼は明言を避けている。『自然の讃嘆すべき秘密』の末尾で、アレクサンデルはこの問題についてのユリウス・チェザーレの見解を執拗に聞こうとするが、ユリウス・チェザーレは「私が年をとり、金持ちになり、ドイツ人になった時にしか、この問題を論じないことを神に誓っているのです」という奇妙な口実をもうけて逃げてしまうのである。だが、アヴェロエス的な形でかアフロディシアスのアレクサンドロス的な形でかはともかく、彼がキリスト教的な意味における霊魂不滅をはっきり否定していることは、次のような皮肉なやりとりからも明らかであろう。

アレクサンデル　プラトンは多くの哲学者たちに反対して霊魂の不滅を擁護していますね。

ユリウス・チェザーレ　その通りです。彼はこの小さな鳥の霊魂の不滅まで擁護しました。

アレクサンデル　だけど、ソクラテスはとても誠実な人だったというではありませんか。

ユリウス・チェザーレ　それは認めます。でも彼は民衆が作り話や奇蹟のたぐいにまどわされている方が共和国のためにはいいと教えたのですよ。

ソルボンヌがあわてて認可を取り消したのも当然である。だが、時すでにおそく、この危険な書物は羽が生えたようにフランス中に散らばってしまった後であった。こうして、ほとんど無菌状態に近いフランスに、突然、最も過激な形のアヴェロエス主義が流れ込んできてしまったわけだが、ただでさえ神の存在と霊魂の不滅に懐疑的になっていた人びとに、それがいかに大きな衝撃を与えたかは想像にあまりある。それは彼らの懐疑に理論的根拠を与え、無神論への傾斜をますます強めさせたにちがいないのである。こうしてリベルティナージュは新たな局面を迎える。それが、デカルトがドイツから戻ってきた（と思われる）一六二〇年末頃から急に激しく燃え上がり、一六二三年夏のテオフィル事件によって終る「炎の自由思想《リベルティナージュ》」に他ならない。そして、その中心人物こそが他ならぬ詩人テオフィル・ド・ヴィヨーなのであった。

アントワーヌ・アダンの考証によれば、テオフィルが一六一五年夏または一六一六年夏にヴァニーニと出合っていることはほぼ確実である（『テオフィル・ド・ヴィヨーと一六二〇年におけるフランスの自由思想』）。だが、なによりも雄弁にこの出合いを証明しているのはテオフィル自身に起った決定的な変化であろう。それまで森や泉に託して人生の空しさはかなさを歌うマニエリスム的詩人の一人にすぎなかったテオフィルは、この頃を境にして、突然、『カンダール公に捧げるエレジー』や『サチール第一』のような思想的な詩を書き始めるのである。もちろん、テオフィルは詩人であり、体系的な思想を述べているわけではない。だが、そこに歴然と示されているのは、まがうことなきヴァニーニの影響なのだ。

テオフィルが無神論の宣教師ヴァニーニから受け取ったのが、まず何よりも、キリスト教の説く神は存在せず個別的霊魂は肉体の死とともに消滅するという確信であったことは言うまでもない。この確信は彼を強烈な快楽主義に導く。神にかわる冷厳な自然法則あるいは運命の支配、人間の霊魂と動物の霊魂との同質性といったヴァニーニ的思想を織りまぜながら彼が歌うのは、この無神論に裏打ちされた徹底した快楽主義思想なのである。

まず、神が存在せず霊魂が不滅でないなら、何故禁欲したり徳行を積んだりするのか。それはまぼろしを信じて死人のように生きることにすぎない。大事なのは、まず欲望を解放することだ。

砂漠で悔悛の生涯を送り、まるで人間でないかのように生きんとする人よ。
干し草しか食べず水しか飲まず、
冬のさなかに衣服もマントもまとわず、毎日おのれを鞭打つがよい。
そしてその厳しい生活によってキリストの栄光の奇蹟を成就するがよい。（サチール第

二)

自分の欲望に歯止めをかけようなどとするな。もしお前が抵抗すれば、愛はますます手がつけられなくなる。

お前の反抗はそれを燃えひろがらせるだけだ。(サチール第二)

たしかに、すべては空しい。富も名誉も。そして、自然の掟と運命に支配され、欲求不満と不安の奴隷になっている人間は、動物よりももっと悲惨な存在である。[28]

生れも地位も富も名誉も、
曇らぬ眼から見れば影か煙にすぎぬ。(モンモランシー公に捧げるエレジー)

夕べに明日あるやもはかり得ぬ
人の運命の惨めさよ。
自然はこのような偶然の中に汝を置き、
万人に等しき掟に汝を従わしめた。
………

汝は汝の欲望と人間の免れ得ない悩みと、
そして悪徳と美徳との奴隷なのだ。（カンダール公に捧げるエレジー）

禽獣たちの優しき母である自然は
汝に与えるよりもはるかに多くの恵みを彼らに与えた。
汝の生を内からも外からもさいなんでいる
あのいまわしきわざわいを彼らは知らぬ。（サチール第一）

だが、この人間にも幸福に生きる道がないわけではない。それはこの動物たちと同じように自然(欲望)に従って生きることだ。そして、煙か影のごとき富や名誉を追わず、まぼろしにすぎぬ宗教に対する顧慮を捨て、自然のままに生きることのできる人こそが賢者なのである。

人は何事によらず自然に従って生きるべきだ。
その世界は楽しく、その掟は厳しくはない。
最後の時までその流れに従って生きるならば、
不幸の中にあってさえ幸せに暮せるのだ。（サチール第一）

われわれの運命はけっこう甘美なものだ。
そして、不滅でないわりには、
われわれの自然〔肉体のこと〕もけっこう美しい。
ただ、われわれがそれを享受するすべを知っていればだが。
われわれを傷つけるのはわれわれ自身だけである。

われわれの不幸はわれわれの弱さだ。
愚か者は快楽の上からすべり落ちる。
だが、賢者はその上にしっかりと立つ。
彼の欲望か彼の命かが、
ついに尽き果ててしまうその日まで。（ティルシスの病いに際して）

生あるかぎり
偉大なる師「自然」に従う者は、
幸いなるかな！　（オード）

こうして、ヴァニーニから無神論の洗礼を受けたことによって、それまで単なる懐疑主義的快楽主義者であるにすぎなかったテオフィルは、はっきりした無神論的快楽主義の教祖として生まれ変わる。彼は「至福のうちに生きんと欲する者は我のごとく生きよ」(サチール第二)と高らかに叫ぶのだ。この恐るべき危険人物がパリに姿を現わすのは一六二〇年春である。彼は宮廷陰謀に関与して長い間パリを追放されていたのだが、この時、ルイ十三世の片腕リュイヌ公によって呼び戻され、ようやくパリに戻ってきたのであった。だが彼は程なく、リュイヌ公の政敵であり、リベルタン貴族たちの巣窟となっていた大貴族モンモランシー公のもとに走る。彼が新たなリベルティナージュの中心人物として活躍を始めるのはこの時からである。

一六二二年末に出版されたシャルル・ソレルの小説『フランシヨン滑稽譚』は、まさに、テオフィルを中心とするこのモンモランシーの一党の暴れぶりを描いたものに他ならない。これもアントワーヌ・アダンの推定によるのだが、この小説の主人公フランシヨンこそはすなわち詩人テオフィル・ド・ヴィヨーなのだからである。

作中、主人公フランシヨンはモンモランシー公とおぼしき大貴族クレラントに仕えることになるのだが、それは奉公人としてではなく、友人として、またある意味では主人としてであった。「ディオゲネスは他の奴隷たちと一緒に売りに出された時、誰か主人を買うものはおらんかと叫んだという……私もまたそのようにして、私を養い高給を支払ってくれる主人に仕えたのである」とフランシヨンは言う。このフランシヨンの誇り高さは、彼がみずからをディオゲネスにたとえているように、哲学者としての誇りであることは言うまでもない。テオフィルは、「生れも地位も富も名誉も／曇らぬ眼から見れば影か煙にすぎぬ」と歌っていたが、このフランシヨンもまた、「われわれは生れの貴賤は問題にしない。問題にするのはただ人間的価値だけだ」と言うのである。それでは、彼が誇る「人間的価値」とはいったいどういう内容を持つものなのであろうか。

ここで彼が「われわれ」と言っているのは、彼の思想的影響のもとに結成された一党のことを指しているのだが、この一党はみずからを「高貴の人びと(les généreux)」と称している。それはつまり、富や地位によってではなく、「人間的価値」による高貴な人たちの集まりだということであるが、この「高貴の人びと」の行状たるや、日夜、酒宴と放蕩に明け暮れ、徒党を組んで街頭を暴れまわるのである。この「高貴の人びと」の乱行ぶりは、おそらく当時まだ二〇歳前後だったソレルが見聞きし、あるいはみずからも参加したテオフィル事件前夜のリベルタンたちの行状の忠実な再現であろう。普通はこうした行状を「高貴」とは言わないのであるが、フランシヨンの一党にとってはそれは反語でもなんでもない。なぜなら、彼らはこのような行動によって、「かつて前例のないような新しい道徳のため日夜戦っていた」のだからである。作者ソレルの意図もまたこの「新しい道徳」を世に知らしめることにあったのであり、この小説の序文にも、この作品の目的が「過去のいかなる夢想家も思い及ばなかったような一つの哲学」を提示し、「最高善と確かな徳」に導くものだと謳っているのである。

この「哲学」が、すでに見たごときテオフィルの思想であることは言うまでもない。彼ら「高貴の人びと」はテオフィル＝フランシヨンの無神論的快楽主義を実践しているのである。彼らは富や名誉などを鼻にかける「いやしき魂」を「言葉ばかりでなく、時には剣を抜いて」やっつける一方、キリスト教道徳に従っている「無知で愚昧」なやからを嘲笑し、いためつける。彼らはこうして「最高善と確かな徳」のために激しく戦っているのであり、彼らとしては文字通り「高邁な心(générosité)」を持つ高貴な人間のつもりだったのである。

ここで思い出さないわけにいかないのは、デカルトがその道徳論である『情念論』で、その最高善をキリスト教の謙虚でもストア派の無感不動でもなく、まさにこの「高邁な心」だとしていることである。これはいったいどういうことなのであろうか。しかし、ここではこの点についてはこれ以上立ち入らないことにする。

ガラス神父が『当今軽薄才子の奇怪なる教説』を書き始めたのは一六二二年一二月、ちょうどテオフィルを教祖とするこの新たなリベルティナージュがその絶頂に達した時であった。彼がこのリベルティナージュの思想的起源をシャロンとヴァニーニに見たのは極めて正確であったと言わねばならない。シャロンの「廉直の士」という観念がヴァニーニの無神論と結び付いた時、この「高貴の人びと」は生まれたのである。こうして、この結び付きを一つの思想として体現したテオフィルを指導者として、「炎の自由思想」は爆発したのであった。

ところで、リベルティナージュの荒れ狂うこのパリにあって、デカルトはいったい何をしていたのであろうか。少なくとも一つはっきりしていることは、彼がこのテオフィルのごく近い所にいたということである。彼はスウェーデン駐在フランス大使シャニュに宛てた書簡の中でテオフィルの詩を引用しているが(一六四七年二月一日付)、彼がテオフィルを直接に知っていたかどうかは不明である。だが、この時期に彼が得た知己には不思議とテオフィル近辺の人物が多いのだ。まず、一六四一年にオランダはエンデゲーストのデカルトの仮寓を訪ねてきたクロード・ピコ修道士とデ・バローがいる。後にデカルトの『哲学原理』をフランス語訳することになるリベルタン修道士、タルマン・デ・レオーによれば、修道士でありながら終油の秘蹟を拒否したという(『小話集』)このクロード・ピコが、どの程度テオフィルと近い関係にあったかは分らない。しかし、「大放蕩者」の異名を奉られたほどのリベルタン、デ・バローが、テオフィルと同性愛を噂されるほど親しい友人であったことは周知の事実である。このデ・バローをデカルトが知っているということは、とりもなおさず、デカルトがテオフィルの周辺と交際があったということを意味するものに他ならない。

だが、この歴然たる事実も、グイエにとってはデカルトとリベルタンとの交際を証明するものではない。何故なら、グイエによれば、デカルトはデ・バローと知り合いだっただけで決して友人とは言えないからなのである。まったく奇妙な理屈もあるものだが、しかし、デ・バローについてはこの理屈を認めるにしても、このグイエの理屈をもってしてさえ否定しきれないもう一つの関係がある。それはグイエもデカルトの友人と認めざるを得ないに違いないゲー・ド・バルザックとの関係である。グイエがそのことを知らなかったとすれば不思議議だが、後に書簡文学者として名を成すことになるこの青年は、当時はテオフィルに最も近いリベルタンだったのだ。

バルザックとテオフィルはライデン大学で机を並べた学友であり悪友である(ギュスターヴ・コーエン『オランダにおけるフランスの著作家たち』)。その後も二人の密接な関係は続き、テオフィル事件が起るまでは、二人は友情と、そして反宗教的思想を分かち合っていたのである。テオフィル事件まではと言ったのは、この事件が起ったとたんにバルザックはテオフィルを非難誹謗し始めたからであり、シャルル・ソレルがこの事件後大幅に書き改めた『フランシヨン滑稽譚』第二版(一六二六年)の中に、このバルザックをモデルとする衒学者オルタンシウスを登場させ、さんざんに揶揄嘲笑したのは、テオフィルの忠実な信奉者ソレルがバルザックのこの見事な変節ぶりに大いに憤慨したからなのであるが、テオフィルとあまりにも密接な関係にあったバルザックとしては、それもまことにやむを得ざる保身のための手段だったのであろう。

このバルザックとデカルトがいつ出合ったのかは分らない。バルザックは一六二〇年から一六二二年のなかばまではローマにいたのであるから、二人が会ったのは一六二二年末から、デカルトが入れ替りにイタリアに旅立つ一六二三年秋までの間であろう。ただ、出合った場所ははっきりしている。何故なら、バルザックはデカルトに宛てた手紙の中で、「あなたが通称ジェルサン（あるいはゲルサン）氏の邸においてであることとクリトフォン神父の前で私になさった約束〔彼自身の精神の歴史を書くという約束〕は、私たちの友人みんなから待たれています」（一六二八年三月三〇日付）と言っているのだからである。ところで、このジェルサン（ゲルサン）氏邸こそは、リベルタン知識人たちがしばしば集まりを開いていた場所であり、一六二四年には、ジャン・ビトーらによるスコラ学批判演説会が官憲によって解散させられ、以後スコラ学批判が死刑によって禁止されることになるという有名な事件の舞台となった所なのだ。デカルトはこの邸に出入りしていたのであり、そしてここでバルザックとも知り合いになったのである。

デカルトが、「炎の自由思想」と無関係でなかったことはもはや明らかであろう。彼は深い関心をもってリベルタンたちの動きを見守っていたにちがいない。関係はあったが関心はなかったなどという理屈はないからである。それでは、彼の関心のあり方はいったいどのようなものだったのであろうか。

神を深く信ずるデカルトもまた時代の子としてリベルタンたちに共感する多くの部分を持っていたのは当然である。リベルタンを生み出した土壌が、もはや何ひとつ確実なものはないという実感であったことはすでに述べたとおりであるが、それはまたデカルト自身の深い実感でもあったのであり、さればこそ彼は「明晰で確実」なものを激しく求めてやまなかったのである。『方法序説』第一部が語っていたのは、まさにそのことに他ならない。『方法序説』は一人称で書かれており、「明晰で確実」なものに対するデーモンにとりつかれた一人の特殊な(あるいは偉大な)人間の精神の歩みであるかのごとく読まれがちであるが、彼が語っているのは、実は、過去の文明が現実を失って形骸化してしまった危機的な一つの時代なのであり、その懐疑はまさに時代の懐疑だったのである。デカルトもリベルタンもその出発点は実はまったく同じなのだ。

実際、「炎の自由思想」時代のデカルトは、ある意味ではすでに立派なリベルタンだったとさえ言える。それはなにも彼がテオフィルたちと一緒に暴れまわっていたということではない。リベルタンと言うとすぐに自由放縦ということを思い浮べがちだが、それは実は一つの精神状況の道徳的次元における最も過激な現われであるにすぎず、『理神論者の四行詩』を発表した覆面の理神論者のグループ、デュピュイ兄弟の書庫を中心に集まっていたノーデやラ・モット・ル・ヴァイエらの懐疑主義的人文主義者のグループ(ルネ・パンタールの言う「書斎の自由思想家」たち）もまた広い意味におけるリベルタンなのである。この多様な側面を持つリベルティナージュを一つにくくるものを求めるとするなら、それは体制思想であるアリストテレス＝スコラ学に対する懐疑あるいは批判ということになるであろうが、その意味ではデカルトも立派に一人のリベルタンだったのだ。彼もまたリベルタンたちとその懐疑をともにし、アリストテレス＝スコラ学に代わる何ものかを求めて手探りしていたのだからである。

デカルトが担ったのはまさにこのリベルティナージュの克服、言いかえるなら懐疑主義的状況の克服という課題であった。彼は懐疑を徹底的につきつめた極限において、「懐疑論者たちのいかなる極端な想定をもってしてもゆるがすことのできない」（『方法序説』第四部）コギトの真理を発見し、ついに懐疑主義を乗り超えるのである。このコギトという「アルキメデスの点」の上にやがて築かれることになる彼の形而上学が、ヴァニーニ的アヴェロエス主義とちょうどその裏返しのような関係にあるのは決して偶然ではない。彼はアヴェロエス主義の自然に内在する神に対しては創造主たる超越的な神の存在を、同じくアヴェロエス主義の非個別的な霊魂不滅説に対しては個別的な霊魂不滅を、新しい「幾何学的な」証明によって証明しようとする。彼はまた、永遠真理創造説によって、物活論的なアヴェロエス主義の「生み出す自然」を、神の自由意志によって与えられた法則に従う受動的な「生み出された自然」に引き戻すとともに、「神の善意」を媒介とする認識論によって、パドヴァ学派的二重真理説に対して、宗教的真理と科学的真理を一元化しようと努めるのだ。今はもちろん、まだこうしたデカルト形而上学の諸問題に深く立ち入るべき時ではないが、以上のごときデカルト形而上学とアヴェロエス主義の概括的な対比だけからでも、彼の形而上学が優れて反パドヴァ主義、反リベルタン哲学という性格を持っていることだけは理解されよう。このようなことは、彼がリベルティナージュと深く関わり、その問題意識を共有していたと考えるのでないかぎり説明はつかない。彼の形而上学の出発点は、まさにこの問題意識にこそあったのではないだろうか。

デカルト形而上学の起源については、彼の自然学研究が必然的にその基礎としての形而上学研究に導いたのだろうぐらいに考えられているのが現状のようである。だが、新しい自然学のパイオニアであるケプラーにしてもガリレオにしても、決して新しい形而上学を作ろうなどとはしなかった。新しい自然学は必ずしも必然的に新しい形而上学を要求するというわけではないのである。デカルト形而上学の起源は、それ故、彼の自然学とは別のところに求めなければならない。実際、彼は彼の自然学を基礎づけるために神の存在や霊魂不滅の新しい証明を発明したのだなどと考えることくらい、不真面目かつ不自然な解釈はない。それではまるで、彼の形而上学は彼の自然学のためのトリックだということではないだろうか。

だが、こうした理解がいかにデカルトにとって侮辱的ないい加減なものであるかは、やがて具体的に彼の形而上学の形成過程を追ってゆく中でおのずから明らかになってゆくことでもあり、ここではもうこれ以上は述べまい。ここではただ、デカルト形而上学の起源がリベルティナージュとの接点にこそあったのだということを、一つの仮説として提出するだけにとどめておこう。実際、このように考えた時はじめて、彼の哲学全体の歴史的意味もまた十分に理解することができるのである。

2　一六二三年、パリ

一六二三年の年が明けて間もなく、パリ市民はバラ十字団員パリ潜入の報に恐慌状態におちいる。パリ街頭に、「目に見えない人びと」の名において、彼らがパリ滞在中であることを告げる高札が掲げられたのである。すでに述べたように、バラ十字団なる秘密結社もバラ十字団員なるものも実は存在しなかった以上、これがある意図のもとに行なわれた謀略宣伝だったことは明らかであるが、その背後関係は今もってまったく分っていない。いずれにせよ、それが民心を動揺させて魔女狩り的状況を作り出そうとする者の仕業であったことに間違いはなかろう。実際、このような人心を不安におとし入れる謀略宣伝の材料としては、うわさに高い「目に見えない人びと」ぐらいうってつけなものはなかった。彼らは今そこに立って話を聞いているかもしれないし、思いがけない人間に姿を変えているかもしれないのだからである。つづいて、まるでこの民衆の不安に油を注ぐためかのように、『悪魔と目に見えない人びとと称する者たちとの恐るべき契約』というセンセーショナルな題を付した匿名のパンフレットがばらまかれる。このパンフレットによれば、彼らは悪魔に魂を売ることによってさまざまな能力を手に入れた者たちなのである。パリに送り込まれたのはこのうちの六人であるが、彼らは姿を消すことはもちろん、どこにでも瞬間的に移動することができ、いつも金貨のつまった財布を持ち、すぐに土着の人間になりきり、知識と雄弁で人びとを魅了するという魔力を与えられているというのだ。どうやら、この魔女狩りの煽動者あるいは煽動者たちの標的は明らかである。それは知識と雄弁によって人を魅了することのできる人間、つまりヴァニーニやテオフィルのような人間であり、結局は新しい独自な思想を持つすべての知識人なのである。

デカルトもまた、このような疑惑の対象となった一人であった。彼がバラ十字主義の本拠ドイツを旅してきたことだけでも、この疑惑を起させるのにすでに十分だったのである。おまけに彼はバラ十字団について彼の知っていることをいろいろ人に話していた。バイエの伝える『ステュディウム・ボナエ・メンティス』の記述によれば、メルセンヌの『創世記の諸問題』(一六二三年)のためにバラ十字団に関するさまざまな情報を提供したのも彼なのである。伝記作者バイエは、彼が「目に見えない人びと」の一人だという疑惑を解くために、常に自分を人びとの目の前、特に友人たちの目の前にさらしておくよう努めたと伝えているが、このなんともばかばかしい努力も、集団的狂気の犠牲とならないためにはまことにやむを得ざるものであったろう。『方法序説』第二部冒頭の、彼のドイツ旅行があたかも戦争をするためだったかのごとく言っている理由もうなずける。しかし、いったん嫌疑をかけられれば、そこから脱け出すことはほとんど不可能である。この疑惑がデカルトの死後まで存続していたことは、たとえば、アヴランシュの司教ダニエル・ユエの戯文（『デカルト主義の歴史のための新しい覚え書』一六九三年）が証明している。ユエによれば、オランダにいることになっていたデカルトは、実は姿を消してパリで皆の話を聞いていたのであり、今では不老不死の術を獲得してラポニア（スカンディナヴィア半島の最北端）で暮らしているというのだ。バイエの『デカルト氏の生涯』はこのユエの戯文の二年前の一六九一年に出版されたものであるが、この書物の中でバイエが、今は失われた『ステュディウム・ボナエ・メンティス』の中の、デカルトがバラ十字団員を探し歩いたがついに会うことができなかったという部分を引用しつつ、デカルトがバラ十字団と無関係であったことを一生けんめいに力説している理由もうなずける。デカルトが死んで四〇年以上たったこの時でもなお、デカルトがバラ十字団員だったという嫌疑は根強く残っていたのである。もっとも、そのおかげでわれわれはドイツにおけるデカルトの動静についての貴重な資料を得るとともに、われわれが手にすることのできない『ステュディウム・ボナエ・メンティス』の内容を推測する手がかりを与えられたのではあるが。だが、この重要な——と思える——未定稿については、後ほどあらためて問題にすることとして、もう少し今の話をつづけよう。

この事件は、息苦しい思想統制の時代の始まりを告げる合図の号砲であった。デュピュイ兄弟を中心とする懐疑主義的人文主義者グループ、ルネ・パンタールが「書斎のリベルタン」と呼んだ人びとの一人であるガブリエル・ノーデ――この人はデカルトの知己でもあり、その書簡にも何度か登場する――は、『バラ十字団員騒動の真相に関しフランスに与うる教示』(一六二三年)なる一書を著して、バラ十字団が世上取沙汰されているようなものでないことを説明し、まわりくどい言い方でだが、この事件が謀略であることを人びとに悟らせようとしたが、そんなことでいったん作り出されてしまった魔女狩り的空気が消えてなくなるものではない。こうして、おたがいが監視し合い密告し合うような重苦しい空気が作り出され、その中でフランスは、よく言えば秩序と安定、悪く言えば国家と宗教による強権的抑圧の時代に向かって歩み始めることになるのである。そして、この方向を決定的にしたのが、このバラ十字団騒ぎにつづいて起ったテオフィル事件に他ならない。

一六二三年八月一九日、詩人テオフィル・ド・ヴィヨーは欠席裁判のままパリ高等法院によって有罪を宣告され、即刻、シャンティイのモンモランシーの居城にかくまわれていた本人にかわって、本人をかたどった藁人形がグレーヴ広場で火刑に処せられた。これがいわば第一次テオフィル事件であるが、その有罪の理由は「神と教会の神聖を汚し、公衆に羞恥嫌悪の念を与えた」ということ、つまり彼の詩の瀆神的言辞とわいせつさであった。

この事件の与えた衝撃は大きかった。それまで誰もこんな理由で有罪にされるなどとは思ってもいなかったのだからである。それはテオフィル自身にとってはもちろん、テオフイル以外の人びとにとっても、まさに寝耳に水の驚きであった。だが、この驚きは、その一月後にテオフィル本人が実際に逮捕され投獄されるに及んで更に追い討ちをかけられる。シャンティイを出てロンドンに向かって逃亡を開始したテオフィルは、九月一七日、ル・カトレ市近郊で追手に捕えられ、物々しい護送のもとにパリに連れ戻され、かつてアンリ四世弑逆者ラヴァイヤックが閉じ込められていた第一級の重罪人を入れる最悪の地下牢に投げこまれてしまうのだが、当局のこの強硬かつ執拗な態度は、当局が本気でリベルタン弾圧に乗り出したことを示すものに他ならなかったのだからである。こうして時代の空気は一変する。陽気で露骨で放縦で嘲笑的であった人びとは、一斉に口を閉ざし、信心家の仮面をかぶる。「ブッセールの詩人〔テオフィルのこと〕を襲った奇禍の報が伝わるや、たちまちにして迷える羊たちは一斉に教会の牧舎へと帰っていった」(ルネ・パンタール『書斎の自由思想』)のだ。

パンタールはここで「奇禍」という言葉を使っているが、もちろん、それは奇禍などというものではなかった。リベルタンの教祖テオフィルは、まさに狙われるべくして狙われたのである。その意味では、この事件を、たまたま当局の気まぐれな取締りにひっかかった不運な一詩人の風俗事件であるかのように考えてしまってはなるまい。実際、テオフィル逮捕から一六二五年九月一日の判決によって国外追放と決まるまで、二年間にわたってえんえんと続いた裁判のねらいは、後に見るように、初めからテオフィルの思想そのものにおかれていたのであり、「炎の自由思想」の核心をなすこの思想を断罪することによってリベルティナージュを解体させ、国家的な秩序と安定を実現することこそがこの裁判の目的だったのである。

この点、テオフィル事件についての詳細な研究(『テオフィル・ド・ヴィヨーと一六二〇年におけるフランスの自由思想』)を発表したアントワーヌ・アダンの見解は根本的に誤っていると言わざるを得ない。彼の見解は、彼がその著『十七世紀文学史』の中で用いている彼自身の要約に従うなら、「一六二三年、イエズス会士たちは高等法院を動かして、彼(テオフィル)を告発させることに成功した。『サテュロス詩集』というわいせつ文書公刊の責任を彼に負わせようとしたのである」ということにつきる。つまりこの事件はイエズス会士たち——ガラス神父とヴォアザン神父——の策謀によって起った一詩人のわいせつ文書事件にすぎないということだ。ここでは残念ながらこのアダン説に対する批判を十分に展開している余裕はなく、詳しくは拙稿「テオフィル事件の思想史的意義」(『思想』一九八二年二月号)にゆずるほかはないが、簡単にその批判の要点にだけはふれておくことにしよう。

アダンのまずそもそもの誤りは、第一次と第二次の二つのテオフィル事件を区別しなかったことにある。欠席裁判でテオフィルに火刑を宣告した第一の事件は、たしかに、ガラスとヴォアザンがラ・ロシュフーコー枢機卿を動かし高等法院に働きかけて起ったものである。そして、そこで問題になったのが『サテュロス詩集』にのった彼のわいせつで瀆神的な詩であったことも判決理由に示されているとおりである。だが、テオフィル逮捕に始まる第二の事件は第一の事件とはまったく性質の異なるものなのだ。そもそも、テオフィル逮捕が最初の火刑宣告につづくものであったのなら、なにもあらためて裁判など開く必要はない。裁判はもう済んでいるのだし、すぐに火刑にしてしまえばそれでいいのである。このことだけから考えても、まず、この二つの事件がまったく別の事件であったことが了解されるであろう。

事実、みずから第二次テオフィル裁判を担当した検事総長マチウ・モレの尋問計画書(ほとんどが彼の自筆である)は、最初の告訴事実であった「瀆神とわいせつ」にはほとんどふれていない。この尋問計画書は、総論とこの総論を具体的に立証しようとする一〇項目の各論とからなっているが、「瀆神とわいせつ」はこの一〇項目に付け加えられた「雑」の部でふれられているにすぎないのである。そして、この総論で述べられているのは、テオフィルが自然以外には神を認めない無神論者であり、輪廻《りんね》説(アヴェロエス主義の死後の霊魂は宇宙霊の中に還元されるという説である)を説いて霊魂不滅と復活を否定し、死後の裁きを怖れずただ現在の官能的快楽のみを追い、自然に従って動物のように生きるのが本当の幸福だと説いているということなのだ。これはまさしくテオフィルがヴァニーニから引き継いだ思想、「高貴の人びと」の思想に他ならない。この裁判がもはや単に瀆神的言辞とわいせつな表現を問題にした風俗裁判ではなく、リベルタン思想そのものを正面から俎上にのせた思想裁判であったことは明らかであろう。

それでは、この新たな告発の主体となったのはいったい誰だったのであろうか。アダンはここでも、ガラス神父が「イエズス会の友人」マチウ・モレを抱き込んでやったのだと主張している。だが、この主張がいかにでたらめであるかは、モレという人物がどういう立場の人間であったかを考えてみればすぐに分ることだ。モレは「イエズス会の友人」どころか、ローマへの絶対服従を誓うイエズス会とは反対に、フランス教会のローマからの相対的独立を守ろうとするガリカン派の中心人物であり、また、やがてイエズス会と激しく対立することになるジャンセニストたちと、緊密な人間関係によって結ばれていたのである。友人というなら、彼はむしろイエズス会の敵たちの友人なのだ。このモレが何故、アダンの言うように、「王の意志に反して」まで、イエズス会のためにその「職権を濫用」したりしなければならないのであろうか。検事総長という立場は「王と高等法院との間に立つ」(マルセル・マリオン『十七・十八世紀フランス法制辞典』)という微妙で困難な役割であり、王と高等法院の双方の信頼がなければ一日もつとまるものではない。モレはまだ三〇前という異例の若さでこの困難な職務につき、二七年間もこの職にとどまったのである。それは、政敵レス枢機卿でさえ、「今世紀最大の毅然たる人物」と賞讃し、「彼は他の何にもまして国家のためを思っていた」(『回想録』)と評したほどのモレだったからこそできたことであろう。このモレがイエズス会のために「王の意志に反して」まで「職権を濫用」したりなどするはずがないのである。

実際、モレが「イエズス会の友人」であったとするアダンの唯一の根拠は、モレがオルレアン大学以来の親友ピエール・デュピュイ――先に名を挙げたアカデミー・ピュテアーヌの主宰者デュピュイ兄弟の一人である――に宛てた書簡の中の次のごとき一節である。

あいかわらずフランドルにおけるイエズス会士たちの評判がうわさされています。少なくとも、これまでイエズス会士たちに向けられてきた多くの中傷文書はこうした評判でいっぱいです。だが、あなたがアントワープで彼らに親切にされたことを私は喜んでいます。あなたはもう今後、彼らに対して悪意をもつわけにはいかないからです。(一六一八年八月二日付)

だが、このどうともとれるような片言隻句が、はたしてアダンの言うように、王の意志に反し職権を濫用してまでイエズス会に肩入れしなければならないほどのモレのイエズス会に対する好意を証明するものなのであろうか。ピエール・デュピュイは『ガリカン教会の自由』という著書を書いて、イエズス会が代表する教皇権至上主義(ウルトラモンタニズム)に激しく反対した人物である。同じ立場に立つモレはこのデュピュイに対し、イエズス会ぎらいのあなたがどういうわけかイエズス会士に親切にされてしまい、さすがのあなたもイエズス会の悪口が言いにくくなったでしょうと、そう言ってからかっているだけなのではないだろうか。

もし検事総長マチウ・モレみずからがこのテオフィル裁判に当たったとすれば、それは「王の意志に反して」どころか、王の意志を受けてだと考えるのがむしろ自然な考え方というものであろう。事実、テオフィル逮捕の知らせが入るとすぐ、モレはサン・ジェルマン・アン・レイの離宮にいたルイ十三世を訪ね、テオフィル逮捕を報告するとともに今後のことを相談しているのだ。モレはデュピュイ宛の別の書簡でこう語っている。

私はまた通常裁判にかけられることになったテオフィルのことで王と話しました。しかし宮廷には彼のために奔走しようとしている人たちがいます。前回の裁判の時を考えても、また今の状態から見ても、そう簡単に片づく事件ではありません。(一六二三年一〇月一日付)

ここに言う「彼のために奔走しようとしている人たち」がモンモランシー公をはじめとするリベルタン貴族たちであることは言うまでもあるまい。多くの有力貴族を擁するリベルタンは、実は一つの大きな政治勢力となっていたのである。一六一七年に一種のクーデターによってようやく実権を握ったルイ十三世は、王権を確立するために二つの勢力と戦わねばならなかったのだが、その一つはもちろん母后マリー・ド・メディチを中心とする旧勢力であり、そしてもう一つが王妃アンヌ・ドートリッシュを取り巻くこのリベルタン勢力なのであった。このような状況において、テオフィル逮捕がこの反体制的勢力との対決を意味したことは容易に理解されよう。モレの言うように、それはまったく「そう簡単に片づく事件」ではなかったのである。

一六二二年に片腕リュイヌ公を失い、次に片腕となるリシュリューもまだ登場(一六二四年)していない一六二三年のルイ十三世にとって、頼りはただ、ポン・ド・セにおける母后との戦いに際して王への忠誠を証明した高等法院の力だけであった。テオフィルの逮捕と裁判は、王とこの高等法院の代表者マチウ・モレとが組んで行なったリベルタン勢力に対する最初の挑戦に他ならない。アダンのイエズス会士主謀説は、絶対王制確立に向けての王権の闘いの一環に他ならぬテオフィル事件の歴史的意味を矮小化し、つまらない風俗事件に仕立て上げてしまったのだが、その誤りはもはや明らかであろう。ガラスが第二次裁判にも関与しているのは確かだが、それは彼がモレを利用しているのではなく、むしろモレがガラスを使っているだけなのである。以後、この王権の闘いは、一六三二年のモンモランシー公処刑から一六五二年の「フロンドの乱」鎮圧へとつづき、ついに絶対王制の確立へと到るのであるが、それはまた、別の見方からすれば、学問思想の自由が次第に失われていった歴史でもある。リシュリューがその『政治的遺書』の中で明言しているように、「国家の秩序は人びとの行動におけるある種の一様性を要求する」のだからである。秩序と自由は容易には両立し得ないのだ。

こうして、一六二三年はフランスの歴史の大きな曲がり角となったのだが、パリにあって、みずからもバラ十字団騒ぎに捲き込まれ、自由が失われて重苦しい空気が支配してゆくのを身をもって体験したデカルトは、このような状況の中でいったい何を考えていたのであろうか。リベルタンに対して批判的であったとはいえ、彼が謀略と強権によってリベルタンたちが圧殺されてゆくのを歓迎していたはずはない。彼が思想的にリベルタンを批判してゆくためにも、学問思想の自由は絶対に必要なのだからである。彼はおそらく自由に思想を表明することができなくなったフランスに絶望し、ひそかに脱出を考えていたのではないだろうか。

テオフィル逮捕後間もなく、彼はイタリアに向かって旅立っていったが、あるいはこの時すでに二度とフランスに戻らない決意を彼は固めていたのかもしれない。彼はこの時すでに相続した財産の処理を終え、完全に自由の身になっていたのであるから。事実、後年メルセンヌに宛てた手紙の中で、彼は「もし大気の暑さから病気になる怖れさえなかったら、こちら〔オランダ〕になど来ないでイタリアで暮らしていたかもしれません」(一六三九年一一月一三日付)と語っているのである。

しかし、結局、彼はまたフランスに舞い戻ってくる。それは一六二五年五月頃であり、約一年半あまりを彼はイタリアで過ごしたことになるが、彼がそこで何を見、何をし、何を考えたかは一切不明である。彼はただ暑かったというだけで、後はなにひとつ語ろうとしないからだ。この徹底した沈黙は、かえってなにかただごとでないものを感じさせる。もしかしたら、彼はそこで人に言えないほど大きな精神的打撃を受けたのではないだろうか。フィチーノとピコ・デラ・ミランドーラの国、ポンポナッツィとクレモニーニの国は、すでに昔日の面影を失い、ブルーノを焼き殺し、カンパネルラを投獄し、ガリレオを裁判にかける国になってしまっていた。もし彼がイタリアに行ったのが、オランダを永住の地と定めた理由と同じく、自由を求めてであったとすれば、彼がそこで深い失望を味わったであろうことは想像にかたくない。彼はこうして暗い気持ちを抱いて再びフランスに舞い戻ってきたのではないのだろうか。

フランスに戻ってきてからのデカルトについても、資料はそう多くない。一つだけはっきりしているのは、彼が主としてパリで暮らし、ミドルジュ、フェリエ、ヴィルブレシューといった数学者や自然学者と交際しながら屈折光学の研究に没頭していたということである。一六二〇年一一月一一日に彼が『オリンピカ』の欄外に書き付けた「驚嘆すべき発明の基礎」がもし屈折光学のことであるなら、彼はこの時「理解し始めた」新しい道をそのまま真直ぐに歩みつづけていたわけだ。

重要なことは、すでに述べたように、この屈折光学がやがて『宇宙論』の自然学の基礎となるということである。そして、このすぐれて幾何学的な学問が全自然学の基礎となるためには、まず「空間の幾何学化」が確立されるのでなければならない。パリにあってデカルトは、いわば、天動説的コスモスの崩壊から地動説的なこの幾何学的空間の確立への道を歩みつづけていたのであろう。それはまた、一六一九年三月に彼がベークマンに語っていた新しいアルス・ブレヴィスの夢、「連続量に関すると非連続量に関するとを問わず」あらゆる問題を図形化という方法によって一般的に解くという夢が、ついに現実性を持ちはじめたということに他ならない。先に、彼のこの新しいアルス・ブレヴィスの夢にとって「深い闇」となっていたのはルネッサンス的コスモスだったと言ったわけだが、このコスモスが崩壊した時、この夢はついに具体的な世界との接点を持ち、屈折光学という新しい自然学の基礎として具体化していったのである。

デカルトは、それ故、幾何学それ自体についてはもはや語ろうとしなくなる。一六三八年三月三一日付のメルセンヌ宛書簡で、彼は、「御存知のように、今から一五年以上も前から、私は幾何学を放置し、誰か友人に頼まれでもしないかぎりは、どんな問題の解決にも心を留めないことに決めているのです」と言っているが、一六三八年の一五年前といえば一六二三年、彼がドイツから帰ってきてから間もなくである。この頃にはすでに、抽象的な幾何学に対する関心は、具体的な屈折光学に対する関心によってとってかわられていたということであろう。それは新しいアルス・ブレヴィスを夢みていたデカルトから「驚嘆すべき発明の基礎を理解し始めた」デカルトへの発展に対応するものに他ならない。自然は数学の言葉で書かれているかもしれないが、数学だけでは自然の秘密は明らかにはならないのである。『精神指導の規則』の第八規則が言っているのはまさにこのことであろう。数学は入射角と屈折角の間に比例関係が存在することまでは明らかにできるが、それが媒体の性質とどのように関係しているかとか、それはどのような光の本性に基づくものかといった問題を解決することはできないのである。

こうして、図形化という方法が屈折光学という形で具体化されたことによってデカルトの幾何学的自然学の礎石は置かれたのであるが、この発展が彼に明確な方法的自覚をうながしたであろうことは言うまでもあるまい。三部各一二規則、計三六規則になる予定で書き始められた『精神指導の規則』は、何故か第二一規則までしか書かれず(ただし第一九、第二〇、第二一規則は、規則だけで説明はない)、未完のまま生前ついに発表されなかったのであるが、彼がここで定式化しようと試みたものこそは、この新しい普遍数学(＝自然学)の方法に他ならない。その書かれた時期は不明であり、一般には、彼がオランダに隠棲する直前、一六二八年冬、ブルターニュに引きこもった時に書かれたものだろうと推測されているが、最近のジャン・リュック・マリオンの詳細な分析は、第四規則前半までと第四規則後半以後の間に執筆年代のずれがあることを明らかにしており(『デカルトにおける灰色の存在論』一九七五年)、おそらくは、屈折光学の研究と併行しながら、間に中断された時期をはさんで書きつがれていったものであろう。

だが、それはともかく、この未定稿に示されている数学的「方法」が確立したのがこのパリ滞在の時期であったことは確実である。『方法序説』第二部が「炉部屋」の時代に位置づけている方法四則も、実はこの『精神指導の規則』の要約であり、この時期にようやく成立したものなのだ。だが、この「方法」も実はまだ本当の意味での方法、つまり、中世の論理学的形式主義、ルネッサンスの修辞学的形式主義と対置されるような知的枠組み(パラダイム)としての方法(数学的形式主義)にまではなり得ていない。この「方法」がそのような意味での方法となるのは、世界のトータルなヴィジョンとしての哲学が形成され、あらためてその知的枠組みとしての意味を獲得した時なのである。そして、それはまだもう少し先のことなのだ。

それ故、この『精神指導の規則』の「方法」についてはここではもうこれ以上は述べまい。それはやがて形成される彼の形而上学の中で、はじめてその十全な意味をあらわすはずなのだからである。ただ、ここで一つだけ注意しておきたいことは、基本的には自然学の方法について語ったこの未定稿の中に、後に彼の形而上学を構成することになる幾つかの重要な思想が、すでに萌芽の形で現われているということである。その内容については後であらためて具体的に問題にすることとして、この事実は、パリ滞在時代のデカルトが、自然学研究と併行してすでに形而上学的思索を開始していたことを示すものであろう。この二つの研究は、やがて総合されて一つの哲学となる。この総合を実現したのが、オランダ隠棲後の最初の九カ月における形而上学研究に他ならない。そして、その時はもう間近であった。

デカルトの故国フランスでのこうした生活の最後を飾るのは枢機卿ベリュルとの出合いである。これもまた失われてしまったデカルトのヴィルブレッシュー宛の書簡（一六三一年？）とクレルスリエが直接デカルトから聞いて作った覚え書とを材料に伝記作者バイエが伝えるところによれば、その状況は概略次のとおりである。

パリ駐在教皇使節バグノ邸で講演会が催された。シャンドゥなる人物がスコラ学を批判し新しい哲学を披露するというのである。メルセンヌやヴィルブレッシューらの学問仲間とともにデカルトもこの会に出席したが、集まった高名な学者や貴顕に混じって、オラトリオ会の創設者で当代の尊崇を集めていた枢機卿ベリュルもそこに出席していたのである。シャンドゥの講演が終ると人びとは感嘆し拍手したが、ただデカルトだけは冷ややかな態度をくずさなかった。これに気付いたベリュルは彼に発言をうながし、デカルトは立ってシャンドゥの新哲学はただ「真実らしい」だけであり、その意味では結局スコラ学と少しも変わるものではないと批判したのである。デカルトは更に質問に答えて、彼が「普遍的規則あるいは自然的方法」と名付けている「数学の蓄積の中から取り出した」推理の方法を説明する。満座の人はこのいまだかつて聞いたことのない新しい方法に感嘆したが、なかでもベリュルは特に強い関心を示し、もう一度個人的に話を聞きたいとデカルトに頼む。感激したデカルトは数日後にベリュルを訪ねて、彼の「哲学に関するいくつかの着想(premières pensées)」を語り、「これらの着想が正しく導かれた時に生まれるであろう成果を彼にかいまみせた」。ベリュルは「ただちにこの計画の重要性を理解し」、「彼の精神的権威によってこの偉大な仕事に取り組むようデカルトをうながした」ばかりか、神からこの優れた精神の力を授かったデカルトが「彼の思索の成果を人類に与えないならば、この人間の至高の審判者の前で責めを負うことになろう」とまで言ったのである。

二つの確実な資料に基づき欄外にそれぞれ出典を明記しつつ語られているこの話は、多少はバイエの脚色もあるにしても、おおむねこのとおりだったと信じていいだろう。ところで、この話からまず分ることは、この時代の反スコラ学的雰囲気である。アリストテレス＝スコラ学を批判するものは死刑にするという一六二四年のパリ高等法院の布令はまだこの時も生きていたのかどうか知らないが、高位聖職者たちも居合わす教皇使節邸でスコラ学批判の講演会が開かれ、しかも、シャンドゥのような者の新哲学までが満座の喝采を浴びるというような状況は、ジェルサン(ゲルサン)邸でのアリストテレス批判集会が強権によって解散させられた一六二四年当時からすれば、まったく想像もできなかったことなのだ。それは、もうスコラ学ではどうにもならないという認識が教会当局の中にまで広がり、スコラ学にかわる新しい哲学に対する待望が高まっていたことを示すものではないだろうか。

ベリュルもまたそのような一人であったろう。されぱこそ彼はこのような会にも出席し、デカルトに強い関心を抱きもしたのである。だが、もう一つこの話から知られる重要な事実は、ベリュルが最初に関心を持ったのがデカルトの数学的「方法」だったとしても、ベリュルが祝福と激励を与えたのは単にこの「方法」に対してではなく、デカルトが後でベリュルを訪ねて打ち明けた彼の「哲学に関するいくつかの着想」、つまり彼の哲学の基本構想に対してだったということである。このことは、この頃すでに将来のデカルト哲学の基本構想(29)が形を成しつつあったことを明らかにすると同時に、ベリュルが大いに共感したのがこの基本構想に対してであったことを示すものであろう。

デカルトがオランダに隠棲して彼の哲学の建設に本格的に取り組む決意をしたのは、まさにこのベリュルの付託にこたえんがために他ならない。彼はヴィルブレッシューにこのベリュルとの出合いを生涯の記念すべき事件として語っているが、この当代最高の精神的権威から彼の建設せんとする哲学に対する祝福と激励を受けたことは、彼にとって、神から彼の学問的生涯に対する祝福を受けたと信じた「三つの夢」の事件に比すべき大事件だったのである。そして、九年間の懐疑と真理探求の遍歴を経たデカルト自身にとっても、その機はまさに熟していたのだ。

だが、ここでもやはり定説という面倒なものとかかわり合わねばならない。この事件もデカルトにとってなんら特別な意味を持たなかったというのが、どうやら常識となっていることのようだからである。グイエによれば、ベリュルは学問を奨励し保護していたのであり、この彼が「若いデカルトを激励しないはずはない」(『デカルトの宗教思想』)というわけである。そして、ただそれだけのことだと言うのだ。つまり、ベリュルは向学心に燃えた一青年にしっかりやりなさいと励まし、励まされたデカルトの方は小学生のように感激してしっかりやろうと決心したというわけである。もしこのグイエの言うとおりだとすれば、デカルトもずいぶん単純なものだし、また、この一青年をわざわざ自邸に呼んで激励するベリュルもずいぶん閑人《ひまじん》である。だが、どう読めばバイエの話がこのようなつまらない話に化けることができるのであろうか。

グイエがこの事件の意味をなんとか小さく見積ろうと一生けんめいになっているのは明らかである。それは無理もない。もしプラトン主義者ベリュルが本気でデカルトの「着想」に共鳴し心から激励を与えたのだとすれば、それはこのデカルト哲学の基本構想もまたプラトン主義的なものであったということにならざるを得ないのだからである。グイエと同じ立場に立つロディス＝レーヴィスの次の一文は、かえって、彼らがこの事件に大きな意味を認めるわけにいかない本当の理由を告白してしまっている。

この影響〔ベリュルの〕が彼がこれから行なう思索の内容にまで及んだなどとは考えないようにしなければならない。ベリュルのアウグスティヌス主義はまず何よりも神学的なものである。彼はプラトン主義的傾向を持ってはいたが、このプラトン主義は当時かなり広く普及していたものであって、デカルトの興奮〔ベリュルから激励されたことの〕の中にその後長く跡を残すようなものではなかったのである。(『デカルトの著作』)

ロディス＝レーヴィスがいったい何を根拠に当時プラトン主義が「普及」していたなどと言っているのか、まったく理解に苦しまざるを得ない。彼女はカスティリオーネの『廷臣論』やオノレ・デュルフェの『アストレ』などによってサロン女性たちの間に広まった恋愛至上主義――プラトニック・ラブ――のことを言っているのであろうか。それなら確かに「普及」していた。だが、本来のプラトン哲学について言うならば、それは十六世紀においてもこの当時においても少しも「普及」してなどいなかったのだからである。(30) もしフランスにおいてこのような意味でのプラトン哲学が少しでも「普及」されるようになったとすれば、それはむしろベリュルの影響によってなのだ。だが、それはともかくとしても、何故このような苦しい議論をしてまでデカルトとベリュルの間の思想的親近性を否定しなければならないのであろうか。バイエの話を素直に読めば、二人が思想的に共感し合ったことは明らかなのである。

もうそろそろはっきり言ってしまってもよかろう。反アリストテレス主義者デカルトはベリュルと同じくプラトン主義者、もっと正確には新プラトン主義者なのである。なにも驚くようなことではない。彼はラ・フレーシュ学院で教えられるスコラ学に一切関心を持たず、ただ数学――これがルネッサンス学問を意味することはすでに述べたとおりである――にだけ興味を持っていたのであり、そして、新プラトン主義運動に他ならぬバラ十字団を求めて戦乱のドイツにまで出かけていったのである。もちろん、このルネッサンス・プラトン主義はいったんそのコスモスとともに崩壊した。しかし、それはデカルト哲学という形をとって再びその灰の中から復活したのである。デカルト哲学といえども木の股から突然生まれたわけではない。それはまさにルネッサンスの胎内からこそ生まれ出たものなのだ。だが、デカルト哲学の本質にかかわるこの核心的な問題については、次の章であらためて具体的に論ずることにして、もう一度ベリュルとの出合いに話を戻そう。

デカルトがベリュルと出合ったのがいつであったかは必ずしも明確ではない。だが、いずれにせよ、それが彼が永住のためオランダに向かって出発する少し前であったことは確かである。ベリュルの祝福と激励を受けたデカルトは、いよいよ懐疑主義的状況を克服するための哲学の根本的な革命にとりかかる時が来たのを知ったのだ。だが、自由を失ってしまったフランスは、もはやこのような革命を遂行できる場所ではない。オランダの自由と孤独こそは、この革命遂行のための必須条件なのだ。こうして、『方法序説』第三部は、「炉部屋」を出てから九年間の「自分自身の内部」と「世界という大きな書物」の中での長い旅——パリ滞在も彼にとってはこの旅の一部に他ならない——の終りとオランダへの隠遁を告げ、自由の国オランダの讃歌をもって結ばれるのである。

そして、このような願いから、誰も知り合いのいないような所へ行こうと決心し、今からちょうど八年前にこの国に引きこもったのです。この国では、長く続いた戦争の結果立派な秩序が作り出されており、ここで維持されている軍隊はただ人びとに平和と安全を享受させることにのみ尽くしているように思えますし、また、その偉大な国民は極めて活動的で、他人のことに興味を持つよりも自分の仕事で頭がいっぱいであり、私はこの群衆の中にあって、最も賑やかな都会のあらゆる便宜を受けつつ、しかもなお、人里遠く離れた砂漠にあるごとく静かに孤独に暮らすことができたのです。

3　九カ月の形而上学研究

ベリュルの祝福と激励を受けてオランダに移り住んだデカルトがまず取り組んだのは、神の存在と霊魂不滅を証明するための形而上学研究であった。一六三〇年四月一五日付のメルセンヌ宛書簡で、彼は、「この地に来てから最初の九カ月の間は、この仕事以外は何もしませんでした」と語っている。彼がこの時滞在していたのはフリースランド州のフラネケルであるが、彼がいつフランスからこの地に到着したかは必ずしも明らかではない。ただ、一六二九年七月頃、少し前にローマで観測された幻日現象についての説明を求められ、この仕事の「中断を迫られた」(メルセンヌ宛、一六二九年八月一〇日付)とあるから、ここから逆算して九カ月を引けば、彼のフラネケル到着は一六二八年一〇月末か一一月始めということになろう。だが、諸説があって確定しないこの日付のことはともかくとして、この九カ月の形而上学研究が大きな成果をあげたことは確かであり、彼はすでにその成果を小論文の形でまとめはじめていた。その主題が「神の存在と肉体から離れた後の霊魂の存在――そこから霊魂の不滅が帰結する――を証明すること」(メルセンヌ宛、一六三〇年一一月二五日付)であったことは言うまでもない。

この時書き始められた小論文の主題は、やがて大論文『省察』(正確な表題は『神の存在及び霊魂と身体の区別』(ソルボンヌの認可を求めた時の最初の表題では『神の存在及び霊魂の不滅』となっていた)を証明する第一哲学についてのルネ・デカルトの省察』)に引き継がれ完成されることになるのであるが、このことは、この二つの主題こそがデカルト形而上学の終始一貫した中心課題であったことを示すものであろう。

形而上学である以上こうした問題を取り扱うのは当然のことだと言われるかもしれない。だが、それは違う。それはむしろ逆であろう。新しい形而上学を作りたいから神の存在と霊魂不滅の新しい証明を工夫しようなどという人間はいない。デカルトにしても、神の存在と霊魂不滅をどうしても証明しなければならない理由があったからこそ形而上学の研究と取り組んだのではないだろうか。それはつまり、この二つの課題こそが彼の形而上学の出発点であり、そしてまた目的であったということに他ならない。

この点は極めて重要である。何故なら、これまでのところ、デカルトが形而上学者になったのは自明のこととして誰もあらためて何故と問うことなく、なんとなく彼の自然学研究がおのずから形而上学研究に導いたのだろうぐらいに考えられてきたのだからである。こうして、デカルト形而上学は彼の自然学の基礎づけ、言いかえるなら、彼の機械論的自然観を定立するための装置にすぎないかのような理解が一般となり、極端な場合には、神の存在と霊魂不滅の証明は、彼の革命的自然観の教会当局に対するカムフラージュにすぎないかのような見方さえ生じることになったのである。だが、もしそのとおりだとすれば、デカルトもまったくトリックの天才だということになろう。何故なら、彼は彼の自然学を基礎づける巧妙な仕掛として、神の存在と霊魂不滅の新しい証明を案出したということになってしまうのだからである。しかし、それにしてはなんと大げさな仕掛であろうか。『省察』も『哲学原理』第一部及び第二部も要するに彼の自然観を正当化するための壮大な作り物にすぎなかったというのであろうか。

　事実はまったくその逆である。デカルトがはじめて彼の九カ月間の形而上学研究について語った一六三〇年四月一五日付の先のメルセンヌ宛書簡がはっきりと述べているように、自然学研究から彼の形而上学が生まれたのではなく、彼の形而上学研究がはからずも彼の自然学に基礎を与えることになったのだ。デカルトはそこで次のように言っているのである。

> ところで、私は神によってこの理性の使用を許された者はみな、それをまず神と自分自身を認識することに用いるよう努めねばならないと考えます。私が私の研究を出発させようと努めたのもまさにこのことからでした。そして、もし私がこの道によって自然学の基礎を求めたのでなかったら、私はそれを見出すことはできなかったろう

と申し上げたいと思います。（傍点引用者）

オランダに居を構えたデカルトが、まず神の存在と霊魂不滅の問題と取り組んだのはなんのためでもない。それはまさにそのこと自体のためだったのである。そして、この形而上学研究が、結果的に、彼のそれまでの自然学研究に形而上学的基礎を与えることになったのだ。こうして、形而上学と自然学を統合するデカルト哲学の基本構造は誕生したのである。

それ故、彼の形而上学の起源は、自然学の中にではなく、それ自体の中にこそ求められねばならない。それでは、彼はいったい何故、神の存在と霊魂不滅をみずから証明しようと志すにいたったのであろうか。

彼が神の存在と霊魂不滅の新しい証明を確立する必要を痛感していたとすれば、それは言うまでもなく、それまでのいろいろなスコラ学的あるいは三段論法的な証明が、新しい状況に対して完全に説得力を失ってしまっていたからである。そして、この状況が彼の生きていた時代の懐疑主義的状況、とりわけヴァニーニ的無神論で武装した「炎の自由思想」であったこともはや言うまでもあるまい。このような状況を克服するためには、アヴェロエス主義的な、自然に内在する神と非個別的な霊魂不滅論に対し、超越的な神の存在と個別的な霊魂の不滅を、誰もが納得するような「明晰で確実」な論拠をもって証明することがどうしても必要であった。デカルトがみずから担わんとしたのは、まさに時代のこの緊急の課題だったのである。そして、もし彼がこの課題を担う使命をみずからのうちに感じていたとすれば、それは彼がすでにこの問題の解決の糸口をつかんだとひそかに自負していたからに他なるまい。『精神指導の規則』第一二規則の中に次のような一節が存在することは、オランダに移り住む以前からすでに、彼のうちにこのような神の存在と霊魂不滅の証明の原型が形作られていたことを示すものであろう。

　さらにまた、しばしば、多くのものは互いに必然的に結合しているのに、大多数の人々はそれらの間の関係に気づかず、それらを偶然的なものの中に算入している。たとえば、次の命題、私は存在する、ゆえに神は存在する、同様に、私は理解する、ゆえに私は身体と区別された精神を持つ、等々である。最後に、注意すべきことは、必然的である大多数の命題の逆は偶然的であるということである。たとえば、私が存在する、ということから、神が存在することを私は確実に結論できるけれども、しかし、神が存在する、ということから、私もまた存在する、と主張することは許されないのである。（大出・有働共訳『デカルト著作集』第四巻、白水社）

ここに示されているのは、まぎれもなく、やがて完成されることになる彼の神の存在と霊魂不滅の証明の核心である。ベリュルを訪ねたデカルトが彼に語った「哲学」の「着想」も、もしかしたら、このことだったのかもしれない。もしそうだとするなら、ベリュルの励ましを受けてオランダに渡ったデカルトが、さっそく神の存在と霊魂不滅の証明に取り組んだのもよく分る。実際、『精神指導の規則』に述べられた「私」から出発して神の存在と霊魂不滅を証明するという「着想」は、後に述べるようにまさしくプラトン主義的発想に他ならず、プラトン主義者ベリュルがこの「着想」に大いに共鳴し、それを完成する使命をデカルトに託したとしても少しも不思議はないのだからである。

いよいよデカルト哲学の核心とも言うべき問題について述べる時が来たようである。デカルト哲学は実はプラトン主義だったのだ。だが、このことを明らかにする前に、もう一度、デカルトが彼の哲学の出発点について語った先のメルセンヌ宛書簡の一節を読み直してみなければならない。ここに示されているのは、やがて『省察』において完全な表現に到達する彼の哲学の原型、すなわち、自分自身の理性から出発して、まず神の存在と自己の本性――身体と区別されたものとしての――を認識し、次にそこから自然学の基礎を導き出すという基本構造であるが、ここで最も重要なことは、彼の出発点が、アリストテレス＝スコラ学のように感覚を介して得られる知識にではなく、神から与えられた彼自身の「理性」にあったということである。この点にこそ、従来もくりかえし強調されてきたように、デカルト哲学の公認講壇哲学と鋭く対立する根本的な新しさがあったのであるが、問題は彼が何故このような出発点を選びとったのかということであろう。だが、これまでほとんど追求されることのなかったこの問題を解明するためには、まず彼がここで言っている「理性」がいったい何であるかをはっきりさせておくことがどうしても必要である。

近代の読者たちが、この「理性」を知性、悟性、精神といった近代的意味にとってしまったのはまったく無理もないことであった。だが、デカルト哲学に対する誤解の根本はまさにそこにこそあったのである。デカルトがこの「理性」という言葉で考えていたのは実は「理性的霊魂(âme raisonnable, anima rationalis)」のことだったのだからだ。このことは、このメルセンヌ宛書簡の少し後で書かれたものと思われる——この点については後述する——未完の対話篇『真理の探求』の中の、主人公ユードックスの次の言葉と比較すればすぐに理解されることであろう。

まず理性的霊魂(âme raisonnable)から始めなければなりません。何故なら、私たちの認識のすべてはその中にこそ宿るのだからです。そして、その本性とその現われ方を考察した後、私たちはその創り主へと到るでしょう。つづいて、この創り主が何であるかを認識し、彼がどのようにしてこの世にあるすべてのものを創造したかを知った上で、他の被造物に関して最も確実に言えることは何かを指摘し、私たちの感覚がどのようにして対象をとらえ、私たちの思惟がどのようにして正しかったり誤ったり

するのかを検討することにしましょう。（傍点引用者）

ユードックスが語っているのは、メルセンヌ宛書簡に示されたのとまったく同じデカルト哲学の基本構造であるが、ここではその出発点は「理性的霊魂」であると更に明確にされているのである。デカルトの出発点が抽象的な理性などではなく、「理性的霊魂」、つまり動物とは違って理性を持つところの人間の霊魂であったことは明らかであろう。『方法序説』第四部も、「ワレ思ウ、故ニワレ在リ」――デカルトのこの有名な第一原理の成立については次の章で考察する――の「ワレ」を受けて、「ワレすなわち霊魂」とはっきり定義しているのである。

だが、ここでもまたジルソンの権威が人びとを正しい理解から遠ざけている。ジルソンは、デカルトがここで霊魂という言葉を用いたのは、フランス語の精神(esprit)という言葉がその意味においてはまだ十分に熟しておらず、風や精製された酒と取り違えられるおそれがあるからであり、そのため「いわば窮余の策(un pis aller)」(『方法序説註解』)として霊魂(âme)という言葉を用いたにすぎず、本当は一六四四年に出た『方法序説』ラテン語訳におけるように精神(mens)と言いたかったのだと言うのだからである。だが、もしジルソンの言うとおりなら、『方法序説』につづくラテン語で書かれた『省察』においてもなお、デカルトがくり返し霊魂という言葉を用いているのはいったい何故なのであろうか。ジルソンはこれもやはり「窮余の策」だと言いはるのであろうか。

ジルソンのこの強引なこじつけは、デカルトの出発点が霊魂などという前近代的な観念であったとはどうしても認めたくない近代的合理主義者ジルソン自身の「窮余の策」であるにすぎない。実際、もしジルソンの言うように、デカルトが精神という言葉が風や酒精と取り違えられるのを嫌って霊魂という言葉を用いたのだとすれば、デカルトはまさに水溜りを避けようとして溝の中に落ち込んでしまったことになるだろう。何故なら、哲学的著作の文脈の中で精神という言葉が風や酒精の意味に取られてしまう危険は極めて少ないのに対し、『省察』の中の霊魂という言葉は多くの疑問や誤解を生み、ガッサンディとの論争のような事件まで引き起してしまったのだからである。

真相はおそらくジルソンの言っていることのちょうど逆であろう。デカルトはもともと「ワレすなわち霊魂」と考えていたのであり、後に『方法序説』ラテン語訳においてこの「霊魂」を「精神」と言い直したことの方が、実はむしろ「窮余の策」だったのである。そして、このように言い直すことを彼に余儀なくせしめたのが、他ならぬガッサンディの批判だったのではないだろうか。

出版に先立って『省察』の原稿を見せられたガッサンディは、メルセンヌを介して彼の反論をデカルトに送り、デカルトが霊魂という言葉を用いながら、その思惟という精神的働きにしか注目せず、感覚したり体を動かしたりする働きを無視していると批判して、彼を「おお、精神よ」と呼んでからかうのであるが(第五反論)、これはデカルトにとって極めて厄介な批判、というよりも彼の最大の弱点をついたものだったと言える。何故なら、理性的霊魂から出発したデカルトにとって、それが肉体とどうかかわるかという問題こそは最終的なアポリアだったのだからだ。もし理性的霊魂と動物的霊魂――感覚したり(âme sensitive)体を動かしたり(âme locomotrice)する霊魂――を区別して後者を身体に属させてしまうなら、身体の運動は説明できるが、それではアヴェロエス主義者の言うように、理性的霊魂は船頭が船に乗っているように動物的霊魂の上に乗っているだけになってしまう。これはもちろん、身心は緊密に結びついており船と船頭のような関係ではないとする(『方法序説』第五部および『省察』第六部)デカルトの認めないところだ。といって、理性的(人間的)霊魂の中に動物的霊魂を含めて、その全体を「延長」である身体と実体的に区別するなら、実体としての霊魂の不可分性は確保できるが、今度はこの霊魂が何故手足を動かすことができるのかという単純なことが説明できなくなってしまうのである。

デカルトが、「おお、精神よ」というガッサンディの皮肉な呼びかけに対し、「おお、肉体よ」という侮辱的な言葉を投げ返し、ガッサンディが「何故そんなに苛立ちとげとげしくなさるのですか」(『ディスキジティオ(公開質問状とでも訳すべきか)』)と驚くほど感情的になったのも、おそらくは彼がこの自分の最も弱い所をつかれたからであるにちがいない。だが、第五反論、第五答弁、『ディスキジティオ』、デカルトの『クレルスリエ宛書簡』とつづくこの論争の跡を追うことも、また、今日にまで及ぶ「デカルトの身心問題」のその後の展開について述べることも、もはや本書の範囲ではない。ここで言いたいのはただ、デカルトが霊魂と言うかわりに精神と言うことにしたのは、このガッサンディの批判をかわすための「窮余の策」だったのではないかということである。実際、霊魂という言葉さえ使わなければ、ガッサンディの批判は少なくとも形の上では回避できるのだからである。デカルトが第五答弁でガッサンディに答えているのはまさにこのことに他ならない。彼はガッサンディの批判が「霊魂という言葉の両義性からくる不明瞭さ」によるものにすぎないとした後、「私はこの両義性を回避するために、たいていは精神という名称でもってそれを呼んできています。というのは、精神を霊魂の部分とではなくて、思惟するところの、その霊魂全体であると、私は見做しているからです」と言っているのである(『省察』第五答弁、所雄章訳『デカルト著作集』第二巻、白水社、以下、『省察』に関してはこの訳を使用させていただく)。

もし精神が霊魂の部分ではなく全体であるなら、霊魂を精神と呼びかえても実際上の不都合はない。こうして、ガッサンディの批判を受けたデカルトは、こうした批判を回避するため、霊魂を精神と呼ぶことにしたのではないだろうか。後から第二答弁に付け加えられた『幾何学的に排列された神の存在と霊魂と物(身)体との区別を証明する諸根拠』の中の「定義六」が言っているのはまさにこのことに他ならない。そこには次のように述べられているのだからである。

直接に思惟がそれのうちに内在するところの実体は、《精神》と呼ばれる。私はと言えば〔しかし〕、ここに霊魂についてというよりはむしろ精神について語ることにする。なぜかというに、霊魂という名称は両義的であって、しばしば物体的な事物《もの》に対して流用されている、からである。

「直接に思惟がそれのうちに内在するところの実体」とは、本来ならば霊魂とこそ呼ばれるべきものであろう。だが、デカルトは、霊魂という言葉は誤解を招くおそれがあるので、これからはそれを精神と呼ぶことにする、とそう言っているのである。ここに先程のガッサンディの批判に対するデカルトの答弁との対応を見ることは容易であろう。ジルソンの解釈が唯一の根拠としたのは、この「定義六」のリュイヌ公によるフランス語訳で付け加えられた「精神という言葉は時として風や精製された酒などを指す」という部分であるが、そのラテン語原文がはっきりと示しているように、問題は精神という言葉の両義性などではなく、霊魂という言葉の両義性だったのだ。こうして、ガッサンディの批判を経た後の『方法序説』ラテン語訳が、「ワレすなわち霊魂」の「霊魂」を「精神」と言いかえた理由も納得できよう。このラテン語訳と同じ一六四四年に出た『哲学原理』で、『省察』であれほど使われていた霊魂という言葉が消えてしまうのも同様である。ジルソンが言うのとは反対に、「窮余の策」というならむしろ、霊魂を精神に変えたことの方こそが「窮余の策」なのだ。(31)

だが、それにもかかわらず、デカルトが相変わらず思惟を本質とする精神的実体を霊魂と考えていたであろうことは疑いない。実際、霊魂不滅ならばともかく精神不滅ではまったく話にならないのだからである。その意味で、一六四七年に出たリュイヌ公による『省察』のフランス語訳において、数カ所、ラテン語原文で精神となっている所にわざわざ霊魂という言葉が付け加えられているのは示唆的である。たとえば、六つの省察の前に置かれている「内容概観」では、原文の「精神」という言葉に「すなわち人間の霊魂(私はこの言葉に「すなわち、それによって私が私であるところの霊魂」と付け加えられている所と二つを区別しない)」という説明が付け加えられているし、また第六省察にも、「私」という「精神すなわち人間の霊魂」と言い直されている所がある。こうした付け加えは訳者リュイヌが勝手にやったのだと根拠もなしに主張することはできない(そういう人がいるのは事実ではあるが)。この訳文はデカルト自身が校閲したものなのだからである。それはつまり、用語の問題はともかくとして、「ワレすなわち霊魂」とする彼の立場そのものは、始めから少しも変わっていなかったということを示すものではないだろうか。ジルソンの権威にもかかわらず、デカルトの「ワレ」が人間の霊魂、つまり理性的霊魂のことであったのは明らかであろう。一六三〇年四月一五日のメルセンヌ宛の手紙に言う神から与えられた「理性」とはこの理性的霊魂のことに他ならない。彼はこの理性的霊魂から出発して、神の存在と霊魂不滅の証明に向かうのである。だが、それでは、あらゆるスコラ学的伝統に反して理性的霊魂から出発するということは、いったいどういうことを意味するものなのであろうか。

まず、メルセンヌ宛書簡の問題の箇所、「私は神によって理性の使用を許された者はみな、それをまず神と自分自身を認識することに用いるよう努めねばならないと考えます」を、次の一文とくらべてもらいたい。

このように、彼は霊魂を神の姿を容易に映すことのできる鏡と考えていたので、彼が神の与えた刻印の一つ一つの上に身をかがめながら神を求めようとした時、彼はたえず霊魂の美しさの方に顔を向け、《汝自身ヲ知レ》という神託が意味しているのは、まず何よりも、神を認識せんと欲する者はまず自分自身を認識すべきであるということだと理解したのです。

ここに述べられていることは、デカルトがメルセンヌに語っていることとまったく同じではないだろうか。神によって造られた人間の霊魂は神を映す鏡であり、それ故、この霊魂の方にたえず顔を向けることによって、まず自分自身を認識し、ついで神の認識に到達することができるのである。ところで、この文章はフィチーノの『プラトン神学』の序文(ロレンツォへの献辞)の一節であり、ここに言う「彼」とはプラトンのことなのだ。

フィチーノがプラトンにならって彼の哲学の出発点を人間の霊魂に据えたのは極めて自然なことであった。すでに述べたように、フィチーノにおいては、実体の五段階の階梯の中央に位置する人間の霊魂は、宇宙の能動的中心であり、「まさに自然の中核、諸物の中央、宇宙のつなぎ目、諸物の顔、宇宙の要《かなめ》にして絆と呼び得る」(『プラトン神学』第三部第二章)のだからである。そして、この人間の霊魂――フィチーノはこの神と自然との中間者を「第三の本質」と呼ぶ――こそは、理性的霊魂の宿る所に他ならない。それ故、フィチーノはすぐにつづけて次のように言うのである。

この第三の本質の本性についてはすでにもう十分に定義したと思う。それが理性的霊魂(Anima rationalis)独自の住居であることは、理性的霊魂が《思惟することによって知解し、時間の中において物体に生命を与える生命》であるという定義からして容易に理解されよう。(同前)

フィチーノがこの第三の本質と理性的霊魂との関係を住居と住人の関係のごとく語って

いるのは、彼の場合、理性的霊魂は宇宙にも各天球にも住むものだからであるが、この理性的霊魂が実は第三の本質そのものであることは、それが上位の階梯を知解すると同時に下位の階梯に生命を与えるものだという彼の「定義」からして明らかであろう。フィチーノにおいても、その出発点はこの理性的霊魂なのである。

デカルトが『プラトン神学』を読んだかどうかは分らない。また、デカルトはフィチーノを模倣したのだろうなどと言うつもりもない。言いたいのはただ、フィチーノもデカルトもその出発点は同じ理性的霊魂だったということである。デカルトがフィチーノと同じくプラトン主義者だと言ったのは、まず第一にこのことにおいてだったのだ。だが、もちろんそれだけではない。『プラトン神学』は「霊魂不滅について」という副題を持っており、理性的霊魂の考察から霊魂不滅を証明しようとしたものであるが、理性的霊魂から出発してその不滅を証明しようとするその仕方においても、フィチーノとデカルトの親近性は否定し難いのである。

フィチーノの証明は、いわばポジティヴな証明とネガティヴな証明の二つの部分に分かれており、まず、神的なものを認識しこれに参与することができる理性的な霊魂が滅びるはずはないという、彼の五階梯論に基づくポジティヴな霊魂不滅の証明が展開され(第五部)、次に、霊魂は肉(物)体とはまったく区別された実体であり、それ故、肉体の滅亡は決して霊魂の滅亡を結果するものではないというネガティヴな証明が、ポジティヴな証明を補強する形で付け加えられる(第六部)。前者は一五の論拠からなり、後者は一二の論拠からなっているが、これを要するに、理性的霊魂の本性を表と裏の両面から分析したものだと言うことができるだろう。その論拠は多様であるが、せんじつめれば、神的なものをも理解し得る人間の理性的霊魂は肉体とは別の実体であり、したがって肉体とともには滅びないということなのである。

デカルトの「着想」もまたもともとここにあったであろうことは、『精神指導の規則』の中にすでに、「必然的に結合している」二つの命題の例として、「私は理解する、ゆえに私は身体と区別された精神を持つ」(前出)が挙げられていることからも推察されよう。彼はここで精神という言葉を用いているが、これが霊魂の同義語であることは、先に引いたガッサンディに対する答弁の中で彼が「私はこの〔霊魂という言葉の〕両義性を回避するために、たいていは精神という名称でもってそれを呼んできています」と言っていることからも明らかである。彼がここで言っていることは、それ故、フィチーノと基本的にまったく同じであり、理解する精神つまり理性的霊魂は、その「理解する」という本性によって必然的に身体と実体的に区別されるということなのである。

しかしながら、デカルトはフィチーノとは違って、ポジティヴな意味での霊魂不滅の証明はしようとせず、ネガティヴな証明、つまり霊魂は身体とは区別されるということの証明にのみ終始している。ここがデカルトとフィチーノの最も大きな違いであるが、その理由は彼がメルセンヌに説明しているように、「神がそれ〔霊魂〕を消滅させ得ないと証明することはできず、ただ、それが身体の本性とはまったく区別された本性を持ち、従って本性上は身体とともに死に服することはないということが証明できるだけ」だからであり、そして、「それだけが宗教を確立するのに必要なすべて」(一六四〇(?)年一二月二四日付)なのだからである。それ故、フィチーノとデカルトを比較するとすれば、この霊魂と身体の区別の問題だけにかぎられることになるが、そこにおける顕著な類似もまた目をみはらせるほどのものなのだ。

だが、残念ながらここではこの問題についての詳細な比較を試みている余裕はない。ただ幸いなことに、フィチーノはこの問題を詳しく論ずるに先立ってその梗概を述べているので、この梗概をまず示し、それと対応する『方法序説』第四部の一節を次に掲げて読みくらべてもらうことにしよう。それだけからでも、この両者が大筋において同じ立場であることは容易に理解されると思うからである。まずフィチーノだが、それは第六部第三章の冒頭である。

提起された問題は次のような順序を要求する。まず議論の第一の部分においては特に、人間の霊魂が物(身)体ではなく、また物(身)体の中に分割されている形相でもないことが、霊魂の本性(virtus naturalis)からして明らかにされるであろう。次いで、第二の部分においては、その感覚的能力から同じ事、つまり霊魂が不可分の形相であることが示されるとともに、それが肉体のある部分と結ばれているのでなく、身体の全体にひろがっていることが補足される。最後に、第三の部分においては、今度はその知的能力から同じ命題すなわち霊魂が常に全体であるところの不可分の形相であることが確認され、その補足として霊魂がまったく物質に起源を持つものでないことが述べられる。こうして、霊魂は永遠なる第三の本質に属することが明らかとなり、正当なる根拠に基づいて不滅と判断されることになるのである。

デカルトにとって極めて微妙な問題であった感覚的霊魂(Anima sensitiva)に関する点を一応別にすれば、フィチーノのこのネガティヴな意味における霊魂不滅の証明の仕方はまさにデカルトの証明方法そのものと言っていいだろう。霊魂が可分割性を本性とする物(身)体――この少し後の第八章でフィチーノはデカルトと同じくこの分割可能な物(身)体を「延長(dispersus)」と定義している――に依存しないことから、彼は霊魂の不滅が証明されると言っているのであるから。『方法序説』第四部は、霊魂不滅という言葉こそはっきりと用いてはいないものの、まさにこれと同じことを語っているのである。

私はこのことから私がただ思惟のみを本質あるいは本性とする実体であり、存在するためにいかなる場所も必要とせず、またいかなる物質的なものにも依存していないことを知ったのです。そこから帰結したことは、このワレ、すなわち私を私たらしめている霊魂は、身体とは完全に区別されるものであること、そしてそれは身体よりも容易に認識できさえすること、そしてまた、もしかりに身体が存在しなかったとしても、それがそれ自体であることに少しも変りはないだろうということでした。

もはやデカルトが基本的にフィチーノ的プラトン主義者であったことは明らかであろう。フィチーノは霊魂の理解の仕方に五つの流派があったとし、その中、霊魂を非物質的なものとして理解したのは、ゾロアスター、メルクリウス、オルフェウス、アグラオフェムス、ピタゴラスを経てプラトンに到る流派だけだと言っているが(第六部第一章)、フィチーノ流に言うならば、デカルトはまさにこのゾロアスターからプラトンに到る流派に属しているのである。思惟を本質とする実体(霊魂、精神)と延長を本質とする実体(物体、身体)を区別するいわゆるデカルト的二元論は、実はまさしくプラトン的二元論の流れを汲むものに他ならなかったのだ。

ところで、理性的霊魂から出発して「自分自身を認識する」方は以上のとおりであるとして、もう一方の「神を認識する」方はどうであろうか。この一六三〇年四月一五日の書簡から約半年ほど後の一一月二五日付の書簡で、デカルトは同じくメルセンヌに宛てて次のように書いている。

例の手稿の抜粋をお送りいただき感謝にたえません。この手稿ばかりでなく、他の無神論者全体を含めてその神を否定する諸論拠を打ち破る最も手短かな方法は、私の知るかぎり、すべての人に神が存在することを信じさせるような明証的な証明を見出すことです。私としては、私を完全に満足させ、いかなる幾何学的命題の真理よりももっと確実に神が存在することを私に知らしめるような証明を見出したことをあえて誇りたいと思います。

ここに言う「手稿」が何であり、「無神論者」が具体的にどういう人たちを指しているのかは後で考えることとして、ここから知られることは、まず、彼が新しい神の存在証明を求めたのは「無神論者」たちを論駁するためだったということであり、第二に、九カ月の形而上学研究はこの彼を満足せしめるような「幾何学的」な——ということはスコラ的三段論法的証明ではなく数学的直証的な証明だということだが——神の存在証明を発見せしめたということである。この証明が『方法序説』第四部においてはじめて語られることになるいわゆる本有観念による神の存在証明であることは言うまでもない。

デカルトはまず、自分が不完全な存在であることを確認した後、「私は私よりも完全なものについて考えることをどこから学んだのかを探求しようと思い立ちました」と言う。ところで、まずはっきりしていることは、この完全なものについての観念が、天空や大地や光や熱の観念のように感覚を介して得られたものではないということである。それはまた、「私」の中から生まれたものでもあり得ない。何故なら、原因は常に結果より大であるとするなら、不完全な「私」が完全なものの観念の原因であるはずがないのだからである。「こうして残るところは」、とデカルトは結論する、「それが真に私より完全である一つの本性、更に言わば、私がそれについてなんらかの観念を持ち得ているあらゆる完全性を備えた一つの本性、つまり一言にして言うなら神、によって私の中に置かれたということでした」(以上、『方法序説』第四部)。こうして、「私」が完全なものの観念を持っていることから、神が存在することは直接に証明されるとデカルトは考えるのである。

この証明が当時の無神論者たちを沈黙させ、「すべての人に神が存在することを信じさせる」ような力を持ち得たかどうかは知らない。デカルト自身も、このメルセンヌ宛書簡で彼の見出した「幾何学的」証明を誇った後ですぐに、「でも、それを私が理解したのと同じようにすべての人に理解させることができるかどうか分りませんし、それを不完全な形で論ずるぐらいならむしろ全然この問題にふれない方がましだと思います」と彼の不安を語っているのである。だがこの彼の不安が具体的にはどのような不安であったかについては後でもう一度考えることとして、この神の存在証明がデカルトの独創であったことに間違いはない。フィチーノには神の存在証明などは存在しないのだからである。彼にとっても彼の時代の人びとにとっても神の存在は当然の前提であり、そのことを疑う人がいない以上、なにもあらためてその存在を証明したりする必要はなかったのだ。デカルトが神の存在証明を見出そうと努めねばならなかったのは、いわば彼の時代の不幸なのである。だが、それにもかかわらず、彼が見出したこの証明――それは彼が『精神指導の規則』で言っていた「私は存在する、ゆえに神は存在する」という基本的直観の論理化に他ならない――もまた明らかにフィチーノ的プラトン主義に基づくものであった、と言うことができる。何故なら、「私」つまり「神の姿を映す鏡」である理性的霊魂の中に、「神の与えた刻印」(＝本有観念)である完全なものの観念を見出し、そこからその原因である神を認識するということこそは、フィチーノが先に引いたロレンツォへの献辞の中でプラトンの名において語っていたことの具体化に他ならないのだからである。霊魂不滅の証明におけるばかりでなく、神の存在証明においても、デカルトの発想の根本がフィチーノ的プラトン主義にあったことは、くりかえすようだが、もはや明らかではないだろうか。

こうして、九カ月の形而上学研究はベリュルの祝福と激励に応え、神と霊魂についてのアヴェロエス主義的解釈に対抗する超越的な神の存在と個別的霊魂の不滅の証明を一応完成したわけだが、この研究は思いがけなく彼に更に大きな展望を開くことになった。それは彼に彼の自然学の基礎をも提供したのである。この「自然学の基礎」が、同じメルセンヌ宛書簡の少し後のところで述べられている「永遠真理創造説」であることは言うまでもない。それは、デカルトがメルセンヌに語っている言葉をそのまま用いるなら、「あなたが永遠のと呼んでいらっしゃる数学的真理は神によって定められたものであり、他の被造物同様、神に全面的に従属しているのです」ということであった。このことは、彼が超越的な創造主たる神の存在を証明したことの必然的な帰結であるが、それでは、これが彼の自然学の基礎だというのは具体的にはいったいどういうことなのであろうか。

重要なことは、この「永遠真理創造説」が、自然には始めも終りもなく(従って創造ということもなく)、その法則は物質そのものの性質の中に内在しているとするアヴェロエス的アリストテレス主義の自然観とまっこうから対立し否定するものだということである。デカルトは更につづけてメルセンヌに次のように語っている。

実際、こうした真理が神から独立したものであるかのごとく言うのは、神をユピテルやサチュルヌスと同列に扱い、彼を冥府《スチュクス》の神や運命の神の支配の下に置くことに他なりません。どうかどこででもはばからずに明言し公言して下さい。ちょうど王がその王国に法を与えるのと同様、自然に法則を与えたのは神である、と。

デカルトの口ぶりからすると、どうやらメルセンヌの周辺にも「真理が神から独立したものであるかのごとく言う」人たちが少なくないらしいが、この人たちがアヴェロエス主義の影響を受けた人たちであることはわれわれにはもはや明らかであろう。デカルトの「永遠真理創造説」は、自然からその自律性を奪い取り、すべてを神に帰すことによって、このアヴェロエス主義的自然観を克服しようとするものだったのである。

こうして、アヴェロエス主義的な神の観念に対して超越的な創造主としての神の存在を証明しようとしたデカルトは、おのずからアヴェロエス主義的自然観を否定する新しい自然観の基本原理に導かれたのであるが、この新しい自然観は更に、身心の実体的区別の必然的帰結である自然の受動的な「延長」への還元と相まって、イタリア自然主義の物活論的「生み出す自然(Natura naturans)」からあらゆる能動性を剝奪し、自然を受動的な「生み出された自然(Natura naturata)」に引き戻すことになったのである。

こうして「永遠真理創造説」は、彼の機械論的自然観にその形而上学的基礎を与えたのであるが、それればかりではない。重要なことは、ここに言う神の創造した永遠の真理が、たとえば氷に熱を加えると水になるといった物性的法則ではなく、二点間の最短距離は直線であるというような非感覚的な「数学的真理」だということである。「永遠真理創造説」は、自然を受動的「延長」に還元するばかりでなく、その構成原理が神の与えた「数学的真理」であることを主張するものでもあったのだ。ここに見られるのもまた、神はイデアを介して世界を創造したとし、数学的真理に感覚的事象を超えた深い実在性を見るプラトン主義的伝統に他ならないが、このことがデカルトにとって特に重要な意味を持つのは、それが彼がそれまで追求してきた数学的自然学にその形而上学的基礎を提供したということである。何故なら、神が自然に与えた数学的真理はまた、神によって理性的霊魂に刻みつけられているのであり、それ故、感覚に頼ることなしに、この生得的な観念から出発して「明晰で確実」な自然の認識に到達し得ると根拠をもって主張することが可能となるのだからである。こうして、ベークマンに新しい普遍数学の夢を語って以来、形而上学とは別に独自な発展を遂げてきた彼の数学的自然学は、ついにその方法の形而上学的基礎を獲得し、かくて形而上学と自然学を統合する彼の哲学の根幹は形成されたのであるが、このようなことはたしかに、デカルト自身の言うように、理性的霊魂から出発して神の存在と霊魂の本性を知るという「この道によって」でなければ可能ではなかったのである。フィチーノ的プラトン主義は、こうして、デカルトを介して近代的自然学を誕生せしめたのであった。

とはいえ、そこになお困難な問題が残っていなかったわけではない。その第一は、もし自然法則が物質固有の性質に基づくのでなく、ただ神の自由意志にのみ依拠しているのだとすれば、神はこれをいつでも自由に変えることができるわけであり、従って、一つの法則が永遠であるという保証はどこにも存在しないということである。デカルトが自然法則を王が王国に与える法律にたとえたのにつづけてメルセンヌに語っているのは、まさにこの問題に他ならない。

人はこう言うかもしれません。もし神がこれらの真理を創られたのだとしたら、神は、ちょうど王がその法律を変えるように、これらの真理を変えてしまわれるかもしれない、と。これに対しては、まったくその通りだと答える他はありません。ただもし神の意志が変わり得るものならばですけれども。

デカルトは、フィチーノのように「神においては完全な自由と絶対的必然は一致」しており、従って「神の意志は神の本質と同様不変である」(『プラトン神学』第二部一二章)と主張することもできたであろう。「もし神の意志が変わり得るものならば」という最後の仮想法は、彼が実はフィチーノと同じく神の意志は変わらないと信じていたであろうことを推察させる。だが、しかし、「神から来たるものはすべて神の自由な選択に基づく」とする一方で、「神はまず何よりも諸物に秩序を与える規範である」(同前)と言うフィチーノと基本的にはまったく同じ立場に立ちながらも、デカルトはあえてもう一歩を踏み込んでフィチーノのように神の与えた法則の永遠性を証明しようとはしないのである。このデカルトの態度は、霊魂不滅の証明における彼の態度とまったく同じものだと言えるだろう。神の自由意志は人間の理解を超えたものであり、人間の理性でこうだときめつけることはできない、というのが彼の根本的な立場なのである。これは、デカルト自身も認めているように(メルセンヌ宛、一六三〇年五月二七日付書簡)、ベリュルの弟子であるオラトリオ会士ジビューフ神父の『神とその被造物の自由について』(一六三〇年)にも共通するものであり、ここにもデカルトとベリュルあるいはオラトリオ会との精神的親近性を見ることができるのであるが、それはともかく、神の自由意志を絶対とするこの彼の立場からは、神が人間の理解に反して霊魂を消滅させることもできると認めざるを得ないのと同様、「永遠真理」を変更できるということも認めざるを得ないのだ。それ故デカルトは、この「永遠真理創造説」に関する議論を次のような言葉で結ぶのである。

しかし、彼の権能はわれわれの理解を超えています。われわれは神はわれわれの理解し得ることはすべて成し得るとは一般に言うことができますが、われわれが理解し得ないことは成し得ないと言うことはできないのです。何故なら、われわれの想像力が彼の権能と同じひろがりを持っているなどと考えるのは、まさしく僭越この上もないことだからです。

こうして、せっかく「永遠真理創造説」まで到達したデカルトは、自然の「明晰で確実」な認識の可能性に関するかぎり、再び元の懐疑の中に逆戻りしてしまう。神は数学的真理さえ自由に変えることができる以上、この世においては何ひとつ絶対に確実だと言えるものは存在しないのである。だがそればかりではない。われわれにとっては「明晰で確実」としか思えない数学的真理も、われわれにとってそう思えるだけで、実は現実の中に対応するものを持たない空虚な観念であるかもしれないのである。そして、そうでないことを保証するものは何もないのだ。『方法序説』第四部が神と自分自身を認識した後につづけて提起しているのはこの問題に他ならない。

そのあとで、私はその他の真理を求めようと思いました。そしてまず幾何学者たちの研究対象を取り上げ……彼らの最も単純な証明の幾つかを一通り調べてみました。そして、みんなが認めているその大きな確実性は、私が先ほど申し上げた規則のとおり明証的にそれらを概念することができるということ、ただそのことにのみ基づいていることに気付くとともに、また、こうした証明は、その対象が実在するという保証をまったく与えてくれないということにも気付いたのです。何故なら、一例ですが、一つの三角形を思い浮かべる時、その内角の和が二直角であることを私ははっきりと理解しますが、だからといって、この世にこのような三角形が存在することを保証するような何ものをも見出すことはできないのだからです。

彼は三角形の内角の和が二直角であることを「明晰かつ判明」に理解する。だが、それが実在する三角形の認識であるという保証はどこにも存在しないのだ。それではわれわれは洞窟から出たことのない人間のように、目を開けたまま夢を見ているようなものなのであろうか。

こうしてデカルトは、まさしく近代的な意味における認識論の問題にぶつかったのである。それは感覚的知識からでなく、理性的霊魂から出発したことの必然的な帰結であった。メルセンヌに「どうかどこでもはばからずに明言し公言して下さい」と言っていたにもかかわらず、彼がその後この「永遠真理創造説」を明言も公言もしなくなる理由は、おそらくこのあたりにこそあったにちがいない。だが、彼はやがてこの問題を解決し、ついにその哲学を完成させる。それが「ワレ思ウ、故ニワレ在リ」という彼の哲学の第一原理の発見に他ならない。それでは、この原理(いわゆるコギト)はデカルト哲学においていかなる意味を持ち、そしてまた、歴史的にいかなる意味を持ったのであろうか。だが、その前にまず、その出生のいきさつを明らかにするのが順序というものであろう。

4　ワレ思ウ、故ニワレ在リ

デカルトは『方法序説』第四部を、「この地で行なった最初の思索についてお話しすべきかどうか分りません」という言葉で語り始める。この思索はいわゆる形而上学に属するものであり、彼が想定している一般の読者の好みには合わないだろうからだ。だが彼としては、「私の立つ基礎が十分に堅固なものであるかどうか判断していただくためには、どうしてもそれについて語らざるを得ない」というジレンマに置かれているのである。こうして彼は、第五部と第六部で語ろうとする彼の自然学の「基礎が十分に堅固」であることを示すため、手短かに「この地で行なった最初の思索」を紹介するのであるが、「この地」がオランダであり、「最初の思索」がそこに到着してから九カ月間の形而上学研究を指すことは言うまでもあるまい。ただ、ここに語られていることが、すべてこの九カ月間の形而上学研究から生まれたものかどうかについては疑問がある。特に、彼がこの後すぐにつづけて語る、懐疑から「ワレ思ウ、故ニワレ在リ」という彼の哲学の第一原理に到達するまでの過程は、この九カ月間の形而上学研究について語った一連のメルセンヌ宛書簡にもまったくふれられておらず、おそらくはこの時以後に生まれたものであろう。実際、これらのメルセンヌ宛書簡におけるデカルトは、自分の思索の成果について完全な自信を抱くまでには到っていない。すでに述べたように、彼はメルセンヌに「いかなる幾何学的命題の真理よりももっと確実に神が存在することを私に知らしめる」ような証明を見出したと誇った後で、すぐに、「私がそれを理解したのと同じようにすべての人に理解させることができるかどうか分りませんし、それを不完全な形で論ずるくらいなら、むしろ全然この問題にふれない方がましだと思います」(前出、一六三〇年一一月二五日付書簡、傍点引用者)と彼の不安を打ち明けているのである。もし彼がこの時すでに「懐疑論者たちのいかなる極端な想定をもってしてもゆるがすことができない」(『方法序説』第四部)と彼の言うコギトの真理に到達していたのであれば、彼は決してこのようには言わなかったであろう。「永遠真理創造説」の場合も同様であり、彼はこの説を誇らしげに語ったすぐ後で、神がこの永遠の真理を変更し得るという可能性にぶつかって再び懐疑の中に落ち込んでしまうのである。

　コギトの成立が九カ月間の形而上学研究より後であることは疑いない。それでは、この思想はいったいいつどのようにして成立したものなのであろうか。だが、『方法序説』第四部で突然登場するこの彼の第一原理の成立については、その後の彼の書簡の中でも一切ふれられておらず、その成立の時期と経緯を明確にするような直接的な資料はまったく存在していない。それではわれわれは、その成立が一六三〇年の一連のメルセンヌ宛書簡から一六三七年の『方法序説』出版までの間のいつかだろうということだけで満足する他はないということなのであろうか。いや、そうではない。実はちゃんとした資料が存在しているのである。それは誰でも知っている資料であるが、ただこれまでそうと気付かれなかっただけなのだ。そして、その資料こそは、彼の死後に発見された未完の対話篇『真理の探求』に他ならない。だが、このことを明らかにするためには、もう一度、一六三〇年の一連のメルセンヌ宛書簡に戻って考えてみることが必要であろう。

デカルトがはじめて彼の「九カ月間の形而上学研究」について語ったのは、すでに述べたように、一六三〇年四月一五日のメルセンヌ宛書簡においてであるが、そのきっかけとなったのは、実はある「悪書」の問題であった。すでに引用したところと多少重複するが、この二つのことの関連をはっきりさせるために、その部分の全体をあらためて次に示そう。

お申し越しの神学上の御質問に関しましては、私の精神の能力を超えるものとは申せ、必ずしも私の仕事と無関係であるとも思えません。何故なら、それは私が厳密な意味で神学と呼んでいる神の啓示にかかわるような問題ではなく、むしろ形而上学的な問題であり、人間の理性によって検討されてしかるべきことだからです。ところで、私は神によって理性の使用を許された者はみな、それをまず神と自分自身を認識することに用いるよう努めなければならないと考えます。私が私の研究を出発させようと努めたのもまさにこのことからでした。そして、もし私がこの道によって自然学の基礎を求めたのでなかったら、私はそれを見出すことはできなかったろうと申し上げたいと思います。これはあらゆる問題の中で私が最も研究した問題であって、おかげでこの点についてはかなり満足しているような次第です。少なくとも私は、形而上学的諸真理を幾何学よりも明証的な仕方で証明するにはどうすればいいかを見出したと思っています。ただし、それは私がそう判断しただけでして、世の人びともこのことを納得してくれるかどうかは分りません。私がこの地に来てから最初の九カ月の間は、この仕事以外は何もしませんでした。そして、私がこれについて何か書くつもりだと、すでに以前にお話したかと存じますが、その前にまず自然学の方がどんな評価を受けるかを見るのがよかろうと思っております。しかしながら、あなたのおっしゃるその書物が、かりに大変よくできたもので、それが私の手に入るようであれば、おそらくすぐにでも反論しなければならないと感じることでしょう。というのも、その本は、あなたのお聞きになった報告が本当だとすれば、極めて危険で、また非常に誤っていると思われる主題を扱っているからです。しかしいずれにせよ、私の自然学の中で多くの形而上学的問題を扱うことになるでしょう。その中でも特に重要なことは、あなたが永遠のと呼んでいらっしゃる数学的真理は神によって定められたものであり、他の被造物同様、神に全面的に従属しているということです。

この後、更に「永遠真理創造説」に関する議論がつづくわけだが、それはすでに多くの部分を引用したことでもあり、ここではもうよかろう。ここで重要なことは、デカルトがはじめて彼の形而上学の骨子を語ったのは、彼がこの危険な書物に反論する用意があることをメルセンヌに伝えるためだったということである。この時メルセンヌがデカルトに書き送った手紙そのものは失われ、このデカルトの返事からその内容を推測するしかないのだが、デカルトが神の存在と霊魂不滅という神学の問題を形而上学的立場から研究し、すでに「これについて何か書く」ところまで来ていることを知っていたメルセンヌは、おそらく、神の存在と霊魂不滅を新しい明証的な論拠から証明することによって、この「危険な」書物に反論するよう求めたのであろう。この書簡から察するに、デカルトの方も大いにその気になっている。彼は彼の形而上学の骨子をメルセンヌに説明し、自分が「形而上学的諸真理を幾何学よりも明証的な仕方で証明するにはどうすればいいかを見出した」ことを誇り、もしその書物がメルセンヌの言うとおりのものであるなら自分がやっつけてもいいと言っているのである。

だが、その一方で彼は彼の不安を隠していない。彼が幾何学の証明よりも明証的だと確信する形而上学的諸真理の証明も、他の人びとを十分に納得させ得るかどうか自信はないし、この彼の形而上学を受け入れさせるためにも、むしろ自然学の方を先に世に問うた方がいいのではないかと彼は迷っている。そして、この四月一五日付書簡につづく、五月六日の書簡では、「例の悪書につきましては、目下別の仕事をしようと思っているところでもあり、もうお送りいただかなくてけっこうです」と、メルセンヌの要請を断るのである。その理由は、この三五部の書物がすでに印刷されてしまった今となっては、この本を読んだ人が自分の反論まで読んでくれるとは思われず、したがってもう反論を書いても遅すぎるという、口実としか思われない奇妙なものであった。

だがメルセンヌもしつこい。デカルトがもう送らなくてもいいと言っているにもかかわらず、この「悪書」の要所を筆写してデカルトに送りつけ、重ねてデカルトに反論を書くよう促したらしい。これに対する返事が同年一一月二五日付書簡であるが、ここでは彼はもっと正直に彼が反論を書けない理由を告白している。それは要するに彼にまだ無神論者を説得できる自信がないからなのである。また少し重複することになるが、そこで彼は次のように言っているのだ。

例の手稿の抜粋をお送りいただき感謝にたえません。この手稿ばかりでなく、他の無神論者全体を含めてその神を否定する諸論拠を打ち破る最も手短かな方法は、私の知るかぎり、すべての人に神が存在することを信じさせるような明証的な証明を見出すことです。私としては、私を完全に満足させ、いかなる幾何学的命題の真理よりももっと確実に神が存在することを私に知らしめるような証明を見出したことをあえて誇りたいと思います。しかしながら、私がそれを理解したのと同じようにすべての人に理解させることができるかどうか分りませんし、それを不完全な形で論ずるくらいなら、むしろ全然この問題にふれない方がましだと思います。すべての人びとの《万人の一致》[32]は無神論者たちの罵詈雑言から神を守るに十分ですし、一個人としては、彼らを説き伏せることができるという強い確信があるのでないかぎり、彼らと論争を始めるなど決してすべきではないのです。(傍点引用者)

デカルトは最初は、神の存在と霊魂不滅の明証的な証明を示しさえすれば「無神論者」を説得できると簡単に考え、このような証明を見出した自分にこそ、その責任と義務があると信じたのであろう。しかしながら、いざとなってみるとそれだけでは不十分であることに彼は気付いたのである。それでは何故、明証的な神の存在と霊魂不滅の証明を提示するだけではこの「無神論者」たちを説得するのに不十分なのであろうか。だがそれが何故かを理解するためにはまずこの「悪書」が何であり、彼の言う「無神論者」がどのような人たちのことであるのかを明らかにしておかなければならない。

この「悪書」が、デュピュイ兄弟のアカデミー・ピュテアーヌの一員であり、メルセンヌやガッサンディの友人でもあったラ・モット・ル・ヴァイエが、オラシウス・テュベロの偽名で小部数印刷させ、友人たちにだけ配布した『古代人を模倣した対話』であるというルネ・パンタールの推定(『デカルトとガッサンディ』)は、直接的証拠こそないものの、あらゆる状況と極めてよく符合しており、まず間違いはなかろうと思えるのだが、ただ、彼がこの「悪書」を、全部で九篇からなるこの対話篇の中の、『神について』と題する一篇のことだと特定していることには疑問がある。

ルネ・パンタールがこのように考えたのは、デカルトとメルセンヌの間で問題になっているのが無神論であり神の存在証明であるからだが、しかし、ルネ・パンタール自身が考証しているように一六三〇年三月に印刷されたと思われる最初の四つの対話篇の中には『神について』は入っておらず、『神について』を含む他の五つの対話篇が活字になるのは、デカルトとメルセンヌが「悪書」をめぐって書簡を交換した一六三〇年の翌年の一六三一年一〇月頃のことにすぎないのである。それ故、メルセンヌとデカルトが問題にした危険な「書物」が『古代人を模倣した対話』であることは確かだとしても、それが当時まだ未刊の『神について』を含む続篇の方だったはずはなく[33]、当然、はじめてこの「悪書」の話が出てくる一六三〇年四月一五日付書簡の直前の一六三〇年三月に出版された四つの対話篇の方だと考えるべきなのではないだろうか。そして、事実、この四つの対話篇の中には、メルセンヌとデカルトが『神について』に劣らず、いやおそらくはそれ以上に危機感を感じたとしてもおかしくない一つの危険な対話篇が含まれているのである。それはこの四つの対話篇の冒頭に置かれ、いわば対話篇全体の総論ともいうべき役を果たしている『懐疑主義哲学について』である。

すでに述べたように、懐疑主義はメルセンヌにとっては無神論の同義語であった。学問的真理と宗教的真理の一致を確信するメルセンヌからすれば、このような真理が存在することそのこと自体を否定する懐疑主義は、単に学問の敵であるにとどまらず、宗教の敵でもあったのだ。それは、リベルタンたちと親しく交わり、メルセンヌ以上にこの懐疑主義的状況の深刻さを知っていたデカルトにとっても同様であったろう。彼はまさに、神の存在と霊魂不滅の証明を確立することによってこの状況を克服すべくオランダに渡ったのである。基本的に立場を同じくするこの二人の盟友の間で、深い人文主義的教養と魅惑的な修辞的才能を備えたラ・モット・ル・ヴァイエの懐疑主義への誘いが、強い危機感をもって受け取られたとしても少しも不思議はない。それは学問と宗教を根底から掘り崩し、人びとを破船に導く危険極まりないシレーネの歌なのだ。

実際、デカルトとメルセンヌの間で問題にされた「悪書」が『神について』でなければならない理由はまったくない。ルネ・パンタールがこの「悪書」を年代を無視してまで『神について』と結びつけたのは、すでに述べたように、デカルトの書簡の中で無神論と、そしてこれに対する神の存在証明が問題になっているからであるが、『神について』も決して正面から神の存在を否定したような書物ではないし[34]、第一、もしそのような書物であったなら、ソルボンヌ神学部か高等法院の出番でこそあれ、デカルトやメルセンヌの出る幕ではなかったろう。メルセンヌの勧請を受けてデカルトがこの「悪書」に反論する責任を感じたとすれば、それはここに扱われている主題が彼の持ち場である哲学的次元に属するものであるからに他ならない。とするならば、その主題はメルセンヌが無神論の哲学的根底とみなしている懐疑主義以外ではあり得ないだろう。実際、はっきりした無神論者ということになれば真直ぐに火刑台行きという当時にあって、公然と無神論を標榜するような人間はいなかったのであり、無神論者とはつまり懐疑主義者の別名にすぎなかったのだ。デカルトが「無神論者」と言っているのもその意味においてであり、この言葉によって彼が問題にしているのも実は懐疑主義者のことだったのではないだろうか。

こうして、問題の「悪書」がルネ・パンタールの言う「書斎の自由思想」の代表者ラ・モット・ル・ヴァイエの『懐疑主義哲学について』のことであったとするなら、デカルトが神の存在を明証的に証明するだけではこの「無神論者」を論破するのに不十分だと気付いた理由もよく分る。敵はなにしろ、ピュロンやセクストス・エンピリコスの、あらゆる証明はすべて自己矛盾におちいるとする強力な論理で武装した懐疑主義者なのだからだ。そして、事実、彼の神の存在証明は、形式論理的に言うならば、神から与えられた神の観念によって神の存在を証明するという、懐疑論者の好餌食《えじき》ともいうべき明らかな循環論法を犯しているのである。

自分自身ある意味では懐疑主義者であり、その論拠の強力さを知りつくしていたであろうデカルトが、反論を思いとどまったのも当然である。彼自身には「いかなる幾何学的命題の真理よりももっと確実」としか思えない神の存在証明も、懐疑論者を納得させるどころか、逆に彼らの論理の絶好の餌食になりかねないのだ。そして、それくらいなら「むしろ全然この問題にふれない方がまし」なのである。だが、ここでもし彼があきらめてしまっていたら、デカルト哲学というものが存在することはなかったであろう。メルセンヌの要請はかたくなに固辞しつつも、彼はこの問題を一生けんめい考えつづけていたにちがいない。こうして生まれたのが、「懐疑論者たちのいかなる極端な想定をもってしてもゆるがすことができない」彼の第一原理、「ワレ思ウ、故ニワレ在リ」だったのではないだろうか。

遺稿として残された未完の対話篇『真理の探求』は、コギトのこの成立過程を証言する重要な資料であると思われる。何故なら、まず第一に、この未完の草稿はちょうどこの時期に『懐疑主義哲学について』への反論として書かれた草稿と推測できるからであり、第二に、もし以上のごとき推測が成り立つなら、この草稿の中で語られている懐疑からコギトに到る過程こそは、やがて『省察』において完成される彼のコギトの哲学の原型であり、それが懐疑主義哲学との対決を契機として生まれたものであることが明らかになるのだからである。それではまずこの第一の点、つまり『真理の探求』が『懐疑主義哲学について』に対するデカルトの反論の草稿であったという点について述べることにしよう。デカルトはおそらく、メルセンヌに対しては固辞しつつも、ひそかにこの「悪書」に対する反論を『真理の探求』という形で試みていたのである。

実際、『真理の探求』と『懐疑主義哲学について』との間には、そのいずれもが対話形式で書かれているということ以外にも、とても偶然とは思えない多くの共通点が存在するのだ。まず、登場人物の名前からしてよく似ている。『懐疑主義哲学について』では、懐疑主義者エフェスティオン(Ephéstion)がアリストテレス主義者ユードクスス(Eudoxus)をやっつけるのであるが、『真理の探求』においてはユードックス(Eudoxe)がデカルトの代弁者で、逆にエピステモン(Epistémon)をやっつけるのである。ただし、デカルトにおいては、エピステモンは懐疑主義者ではなくユードクススと同じ伝統的なアリストテレス主義者であり、更にまた、デカルトの場合、無学の故に生得の「自然の光」を曇らされていないポリアンドルという第三の人物が登場するということにおいても、ラ・モット・ル・ヴァイエのそれとの間に一義的な対応関係があるというわけではない。しかし、それにしても、主客その立場を逆にしつつ相対立するこの二人の人物の名前の類似は、はたして単なる偶然で片付けられるものなのであろうか。事実、デカルトは一六三〇年五月六日のメルセンヌ宛書簡で、この「悪書」に自分の反論をつけて出版するという計画を持っていたと述べているのである。だが、この点はともかくとしても、更に重要なのは、その冒頭と、それにつづく展開が、両者の間で見事な対応をなしているということであろう。まず、『懐疑主義哲学について』では、ユードクススが次のような言葉で語り始める。

エフェスティオンよ、書物の学問においても行き過ぎということがあり、あの黄金の中庸というものがなければ、それはわれわれを利するかわりに頑迷にし、精神を弱め、われわれが生来持って生まれたものを強め陶冶し開発するどころか腐敗させてしまうと言われるのも理由のないことではありません。

この『懐疑主義哲学について』の冒頭は、表現こそ違え、まさしく『真理の探求』の序文の冒頭と一致する。デカルトはそこで次のように言っているのだ。

ちゃんとした人間《オネートム》というものは、すべての書物を読んでいる必要もなければ、学校で教えられることをすべて丹念に学んでいる必要もありません。それどころか、もし書物による学問の習得にあまりにも時間をかけすぎたとすれば、それはむしろ彼の教育における一種の欠陥とさえなるでしょう。

この言葉を枕として、デカルト＝ユードックスは、以下、『方法序説』第一部や『ステュディウム・ボナエ・メンティス』とも共通した「書物による学問」の批判を展開してゆくのであるが、ここまでから見るかぎり、ユードックスとユードクススはまるで同じ人物であるかのようである。だがそうではない。ラ・モット・ル・ヴァイエのユードクススの冒頭の言葉は、実は懐疑主義者エフェスティオンの攻撃のための前置きなのであり、それは次のような言葉につづくのである。

そしてあなたは、あなたの考えをまさにこのようにして形成し、あなたの判断を懐疑論者のあの感嘆すべき判断中止《エポケー》に従わせてしまったので、最も感覚的(sensible)な事柄に関してさえ、あなたはすべての感覚——意見(sentiment)——を、従って一切の理性を失ってしまったのです。何故なら、感覚という手段と媒介を通してでなければ、何ものも理性に到達することはできないのですから。私たちが狂人のことを没感覚(insensé)と呼ぶのはまさにそのために他なりません。

こうして、ラ・モット・ル・ヴァイエのアリストテレス主義者ユードクススは、すべての知識の源泉は感覚にありとするアリストテレス主義の立場から、感覚を信用しない懐疑主義者エフェステイオンの攻撃を開始し、これに対してエフェステイオンは、いろいろと実例を挙げつつ、感覚が少しも確かでないことをユードクスス に証明してゆくのであるが、デカルトの方はこの関係が逆になり、懐疑主義者エフェステイオンの役割を演ずるのはユードックスである。彼は冒頭の「書物による学問」の批判につづいて、このような学問をしたことがないため「自然の光」を曇らされてはいないが、しかし「感覚的事物を疑うことのできない」一般の人ポリアンドルを相手に、感覚がいかに人を欺くものであるかを明らかにしてゆき、ついにアリストテレス主義者エピステモンを沈黙させてしまうのである。この段階までは、デカルト＝ユードックスはラ・モット・ル・ヴァイエ＝エフェステイオンとまったく同じ懐疑主義者なのだ。

だが、『懐疑主義哲学について』と『真理の探求』が対応するのはここまでである。前者はこの後、感覚の問題から人間の判断の相対性という問題に移ってゆき、古今東西の文献を博引傍証しつつ、人間が絶対と信じていることが時代と場所によっていかに異なっているかを示した後、なにものも確信しない懐疑主義こそは真の休息と満足をもたらすものだと結ぶのであるが、これに対して後者の方は、ポリアンドルが素朴に信じていたことをすべて破壊して一切を疑うに到らしめた後、一転してそこから、この「疑っているところの君が存在することは確実である」という結論を引き出すのである。すべては疑わしいということにおいては懐疑主義者エフェステイオンと完全に一致するデカルト＝ユードックスは、かくして、その懐疑の極限において絶対に疑い得ない確固不動の「アルキメデスの点」を見出し、ついに懐疑主義を克服するのだ。

こうして、ラ・モット・ル・ヴァイエとデカルトの二つの対話篇を重ね合わせてみる時、この二つのものが決して無関係ではないという強い印象を持つことを禁じ得ない。後者はあたかも前者を踏まえつつ、前者に反論しているかのように進行しているのだ。もちろん、これだけのことから、『真理の探求』が一六三〇年当時、『懐疑主義哲学について』に対する反論として書かれたものだと断定するつもりはない。直接的証拠が出てこない以上、推測はどこまで行っても推測なのだからである。だが、この推測には少なくとも根拠と言えるものがあるのであり、(35) 執筆年代不明のこの遺稿についてこれまで行なわれてきたさまざまな臆測にくらべるなら、はるかに蓋然性が高いということは言えるだろう。そして、デカルトの教えるように、絶対に確実な証拠が見出されるまでは、なるべく蓋然性の高い推測に従って考えてゆく他はないのである。

さて、こうして、『真理の探求』がもし「悪書」すなわち『懐疑主義哲学について』に対する反論としてひそかに書かれていたものであるとするなら、その中に含まれているコギトの意味もまたおのずから明らかとなるだろう。それは、この「悪書」の問題を契機とし、懐疑論者との対決の中から生まれてきたものなのである。そしてこのデカルトの出発点となったのは、やはり神の存在証明の問題だったであろう。デカルトはメルセンヌに、「無神論者」つまり懐疑主義者を論破する最も手短かな方法は、明証的な神の存在証明を見出すことだと語っていたが、このような証明を見出したと自負しつつも彼がこの証明を発表することを思いとどまったのは、それがかえって懐疑論者たちの手強い反論を招いてしまうことを恐れたからなのであった。すでに述べたように、それは少なくとも形式論理上は明らかな循環論法なのだからである。メルセンヌの要請を断った後も、デカルトが考えつづけていたのは、おそらくはこのことだったにちがいない。

コギトはまさにこの循環を断ち切るものであった。それはまず「ワレ」の存在を確立し、この確実な前提から出発して神の存在を証明することを可能にするのだからである。ここで重要なことは、神の存在証明の前提となる「ワレ」の存在は、まったく無前提に立言できるのでなければならないということだ。さもなければ、それは暗黙のうちに別の何かを前提していることになり、この何かはまた別の何かを前提としているというようにして、再び循環の中に陥ってしまうのだからである。

コギトはまさしくこのような無前提の命題であった。「ワレ思ウ、故ニワレ在リ」は一見推論式のような形をとっているが、それは言うまでもなく「ワレ思ウ」から「ワレ在リ」が推論されるというようなことではない。「ワレ思ウ」ということを自覚化した時、そこには必然的かつ同時に「ワレ在リ」が把握されているのである。この二つのことは切り離すことのできない一つのことであり、それは単一の直観によって、なんの前提もなんの媒介もなしに直証的にとらえられるのだ。

こうして、コギトの発見によって、彼の神の存在証明は循環論法を脱して論理的整合性を持つに到る。このコギトの真理を覆すのでないかぎり、もはやいかなる懐疑論者といえども彼の神の存在証明を否定することはできまい。それに、どうして彼らにコギトの真理を覆すことなどできよう。コギトはまさに彼らの論法を逆手にとったものなのだからだ。彼らはすべてを疑うと言う。だが、彼らは自分が疑っているというそのことは疑わないのであり、そこにはすでに疑っている自分が存在することが肯定されているのである。懐疑論者がもしこのことを否定するなら、彼らが疑っていること自体が疑わしいことになり、みずから自己矛盾におちいってしまうことになるのだ。

ここにおいてデカルトは、「このワレ思ウ故ニワレ在リという真理が、懐疑論者たちのいかなる極端な想定をもってしてもゆるがすことができないほど堅固で確実であるのを見てとって、これをなんの不安もなしに求めてきた哲学の第一原理として置くことができると判断」(『方法序説』第四部)する。彼はついに、その上に彼の哲学体系が建設されるべき第一原理に到達したのである。

とはいえ、このデカルト哲学の第一原理は、単に懐疑論者の批判を回避するためのものだったわけではない。コギトをこのような戦略的な目的のために案出された巧妙な装置であるかのごとく理解する理解の仕方はすでにその当時からあり、ガッサンディもこのコギトを「装置」「仕掛け」と呼び、「無用な小細工」と評している(『ディスキジティオ』)のだが、今日もなお存続しているらしいこのような理解の仕方は、コギトが生まれてくる内的必然性を十分に理解しないところから生じたものにすぎない。コギトは決して懐疑論者に対する戦術として彼が思いついた「仕掛け」などではなく、実は彼の神の存在証明の中にすでに含まれていたものなのであり、彼は懐疑主義との対決を契機としてそれを顕在化しただけなのである。

彼の神の存在証明は、一見循環論法のごとく見えて実はそうではなかった。それは不可逆的に理性的霊魂＝ワレの存在から出発して神の存在に到るものだったのである。何故なら、彼が『精神指導の規則』の第十二規則においてすでに述べていたように、「私が存在する、ということから、神が存在することを私は確実に推論できるけれども、しかし、神が存在する、ということから、私もまた存在する、と主張することは許されない」のだからである。ここで彼の言っていることはいわば彼の形而上学の新プラトン主義的発想の必然的結果であるが、それはすでに少し述べたことでもありここではともかくとして、この彼の神の存在証明がまずワレの存在を前提とするものであったことは重要である。そして、同じく『精神指導の規則』第三規則において、直観という「純粋で注意深い精神の、われわれが理解するものについては懐疑の余地をまったく残さぬほど容易で判明な把握作用」

によってとらえることのできるものの例として、「自分が存在していること、自分が思惟していること」が挙げられていることからすれば、彼がこの思惟するワレの存在を直観によって無前提かつ無媒介に把握されるものと考えていたこともまた明らかである。「ワレ思ウ、故ニワレ在リ」は、この彼の神の存在証明に内在していた論理をただ明確な形で定式化したものにすぎなかったのだ。

だがそれはまさにその通りであるとしても、この明確化はやはり、もし彼が懐疑論と正面から対決することを迫られたのでなかったら、はたして実現していたかどうか疑問である。実際、コギトはあくまでも懐疑と関係したものであり、この懐疑の極限において、懐疑の克服として姿を現わすものなのだからである。その意味で、『真理の探求』において「ワレ思ウ」が常に「ワレ疑ウ」という形で語られていることは示唆的である。先に述べたごとき推測に立つなら、『真理の探求』の次の一節こそは彼がはじめてコギトについて語ったものであり、いわばコギトの原初形態とも言うべきものであろうが、それは彼の発想の根本がまさにこの「ワレ疑ウ」にあったことをはっきりと示しているのだ。

ユードックス「あなたは自分が疑っていることを否定できないどころか、あなたが疑っていることはあなたが疑い得ないほど確かなのですから、疑っているあなたが存在していることもまた確かであり、しかも、それはあなたがもはや疑うことができないほど確かなのです。

この疑うワレの存在は、『方法序説』第四部においては更に思うワレの存在へと発展し、身体とは区別された思惟を本性とする実体――霊魂――の存在が疑い得ないものとして確立される。彼はこの存在するワレが何であるかを検討し、このワレが存在するためには身体も世界も場所も必要としないことを見てとって、そこから、「自分がただ思惟することのみを本質あるいは本性とする一つの実体であること、そして、それが存在するためにはいかなる場所も必要とせず、いかなる物質的なものにも依存しないこと」を認識し、「このワレ、すなわち私をして私たらしめている霊魂は、身体とはまったく区別されるのみならず、身体よりもはるかに容易に認識され[36]、たとえ身体がなかったとしてもなお存在する」(『方法序説』第四部)と結論するのだ。

こうして、「ワレ疑ウ、故ニワレ在リ」は「ワレ思ウ、故ニワレ在リ」という形で定式化され完成されるのであるが、それがその出発点において疑うワレの存在の肯定であったことは、その出生が懐疑主義との対決の中にこそあったのであり、懐疑主義の存在なくしてはおそらく生まれなかったであろうことをはっきりと示している。そして、懐疑主義者たちの懐疑――知識批判――の正当性を進んで承認しつつ、そのぎりぎりの極限において疑うことのできない確実な原理を見出すということは、デカルト自身がまさしく懐疑主義者だったからこそできたことであろう。実際、彼と一般の懐疑主義者との違いは、ただ、彼が甘美な判断中止《エポケー》の上に安住することを拒否し、あくまでも「明晰で確実」なものを求めつづけたこと以外にはなかったのだ。

こうして、コギトの真理の発見は、理性的霊魂から出発して神の存在と身心の実体的区別の証明に到る彼の形而上学に堅固な基礎を与えたのであるが、実はそれだけではなかった。すでに述べたように、九カ月間の形而上学研究は彼に二つの未解決の認識論的な問題を残していたのであるが、コギトの発見はこの認識論上の問題をも解決したのである。

この二つの問題とは、言うまでもなく、自由意志によって永遠の真理を創造した神は、また同じく自由意志によってこの真理を変更し得るのではないかという問題と、もう一つ、たとえば内角の和が二直角である三角形をわれわれは明晰判明に認識するが、はたしてそれは現実の存在を持つのかという問題であるが、この二つの問題は相互に深く関連しており、実は一つのこと、つまり内的直観から出発して真理を認識することは可能かという問題だということができるだろう。真理とはある判断がその対象である存在に妥当しているということである。つまり、われわれはただ内的直観のみによって三角形の内角の和は二直角以外ではあり得ないと判断するが、それは同時に現実に存在する三角形についてもあてはまるのでなければならないのだ。だがもし神がまったく自由に真理を変えることができるとすれば、三角形の内角の和が二直角以外ではあり得ないと思っているのはわれわれの方だけであり、実際にはそうでないかもしれないのである。内的直観によって明晰判明に把握されたものがすなわち真理であると主張する根拠はどこにもなく、われわれは洞窟から出たことのない人間のように、目を開けたまま夢を見ているだけなのかもしれないのだ。

これは、数学をモデルとし、内的に明晰判明に直観されることのみを真理の公準としてきたデカルトの、必然的にぶつからざるを得なかった問題だと言えるだろう。そして、コギトはこの問題に解決をもたらしたのである。それは彼が採用してきた明晰判明という公準を認識論の地位にまで高め、明晰判明に直観されるものは本当に真であると断言する根拠を彼に与えたのだ。それでは、それはいったいどのようにしてだったのであろうか。まず『方法序説』第四部が、コギトの真理について述べた後を受けて、どのように言っているかを見てみよう。

次に私は、一つの命題が真であり確実であるためにはいったい何が要求されるかを一般的に考察してみました。私はたった今このような命題を一つ見出したところですから、その確実性が何に基づくのかも分るはずだと考えたからです。そして、《ワレ思ウ、故ニワレ在リ》ということの中には、思惟するためには存在することが必要であることを私が極めて明晰に看取するということ以外には、それが真理であることを保証するものはまったく何もないことを知って、私は次のように判断しました。われわれが極めて明晰かつ判明に把握するものはすべて真であるということを、一般的規則として立てることができる、ただしかし、われわれが判明に把握するものがいったい何であるかに正しい注意を払うことに多少困難があるが、と。

ここに言う一般的規則(règle générale)が、『方法序説』第二部で語られていた「極めて明晰かつ判明に私の精神に現前するもの以外は私の判断の中に受け入れないこと」という準則(précepte)とは次元を異にするものであることは言うまでもない。それは真理の探求を決意したデカルトが、さしあたって自分に課した準則ではなく、コギトの確立を経てあらためて定立された一般的規則、つまり認識の原理なのである。それでは、コギトの確立以後の彼が、明晰判明に把握されたものはすべて現実に存在するものについても妥当する真理であると主張できたのはいったい何故だったのであろうか。以下、『方法序説』第四部が説いてゆくのは、実は結局はこの問題に他ならない。

デカルトはコギトの真理から明晰判明であることを真理の一般的規則として引き出してきた先の一節において、「ただしかし、われわれが判明に把握するものがいったい何であるかに正しい注意を払うことに多少困難がある」という、ここだけからは意味のよく分らない留保を付していたわけだが、これは、彼が次に神の観念とそれ以外の観念との区別について述べてゆくところからすれば、おそらくはこのことを指したものであろう。同じ明晰判明な観念であっても、それが自分より完全なものから来ている場合と、必ずしも自分より完全でないものから来ている場合とでは区別して考えなければならないのである。前者が神の観念であり、後者が「私の外にある他の多くのもの、たとえば天空、大地、光、熱、その他もろもろ」のものについての観念であることは言うまでもない。デカルトは次のように言う。「もしこれらのもの〔天空や大地や光などの観念〕が真であるなら、私の本性が多少とも備えている完全性にそれは基因しているのであり、もしそうでないならば、私はそれを無から得て来たのであって、このような観念が私の中にあるのは、まさに私が不完全であるからに他なりません。だが、私よりも完全なものの観念についてはそれと同じではあり得ません。何故なら、それを無から得るということは明らかに不可能なことだからです。また、より完全なものがより不完全なものに基因するというのも、無から有が生ずるというに劣らず理に反したことですから、私はそれを私自身の中から得たはずもありません。」(同前) こうしてデカルトはこの完全なものについての観念は神から来たものでしかあり得ないと結論するのであるが、重要なことは、この完全なものという観念には「存在が含まれている」(同前)ということである。何故なら、存在を含まない観念は少しも完全ではないのだからだ。こうして、明晰判明に彼の内部において直観される神の観念から神の存在は直接に結論されるのであるが、それでは、この完全なもの以外の他の観念についてはどうなのであろうか。

こうした観念はすべて、完全なものから来たのでない以上、それが「存在を含む」と言うことはできない。つまり、こうした観念の明晰判明さは、必ずしもその対象の実在を保証するものではないのである。だが、ひるがえって考えてみるに、不完全なワレが神の存在を認識したのはこの神の観念が明晰判明だからであり、また、ワレの存在を疑いないものとして把握し得たのも、それが明晰判明に直観されたからに他ならない。とするならば、あらゆる観念は、これらの真理ほどの明証性は持たないにしても、その明晰判明さの度合いに応じて一定の「存在を含む」と言うことはできないであろうか。もしある観念が不分明さを持つとすれば、それは非存在(無)からきたものに他ならないのだからである。たとえば、夢の中に現われる事象は極めて不分明であるが、それはこの事象が無に基因しているからなのだ。不完全な存在であるわれわれの認識がこうした非存在からくる不分明さを含むのはやむを得ないが、しかし、あくまでも明晰判明なもの以外は受け入れまいと努めることによって、われわれは真理の認識にかぎりなく近づくことはできるのである。

こうして、コギトの確立は、明晰判明という数学の確実さを範とした準則をついに認識の原理にまで高め、われわれが本当に「明晰かつ判明に把握するものはすべて真である」、つまりその対象の存在を含むということを一般的規則として立てることを可能にしたのであるが、しかし、この規則が完全なものとなるためには、究極的に神の存在証明を介することが必要であった。『方法序説』は、この第四部のいわば結論として次のように言う。

なぜなら、まず、われわれが先に規則とした極めて明晰かつ判明に観念するものはすべて真であるということさえも、神が存在し実在すること、彼が完全な存在であること、そして、われわれの内にあるすべてのものは神から来たのだという理由によるのでないかぎり、少しも保証はされないのだからです。ここからして、現実に存在するわれわれの観念あるいは概念は、それが明晰で確実であるかぎり神から来たものに他ならず、したがって真以外ではあり得ないことが帰結します。それ故、もしわれわれがしばしば誤謬を含む観念を持つとすれば、それはこれらの観念の中に無から生じたものに他ならぬ不分明で混乱したところがあるからであり、われわれがこうした混乱した観念を持つのは、われわれが不完全な存在であるからに他なりません。実際、このような誤謬あるいは不完全性が神に起因するというのは、真理あるいは完全性が無から生じると言うに劣らぬ矛盾であることは明らかです。だがしかし、もしわれわれの中にある真にして実在的なものがすべて完全にして無限なる存在から来たのであることをわれわれが知らなかったら、われわれの観念がどんなに明晰かつ判明であったところで、それが真理としての完全性を有すると確信する理由は何ひとつ持ち得なかったでしょう。

コギトの真理性から、そこに含まれている明証性が真理の一般的規則として引き出されてきた時、それは、いわば、有限な人間にとってはどうしてもこうとしか思えないものを真と信ずるほかはいかなる認識もあり得ないという、いわばせっぱづまったものだったのであり、「欺く神」さえ否定し得ない（『省察』第二部）コギトの真理は別として、その他の判断についてはそれが本当に真であるという確証はいまだどこにも存在しなかったのである。神の存在証明は、この確証を彼に与えたのだ。何故なら、もし明晰判明な神の観念がこの完全なるものによって理性的霊魂に刻み込まれた刻印であるとするなら、この不完全な人間の持つ同じくらい明晰判明な観念もまた、この完全なものによって与えられた刻印としか考えられないのであり、こうして、われわれの観念は、「それが明晰で確実であるかぎり神から来たものに他ならず、したがって真以外ではあり得ないことが帰結する」のだからである。

デカルトがここで考えている神の観念に比すべき明晰で確実な観念が、三角形の内角の和が二直角であるというような数学的真理＝永遠真理であることは明らかであろう。われわれが三角形の内角の和は二直角であることを普遍妥当的な真理であると自信をもって主張し得るのは、この真理がまさにその創造者である神によって理性的霊魂に与えられた刻印だからなのである。こうして、彼が無神論者は何ひとつ確実なことは認識し得ない（『省察』第六答弁）と言う理由も理解できる。この神を認めない者には、デカルトのように三角形の内角の和が二直角であることが何故真理なのかを決して言うことはできないのだからである。

　こうしてようやく、彼の数学的「方法」[37]は完成する。それはここにおいてはじめて、世界の認識の原理として確立されたのである。もちろん、もう一つだけ問題は残っている。それは神はこの永遠真理を変えてしまうかもしれないということである。ここで出てくるのが「神の誠実性」という問題であり、デカルトは、欺くということは不完全であって神の完全性と矛盾する（『省察』第四部）という理由によってこの可能性を否定するのであるが、これをもってデカルトが安易に真理の保証を神の善意に委ねてしまったなどと言うのはあたらない。彼は決して『省察』第四部において神は欺き得ないことを証明したのではなく、ここでもやはり、一六四四年五月二日付のメラン神父宛書簡に詳しく述べられているように、われわれには神の意志を知ることなどできないのであって、ただわれわれとしてはわれわれの理解し得るようにしか理解できないということなのである。もし神が欺くものであったとしてもそれは仕方がない。その時にはただ、すべての認識は成り立たないというだけのことなのだ。そして、このようなぎりぎりのところで成り立っているのがデカルト哲学なのである。

デカルトが最も理解されていないのは、おそらくはまさにこの点であろう。現在のわれわれから見れば、デカルトは機械論的自然観を打ち立て近代的学問に道を拓いた堂々たる近代の創始者である。だがそれは結果であって、デカルト自身はそのようなことを予想していたわけではない。彼は「明晰と確実」のデーモンに憑かれて「暗夜を一人行く人のごとく」さまよった末、かろうじてコギトの真理にめぐり合ったにすぎないのである。だがそれにしても、これはいったいなんというはかない真理であろうか。

デカルトは『省察』第二部において「ワレ思ウ、故ニワレ在リ」に到達し、このことこそは確実であると言ったすぐその後で、ではこのことはいかなるかぎりにおいて確実であるのかと問い、それは「私が思惟しているかぎりにおいて」だと言う。何故なら、「私が一切の思惟を止めるとしたならば、おそらくまた、その場で私はそっくりあることを罷める、ということにもなりかねない」のだからだ。コギトによって存在を確立されたこのワレは、決してそのまま厳然として存在しつづけるわけではなかったのである。それは欺かれまいとする強い緊張の中で把握されている時にのみ真なのであって、この緊張が失われればまた元の非在の中に落ち込んでしまうのだ。このコギトは、彼と同時代の演劇の主人公たちが、運命の転変にもてあそばれた末、いったい私は誰なのだろうと問うのと似ていなくもない。すべてが疑わしい世界の中で、それは夢や幻とのぎりぎりの境界においてかろうじて成り立っているものにすぎないのである。

デカルトに対する近代主義的誤解の根元は、彼の生きた時代のこの懐疑主義的状況の深刻さが忘れられてしまったところにある。デカルトの懐疑が「方法的誇張的懐疑」(アンリ・グイエ『デカルト論集』)であるなどというのは、まさしくこのような誤解の典型であろう。「方法的誇張的」という形容詞の意味は、彼の懐疑が真に「明晰で確実」なものを見出すための手段であり、そのために彼は決して自分が疑ってもいない数学的真理まで疑っているふりをしたということらしいが、この前半の懐疑が手段であったというのはまあいい。デカルトが「明晰で確実」なものを求めていたのは事実であるし、彼自身この自分の懐疑を懐疑主義者の懐疑と区別してそのように説明しているのだからである。だが、それはコギトに到達した彼がそれまでの模索をふりかえった時にはじめて言えたことであって、彼とても最初からこのようなものにめぐり合えるあてがあったわけではあるまい。実際の彼はそれこそ誇張ではなしに「暗夜を一人行く」がごとき手探りをしていたにちがいないのである。懐疑は方法とか手段とかいった言葉でわれわれが理解するような生易しいものではなく、彼にとって暗く恐しい海のごときものだったのであり、さればこそ彼は懐疑の危険性を説き自分のまねをしないように勧めている(『方法序説』第二部)のではないだろうか。この彼の懐疑が「誇張的」だなどと言うのは、こうした彼の言葉を誇張としか受け取ることのできない近代人の偏見によるもの以外ではあり得ない。

もしデカルトを理解しようとするのであれば、まずこのような色眼鏡をはずし、デカルトの言っていることをそのまま受け入れるべきであろう。たとえば、『省察』第二部において、懐疑に入ったデカルトは、「あたかも突如として渦巻く深みにはまってしまったかのように、狼狽のあまり私は、水底に足をつけて立つこともできなければ、泳いで水面に浮かび出ることもできない」ような状態におちいってしまったと語っているが、それはおそらくは彼の実際の体験だったのである。だが、この『省察』で語られているなまなましい懐疑も、グイエによれば「純粋な虚構」(同前)にすぎず、要するに全部嘘なのである。近代人グイエがそのように感ずるのはたしかに無理もない。しかし、だからといって、それが「虚構」であり「誇張」であり嘘であるなどと断定する権利は近代人グイエにはないのである。

『省察』における懐疑の中に登場する「悪霊」も「欺く神」も、たしかに近代人の好みには合わないかもしれないが、おそらくデカルトにとっては現実の血みどろな格闘の相手だったのだ。『省察』第一部の終りに出現して、彼に夢にすぎない天空や大地や色や形や音などの実在を信じ込ませようとする「悪霊」は、グイエによれば、より確実なものを求めて感覚的所与を否定するための「一種の方法的あやつり人形」にすぎないのだが、それは彼の「第一の夢」に現われて彼を恐慌状態におとし入れたあの「悪霊」となんとよく似ていることだろうか。この『省察』の「悪霊」に対し、それが「どのように力能があるにせよ、どれほど狡智にたけているにしても、何かを私に押しつけることができないよう」

（『省察』第一部）足を踏みはるデカルトは、まさしく「悪霊」の送った激しい風に抗して足を踏みはる「第一の夢」のデカルトである。「夢」の中で「教会」＝真理に向かうデカルトに風が激しく吹きつけたように、真理を求めるデカルトは常に彼を欺く彼を超えた大きな力と戦っていたのだ。そして、懐疑の究極において姿を現わす「欺く神」。これもまたグイエによれば、単に、2＋3＝5という「デカルト自身は一度も疑いをはさんだことがない」（同前）数学的真理の明証性をゆるぎないものとして示すための誇張的な「仮説」（同前）にすぎないことになるのだが、『方法序説』第四部において彼が2＋3＝5が真理であることを言うためにいかに苦しい思索を重ねたかを見てきたわれわれにとっては、このグイエの言うことがどんなに誤っているかはもはや明らかであろう。デカルトは「一度も疑いをはさんだことがない」どころか、この数学的明証性がいかにして真理であり得るかということをこそ真剣に問題としていたのである。2＋3＝5が自分にとって明証的であるかどうかが問題なのではない。問題は、「神がそうしたいと思うとするならば、神にとっては、私が精神の目で能うかぎり明証的に見澄ましていると私の考えるものにおいてさえも、私が過つ、という事態をしつらえることは容易である」（『省察』第三部）ということなのだ。神がもし欺くものであるなら、いかに2＋3＝5が自分にとって疑い得ないものであろうと、それは真理ではない。それが真理であるためには、神が欺かないものでなければならないのである。だが、自由意志によって永遠の真理を創造した神は、また同時にそれをそうでなくすることもできる。彼は「欺く神」でもあり得るのであり、彼が欺かないと証明することは人間にはできないのだ。

「欺く神」は誇張した「仮説」であるどころか、実は神そのものなのである。この神も欺き得ないのはただコギトの真理だけであって、その他の真理は神が欺かないという仮定の上でかろうじて成り立つものであるにすぎない。有限な人間としてできることは、この神の善意を信じてゆくことだけであって、さもなければすべてをあきらめて、元の懐疑的状況の中に逆戻りしてゆくほかはないのである。

近代の創始者デカルトの偉大なるコギトの哲学は、実はこのようなあやうい所でかろうじて成立したものにすぎない。それは中世的あるいはルネッサンス的コスモスの崩壊の後のカオス(混沌)と化した世界の中で、なんとか新しい秩序を再建しようとする試みだったと言えるであろうが、その足がかりは、思惟するワレの存在というような、あえて言うならばはかなく頼りない「真理」でしかなかったのだ。それは知がその共同の基盤を失ってしまった世界におけるまことにやむを得ざる結果であったろう。この点について、ロディス＝レーヴィスがある面白い指摘を行なっている。彼女によれば、conscientia(conscience)という語を個人の意識という意味ではじめて用いたのはデカルトだというのだ(『無意識の問題とデカルト主義』)。たしかにそう言えば、コギトもまさにこの意味における意識あるいは意識の意識なのである。ところで、この語はまさに読んで字のごとく、元来は共同(con)知(scientia)を意味する言葉であったのだ。もしデカルトがはじめてこの語を意識という意味において用いたのだとすれば、それは彼が共同知からではなく個人の意識から出発した最初の哲学者だったということである。実際、共同知——その中には神の存在や霊魂不滅も当然含まれる——の解体した世界に生きていたデカルトにとって、自分に直接現われる意識を拠り所とする以外にはいったいどんな拠り所があり得たであろうか。それはちょうど、普遍教会(カトリック)の基盤(共同知)がゆらぎはじめた時、人びとが直接に神から与えられたと信ずる個人の良心(conscientia)にその拠り所を求めざるを得なかったのと同様である。もし、この確かなものがすべて失われた世界をマニエリスム的世界と定義するなら、コギトという一点を拠り所として世界を再構成しようとするデカルト哲学は、まさしくバロック的哲学だと言うことができるだろう。バロックとはまさに、すでに失われた秩序を過剰なエネルギーによって無理やりに作り出そうとするものだと言えるのだからである。だが、圧倒的なカオスに対して立ち向かおうとするこの「思惟するワレの存在」は、なんと弱く頼りないものに思えることであろうか。それはまさしく、彼とほぼ同時代を生きたパスカルの言う「考える葦」に他ならないのである。

5　宗教と科学の間

デカルトが彼の「歩んできた道」について語っているのはここまでである。この後につづく第五部はいわば『宇宙論』の要約であり、第六部においては、この『宇宙論』の公刊を断念したいきさつと、そして、それにもかかわらずこのような形で自分の研究成果の一部を世に問うことを決意するに到った理由とが語られており、第四部までとはまったくそのおもむきを異にしている。もしかしたらこの部分は、『方法序説』の最初の構想――『屈折光学』と『気象学』に「序文」を付して出版するという――に基づいて一番はじめに書かれたものだったのかもしれない。実際、ガリレオ事件によって刊行をあきらめた『宇宙論』の内容をかいつまんで説明し、それがどんなに明証的かつ有用であったかを訴える第五部にしても、『宇宙論』の断念から『方法序説』出版の決意に到る過程を、ガリレオ事件から彼が受けた苦悩と迷いをそのまま反映するがごとく、いささかくどくどしいまでに語っている第六部にしても、まさにガリレオ事件から日なお浅い最初の構想の「序文」にこそふさわしいのである。デカルトはおそらく最初にこの部分の下書きを書き、ついで、このような成果に彼を導いた彼自身の「歩んできた道」を語る必要を感じて、第一部から第四部までを後から書き加えたのではないだろうか(38)。

とするならば、彼の「歩んできた道」に主たる関心を持って『方法序説』を読んできたわれわれとしては、ここでこの書物を置くこともできないではない。だが、考えてみれば、彼が彼の「歩んできた道」を語る『方法序説』を後世に残すことになったのも、ガリレオ事件というこの彼の一生最大の危機の結果なのであり、『方法序説』誕生の秘密を理解する上からも、やはり直接にこの危機について語ったこの部分を無視してしまうわけにはいかないだろう。ただ、もしフォントネルのように、デカルトにおいては「方法」のみが重要であり、それは「彼が教える規則そのものに照らしてさえ大部分誤りであるか、あるいは極めて不確実である彼の学問そのものよりも、はるかに大きな価値を持っている」(前出)という立場に立つならば、第五部についてはそれほど多くを言う必要はなさそうである。彼は第五部において、彼が発見した真理の中の主なものを説明した「論文」(つまり『宇宙論』)が「幾つかの顧慮によって出版できないので、ここでその内容の概略を述べることでそれを知っていただく他はない」と無念そうに彼の苦しい立場を訴えた後、『宇宙論』の順序に従ってその内容を要約してゆき、最後に血液を循環させる心臓の機能について特別に詳しく述べるのであるが、デカルト自身にとっては何よりも重要であったにちがいないこれらの「諸真理」も、現在のわれわれからすればただ科学史的興味の対象であるにすぎないのだからである。実際、デカルトが第四部全体よりも多い頁数をさいた彼の血液循環論にしても、彼としては、身心の実体的区別の裏付けとして、身体をオートマート（自動機械）として説明することを可能にするこの問題に格別の重要性を感じていたのであろうが、しかし、ハーヴェイの心臓ポンプ説に対して心臓を熱機関として説明する彼の血液循環論は言うまでもなく誤りであり、そのこと自体としては決してわれわれの興味をひくものではないのである。

問題はそれ故むしろ第六部の方であろう。デカルトはまさにそこで、ガリレオ事件によって宗教と学問の板ばさみになってしまった自分の苦悩を、彼らしくもない屈折した言葉で長ながと語っているのだからである。それではガリレオ事件は彼の学問にとって具体的にいったいどのような危機であり、そして、彼はこの危機をどのようにして解決しようとしたのであろうか。まずこの第六部の冒頭を読むことから考えてゆくことにしよう。

さて、今から三年ほど前のことですが、私はこうした事柄をすべて含む論文を仕上げ、それを印刷に付すべく見直しを始めていました。その時私は、私が尊敬し、かつまた私自身の理性が私の思想に対して持つのに劣らぬ権威を私の行動に対して持っている方たちが、少し前にある人が公表した自然学上の意見を非難なさったということを知ったのです。私は私がそれと同じ意見だとは申しません。しかし、この禁書処分以前には私はそこに宗教にとっても国家にとっても有害と思われるようなものは何ひとつ気付きませんでしたし、したがって、もし理性が私にそれを納得させるならば、私自身がそれを書くことにもなんの支障もないと考えていたのです。このことは、私自身の書いたものの中にもやはり私が思い違いをしているようなものがありはしないかという不安を私に起こさせました。私は極めて確実な証明があるのでないかぎり新しい意見を決して受け入れないよう、そしてまた、誰かの不利益になるようなことは一切書かないよう常に十分に注意してはいたのですが。このことは私に自分の意見を公表しようという決心を変えさせるに十分でした。何故なら、前に私がこの決心をした理由は十分に強固なものだったとはいえ、本を作るという仕事を常に厭わしく思う私の生来の気質は、すぐに私をこのような仕事からまぬがれさせてくれるような別の理由を私のために探し出してくれたのだからです。

ここに言う「私が尊敬する方たち」が教会当局者であり、「ある人が公表した自然学上の意見」がガリレオの『天文対話』に含まれている地動説であるのはもはや言うまでもなかろう。デカルトはこの説の教会当局による断罪を知って、同じく地動説に立脚する彼の『宇宙論』の公刊を断念したのである。

このデカルトの態度を遺憾とし、彼は宗教に妥協せずにあくまでも真理を主張すべきだったといきのいい批判をする人もいる。また一方、彼は彼にとって何よりも大事な静かな研究生活が乱されるのを避けただけだ――これは事実彼が『方法序説』第六部その他でくりかえし言っていることである――と弁護する人もいる。だが、批判と弁護とその立場こそ違え、そのいずれもが、デカルトは宗教に屈して科学的真理を主張することをあきらめたのだとする見方に立っていることにおいては少しも変わりはない。身の安全を守るためであるにせよ静かな研究生活を守るためであるにせよ、要するにデカルトは宗教権力の前に屈したのであり、彼にとってのガリレオ事件の意味も、結局、こうして『宇宙論』の公刊を断念せざるを得なくなった――それが彼にとって大変なことであったのは言うまでもないが――という、ただそれだけのことにすぎないのである。

こうした見方はどうやら、デカルトのガリレオ事件に対する態度の説明として一般的に受け入れられているもののようであるが、科学的真理が宗教権力の前に屈したというこうした見方の根底にあるのが、宗教と科学は根本的に対立するものだという近代人の固定観念であることは明らかであろう。だが、それは十七世紀人デカルトの立場ではない。地動説すなわち科学的真理と考える近代的偏見については後で問題にするとして、「神ヘノ懼レコソ知ノハジマリ」という詩篇の一句を自分の研究の出発点としたデカルト、そして、ついにコギトの哲学に到達した時、「無神論者は何ひとつ確実なことは知り得ない」と高らかに叫ぶに到るデカルトは、宗教と科学を対立としてとらえるどころか、盟友メルセンヌ同様、宗教的真理と科学的真理が究極的に一致するものであることを固く確信していたのである。この信念こそはまさに彼の学問そのものの根底であった。「三つの夢」以来、彼はこの信念に基づいて真理を探求し、パドヴァ学派的な二重真理説に対して、この二つの真理の一致を実現することにすべての努力を注いできたのである。

そして、それ故にこそ、彼がガリレオ事件から受けた衝撃は大きかったのだ。彼はこの事件のことを知った時、「あやうく自分の原稿をみんな燃やしてしまおう」(前出)としたとメルセンヌに語っていたが、それはおそらく誇張ではなかったろう。彼はそれまで自分が人生のすべてを捧げてきたものを抹殺してしまおうとまで思ったのだ。それは、近代主義者たちの想像するように、『宇宙論』が公刊できなくなったというだけの単純な理由ではあるまい。彼にとってこの事件は、宗教的真理と科学的真理の一致を確信してきたそれまでの彼の学問的人生を根底から否定するものと思えたのであり、それ故にこそ彼の人生最大の危機となったのではないだろうか。

実際、ガリレオ事件、正確には第二次ガリレオ裁判は、宗教と学問の関係を破壊する宗教の側の逸脱であった。その背景にあったのは、おそらく、地動説それ自体とは関係のない政治的理由、ガリレオ事件史家たちのいわゆる「ウルバヌス八世の変心」の問題だったであろうが、それはここではともかく、この第二次裁判が問題なのは、それが仮説としての地動説までをも禁じたことである。第一次裁判と第二次裁判との決定的な違いはまさにこの点にあった。第一次裁判では真理として地動説を説くことは禁じたが、学問上の仮説としてこれを説くことは決して禁止していなかったのだからである。このことはデカルトもよく承知しており、メルセンヌにガリレオ事件の衝撃を語った同じ手紙の中でも、「私はそれ〔地動説〕がかつて何人かの枢機卿によって審問されたことは知っていますが、それはその後もローマにおいてさえ公然と教えられていると聞いています」と言っている。そして、デカルトにとっても、それはそれでよかったのだ。彼が衝撃を受けたのは、第二次裁判において仮説としての地動説が禁止されたことだったのである。

実際、当時の状況において教会が地動説を真理として説くことを禁じたのは極めて正当なことであり、あえて言うならば科学的なことでさえあった。第一次裁判の裁判長であったベラルミーノ枢機卿がガリレオの友人に宛てた有名な手紙の中で述べているように、地動説が仮説として整合性を持っているということと、地球が実際にそのような運動を行なっているということとは別の問題なのだからであり、教会としては、この後者が事実であることを検証するてだてがない間は、みだりに「これまで教皇様方によって解釈されてきた『聖書』の意味を捨ててはならない」(豊田利幸編訳『ガリレオ』「世界の名著」第二一巻、中央公論社、による)という立場をとるのは当然のことだったのだからである。

彼自身優れた自然学者であったベラルミーノのこの意見に対しては、ガリレオもデカルトもおそらく異存はなかったであろう。実際、運動というものは二物体間の相対的な関係であり、陸地から見れば舟が動いているのであるが、舟の方から言えば陸地が動いているのである。それは太陽と地球との関係においても同様であり、そのどちらが静止し、そのどちらが動いているかが確証できないかぎり、いずれを真と断定することもできないのである。もしかしたら本当はその両方が動いているのかもしれないのだ。それ故、地動説はあくまでも見かけ上の運動を説明する一つの仮説であるにすぎず、それをあたかも真理であるかのごとく主張してみだりに聖書を否定することは、決して科学的な態度とは言えないのである。

第一次裁判以後のガリレオが、「慣性系」の概念を導入して運動の相対性の原理を確立しようとつとめたのもこうした考え方からだったであろうし、デカルトが「この現世界はすべて学者たちの論議にまかせておいて」(『方法序説』第五部)、彼の宇宙を「想像上の空間」(『宇宙論』第六章)として語ったのもやはり、真理と仮説とのこうした区別を十分に自覚していたからであろう。人間の理性によっては神の意志を推し量ることはできないとするデカルトの根本的な立場からするならば、これこそ真でしかあり得ないと思えるものも——デカルトはそれを真理という言葉で呼んではいるが——、究極的にはすべて仮説にしかすぎないのだからである。彼の宇宙生成説も人間の発生についての説も極端に言えばすべて「嘘」(『哲学原理』フランス語訳、第三部四五章)なのだ。

仮説としての地動説までを断罪した第二次ガリレオ裁判は、この「神ヘノ懼レ」に貫かれたデカルトの学問的立場をも不可能にするものであった。仮説までが宗教的審問の対象となるのでは、もはや自由な自然学研究は成り立たないのだからである。『方法序説』第六部冒頭で、彼が『宇宙論』公刊を断念した理由として語っていたのはまさにそのことに他ならない。彼はそこで、彼が「自分の意見を公表しようという決心を変」えたのは、彼自身としては「宗教にとっても国家にとっても有害と思われるようなものには何ひとつ気付かなかった」地動説の断罪に愕然とし、「私自身の書いたものの中にもやはり私が思い違いをしているようなものがありはしないかという不安」を抱いたからだと述べているが、それはつまり、地動説のみならず、彼が「想像上の空間」について語ったことさえすべて宗教的異端の烙印を押されかねないことを、この事件によって彼が覚ったということである。こうして、ただでさえ微妙な宗教と科学との関係は、宗教の側からの逸脱によって打ち破られてしまったのだ。神によって与えられた理性を行使して神の作り給うた自然を研究することは、すなわち神の栄光を讃えることだと信じてこれまでやってきたデカルトからすれば、それは彼にとってのこの学問の意味を全面的に否定するものであったろう。彼の苦悩は実に深いものであったにちがいないのである。

彼にはもちろん教会に対立するつもりは毛頭なかった。なにも身の安全のためではない。それは宗教的真理と科学的真理の一致を実現しようとする彼の学問的立場をみずから否定してしまうことなのだからである。こうして、教会か学問かそのいずれかを選ぶことのできないデカルトに残された道はただ一つ、自分自身と後の世の人びとのためにのみ研究をつづけることであった。『方法序説』第六部はこのことを次のように述べている。

しかし、その後いろいろなわけがあって私は意見を変え、私が真理を発見するに応じて、その中の重要と思われるものはすべて、印刷させる時と同じような注意をもって書き留めることは決してやめまいと考えたのです。それはひとつにはそれらを十分に検討する機会を持つためですが……もうひとつは、もし私にその力があるとすれば公衆にその力を役立てる機会を失うことのないようにし、もし私の書いたものになにがしかの価値があるなら、私の死後にそれを読む人が最も適切な形で利用することができるようにするためです。ただ、私はそれらが私の生きている間に印刷されることは絶対に承認すべきではないと考えていました。それがおそらくは引き起すであろう反対や論争、あるいはまたそれが私にもたらすかもしれないなにがしかの名声によって、私が研究に使う予定でいる時間を失うようなはめにおちいらないためです。

だが、彼は生前は何も公表しないというみずから立てた誓いにもかかわらず、この誓いを破って『方法序説』の出版を決意する。こうしてわれわれは名著『方法序説』を持つことになったのであるが、この彼の心境の変化をもたらしたものは、いったい何だったのであろうか。彼にこの誓いを立てさせた状況は少しも変わってはいない。それなのに、彼はいったい何故この誓いを捨てたのであろうか。

この第六部においてデカルト自身が説明しているところによれば、その理由は二つであり、その第一は、「もしそうしなければ、私が前に幾つかの論文を印刷させるつもりでいたことを知っている多くの人たちが、私がそれを実行しないでいる理由を必要以上に悪く想像するかもしれない」ということ、そして第二は、「後世の人たちがいつか、私が私の計画に彼らがどのように参加できるかを示すのにあれほど不熱心でなかったら、もっといいものをたくさん後世のために残すことができただろうにと言って私を非難する理由を与えるほど、自分自身に対してなげやりではありたくない」ということなのであるが、このデカルト自身の言明にもかかわらず、彼に重大な心境の変化をもたらしたものがただこれだけの理由であったとはにわかに信じがたい。第一の知人たちの思惑などという瑣末な理由は言うまでもないとして、第二の理由にしても、それは彼が書くことを自分に課す理由ではあっても、その書いたものを誓いを破って急に生前に出版することを決心した理由にはならないのである。それではデカルトにこの突然の心境の変化をもたらした本当の理由はいったい何だったのであろうか。

彼に『宇宙論』を断念せしめた状況に変化がない以上、彼があえて生前における出版を決意したとすれば、そのことを可能にするような方法を彼が見出したということに他ならない。この点において示唆的なのは、先ほどの『方法序説』出版を決意した理由を述べるに先立って、彼が、「こうしたことをいろいろと考え合わせた末、今から三年前、私は手もとにあった論文を公刊する気持を失ってしまったばかりか、それ以外の、私の自然学の基礎を知ることのできるような一般論的な論文も、私の生きているかぎりは決して人に見せまいと決心したのです」と言っていることである。ここで彼が「自然学の基礎」と言っているのは、例の一六三〇年四月一五日付メルセンヌ宛書簡に語られていた「自然学の基礎」、つまり永遠真理創造説とそこから帰結する新しい自然観――地動説と不可分の空間の幾何学化をも含めて――であろうが、これについては一切書きたくないということはつまり、この「自然学の基礎」にふれないものであれば出版できるし、出版してもいいということではないだろうか。実際、ガリレオ事件が彼を宗教と科学の板ばさみにしたのは、光の入射角と屈折角との関係といった具体的な問題ではなく、その基礎となる原理の問題においてであった。もしこの「自然学の基礎」にふれることなしにその成果だけを知らせる方法があるなら、知人たちに対しても後世に対しても、一応義務を果たすことはできるのである。そして、『方法序説』はまさに、「自然学の基礎」には具体的にふれることなしに彼の仕事について語った書物なのだ。

この着想はそれまでの彼の方針を大きく転換させ、彼のために新たな活路を開くこととなった。彼のそれまでの方針は、例の一六三〇年四月一五日のメルセンヌ宛書簡に述べられていたように、形而上学を世に問う前に「まず自然学の方がどのような受け取り方をされるかを見る」ということであり、『宇宙論』もこの方針に基づいて書かれたのであるが、それはデカルトが自然学の方が形而上学よりも受け入れられ易いと判断していたためであろう。だが、ガリレオ事件はそれが彼の思うほど簡単ではないことを彼に覚らせたのだ。彼はこの事件から得た苦い教訓を次のように語っている。

もし私が自然学の基礎を公表するなら、時間を無駄にするきっかけがいくらでもできることは目に見えています。何故なら、それらはほとんどみな理解しさえすれば信じないわけにはいかないほど明証的であり、一つとして私が証明を与えられないと思うものはないのですが、それでもやはり、他の人びとのさまざまな意見とは合致しないのですから、それによって引き起される反対でたえず邪魔されることが予想されるからです。（『方法序説』第六部）

その明証性の故に「自然学の基礎」の方が容易に理解されるだろうと彼は楽観していたのであるが、事実はむしろ逆だったのである。こうしてデカルトは「自然学の基礎」については一切語らないことを決心する。この方針の転換から生まれていったのが、「自然学の基礎」の代りに、そこへ彼を導いた「方法」を語る『方法序説』と、この「自然学の基礎」の基礎である彼の形而上学を展開する『省察』に他ならない。この『省察』の意図について彼はメルセンヌに次のように打ち明けている。

これはあなただけに申し上げることですが、この六つの省察は私の自然学の基礎のすべてを含んでいるのです。だが、どうかこのことは誰にもおっしゃらないで下さい。さもないと、アリストテレスにくみする人たちはますますこれらの省察が認可されるのを邪魔することになるでしょうから。私が望んでいるのは、これを読む人が知らず知らずのうちに私の諸原理に慣れ、これがアリストテレスの諸原理を転覆するものだと気付く前にその真理性を認識してしまうことなのです。(一六四一年一月二八日付書簡)

この方向転換が決定的となったのは、おそらく、『屈折光学』と『気象学』に序文を付して発表するという構想が進行してゆく過程においてであったろう。「自然学の基礎」を隠したまま自然学について書いていたデカルトは、次第に「自然学の基礎」にふれることなしに彼の自然学がいかに確実な基礎を持っているかを示す必要を感じはじめたにちがいない。こうして、「私の立つ基礎が十分に堅固なものであるかどうかを判断していただくため」(前出)の第四部と、そこに到達するまでの歩みを語る第一部から第三部までが書かれることになったのではないだろうか。その際、彼が手もとにあった『ステュディウム・

ボナエ・メンティス』と題された草稿を利用しただろうことは大いに想像できる。「かなり書き進められていた」（バイエ『デカルト氏の生涯』）というこの草稿については、伝記作者バイエの紹介によってそのごく一部を知ることができるのみであるが、バラ十字団員を求めてのドイツ遍歴、ラ・フレーシュ教育の回想など、われわれの知り得るそのわずかな断片からも、これが彼の精神の歩みを語ったものであることは容易に推察されるのである。彼がゲルサンもしくはジェルサン邸でバルザックに約束した彼の「精神の歴史」がこの草稿のことであったろうことはまず間違いないが(39)、それはまたおそらくは『方法序説』の原型でもあったのである。こうして『方法序説』は誕生し、彼のバルザックに対する約束は実現されたのであった。

ようやく『方法序説』を閉じる時が来たようである。だが、結論としてここで言うことは何もない。われわれの目的は、彼の生きた時代を彼とともに旅することだったのだからである。もちろん、コスモスの崩壊の中から新しい世界に向かって歩み始めたこの男の旅はまだ続く。彼はオランダ中を転々として居所を移し、『省察』を、『哲学原理』を、『情念論』を書き、論争し、そして、ストックホルムに渡って客死する。旅に病んだ彼の夢は、おそらく、なおも枯野をかけめぐっていたことであろう。だが、彼の思想の根幹が形作られるのを見たわれわれとしてはもういい。ここでデカルトに別れを告げることにしよう。

註

（1）　この冒頭の言葉につづけて、デカルトは「平等」ということを哲学的に論証しようとして一生けんめいになっているが、アルキエも言うように、「この議論は理解が困難」（『デカルト哲学論集』第一巻脚註）である。それは当然で、デカルトはもともと無理な命題を論証しようとしているのだ。何故なら、人間が誰しも「良識」（理性）を分け与えられているのは事実にしても、そこにはおそらく優劣の差というものもあるのであり、それを正しく導きさえすれば誰もがデカルトのようになれるという証明はないのだからである。それ故、この部分の議論については一切ふれないことにするが、それは決して理性が平等に配分されているというデカルトの信念が間違っているということでも無意味だということでもない。それどころか、彼の出発点となったこの信念こそは、学問を一部の者の独占から解放する革命的な意味を持つものであった。ただ、すべての革命的創造的な偉大な観念がすべてそうであるように、デカルト哲学の根底をなすこの信念もまた、論理を超えた根元的な一つの立場の選択なのであり、論理的におかしいなどと言ってみてもはじまらないということなのである。

（2）　「新奇な学問」の原文は les sciences les plus curieuses et les plus rares であるが、デカルト自身この少し後の所で「錬金術師の約束も、占星術師の予言も、魔術師のペテンも」と言い直しているように、この語は当時の語法では錬金術、占星術、魔術、カバラなどのルネッサンス的学問を指す言葉であった。

(3)『方法序説』第三部は、認識と実践のこの一義的関係を「正しく行為するためには正しく判断するだけで十分である」という言葉ではっきりと表明しているが、デカルトのこの基本的立場は、真と善、偽と悪を常に並置して論じている『省察』第四部においてもなお維持されている。だが、「明晰で確実」な道徳学が成り立つための必須の基盤ともいうべきこの立場は、後年のデカルトにおいては崩れてしまっているように思われる。何故なら、『省察』においては、真偽においてであれ善悪においてであれ、われわれが誤るのはただただ「認識における欠陥」(『省察』第四部、所雄章訳『デカルト著作集』第二巻、白水社——以下、『省察』に関してはこの訳を使用させていただく)によるのであり、もし「常に何が真であって何が善であるかを明晰に私が見るとしたならば、何と判断しなければならないか、あるいは何を選択しなければならないかについて、けっして私は思案はしないことであろうし、かくして、全く自由ではあるにしても、しかし〔それでも〕けっして非決定ではない」(同前)とされていたのに対し、その後の『哲学原理』では、明晰な認識にすすんで従うはずであったこの自由意志が、あえて明晰な認識に反して選択することのあることが承認され(第一部三五項)、道徳的功罪がこの自由意志に帰せられる(第一部三七項)ことになるのだからである。この点、『哲学原理』とほぼ同じ時期のメラン神父宛書簡は更に明快であり、そこでは「われわれはいつでも、明晰に認識された善を追求しないことも明証的な真理を認めないことも可能です」(一六四五年二月九日付)と述べられているのだ。それはつまり、「スベテノ罪ハ無知ニ基ヅク」(メルセンヌ宛、一六三七年五月末日付書簡)という彼の最初の立場が理論的には崩れてしまったことを意味するものではないだろうか。すべての罪が必ずしも無知によるものとはかぎらないことがここでは承認されているのだからである。

こうして彼は、最初の「正しく行為するためには正しく判断するだけで十分である」とする立場を捨て、認識の次元と実践の次元を区別するに到ったと考えられるのだが、そのきっかけはおそらく、メルセンヌ周辺の神学者たちによる『第二反論』であったろう。彼らはデカルトに、もし罪悪が無知から来るとすれば、明晰で確実な認識に基づかずにキリスト教を信じている一般信者は罪を犯していることになるという宗教にからまる難問を提出し、これに対してデカルトは、実践的次元における意志の決定と「真理の観想」が問題となっている場合とでは別であるとしてこの難問を回避するのであるが、重要なことは、彼がここにおいてついに「真理の観想」と「実生活の用」──すなわち認識の領域と実践の領域──を「正確に(accuratissime)」──つまりは理論的に──区別するに到ったということであろう。このことは、認識と実践の関係を一義的なものとして捉え、「正しく行為するためには正しく判断するだけで十分である」としてきた彼の基本的立場の行きづまりを示すものに他ならない。『省察』第四部は常に「真と善」、「虚偽と悪」を同列に置いて論じているにもかかわらず、『省察』冒頭に置かれた「以下六つの省察の概要」において、この第四部の内容とは矛盾した但し書、すなわち、ここで論じられるのは「信仰、あるいは実生活、に係わる事柄ではなく、独り自然の光の介助のみで認識される思弁的真理」だけであるという但し書が後から付け加えられることになったのも、第二反論と、これに対する第二答弁を契機とする彼の立場の変化──認識と実践との間の一義的関係は必ずしも成り立たないという──を示すものではないだろうか。この「概要」の但し書を「フェイントにすぎない」とするジルソン(『デカルトにおける自由と神学』)も、これを『省察』の性格──自然の光による思弁的真理のみを扱うという──に由来する注意にすぎないとするグイエ(『デカルトの宗教思想』)も、「正しく行為するためには正しく判断するだけで十分である」とするデカルトの立場は終始不変だったと主張する点においては同じであるが、この但し書の説明はいかにも苦しい。『哲学原理』フランス語版序文における約束にもかかわらず晩年のデカルトが道徳の問題に積極的でなかったことを考えるなら、この但し書の付された段階において、この問題についての彼の最初の素朴な立場は崩れてしまったと見る方がむしろ自然であるように思われる。それはたしかにある意味ではデカルトの挫折ではあるが、しかし、フォルチュナ・ストロスキなどは、かえってこの点にデカルトの良識を見、賞讃さえしているのである。

だが、この問題についてはここできちんと論じつくすことはできない。ここではただ一つの仮説としてこのことにふれておくだけにしよう。

(4) エラスムスの『学習計画』ではこの「言語」はギリシャ語とラテン語であるとされ、しかも、この二つを並行して教えるべきだとされている。その理由は、「まず第一に、およそ私たちが知るに価することは、これら二つの言葉を通じて伝達されるから」であり、「また第二に、これら二つの言語はたがいに深く関連しているので、たとえばラテン語のみという具合に片方だけ修めるよりは、両者を同時に学ぶ方がはるかに理解が早いから」(月村辰雄訳、二宮敬編、講談社刊『エラスムス』所収)なのである。イエズス会の学院でも、このエラスムスの教えに従って、ラテン語と並行してギリシャ語を教えていた。ただし、それにあてられる時間は週に半時間にすぎなかったのである。そして、この週半時間のギリシャ語の時間をふやそうとした時、イエズス会内部の激しい論争は起ったのであった。この論争は結局、ラテン語のよりよき理解のためにギリシャ語は必要だということで結着がつき、『イエズス会教育綱領』にもその存続——ただし、時間数は相変わらず少ない――が明記されることになったのであるが、表面的には教育上の効果を問題にしたこの論争の背後にあったのが、ギリシャ語を窓口として入ってくるであろうプラトン主義とアヴェロエス的あるいはアレクサンドロス的アリストテレス解釈――これらのルネッサンスに復興した思想についてはは後に述べる――に対する警戒であったことは明らかである(以上、フランソワ・ド・ダンヴィル『近代ヒューマニズムの誕生』による)。

だが、このようなギリシャ語に対する警戒はイエズス会だけのものではなかった。それは特にフランスにおいては強かったようであり、十六世紀のユマニストたちの時代においてさえ、ギリシャ語はコレージュ・ロワイヤル(ユマニストの代表者ギヨーム・ビュデの設立による学院)で一時的に教授されただけであり、十七世紀においても、ギリシャ語はプロテスタント・アカデミーで数年間教授された他は、ポール・ロワイヤルの隠士たちの「小さな学校」――ラシーヌはここでギリシャ語を学んだ――で教えられたぐらいのものであろう。このフランスの状況からするならば、わずかとはいえ、イエズス会の学院でギリシャ語が教えられていたことは注目に価する。だがその教育はデカルトにギリシャ語文献を読みこなさせるほどのものではなかった。

(5)　これらはすべてストア道徳学が美徳とするものに対する批判である。ストア学派の理想とする一切の情念を超越した「アパテイア」は別の言葉で言えば「冷酷」に他ならず、無力な人間が自分の情念を完全に克服できるなどと考えるのは「傲慢」であり、自分の内面以外はまったく自分の自由にならないと主張するのは「絶望」でしかない。ましてや、L-J・ブルータスが自分の息子たちにみずから死刑を宣告したことを賞揚するなどは「近親殺害」を美徳とするに等しいとデカルトは言っているのである(ジルソン『方法序説註解』)。このデカルトのストア道徳学批判は、しかし、少し後のパスカル（『サシ氏との対話』）やラ・ロシュフーコー（『箴言』）と同じ人間の弱さの深刻な認識に立脚した全面的否定ではなく、むしろそれ以前のストア哲学復興者ジュスト・リープスやギヨーム・デュ・ヴェールらの立場に共通するものであろう。彼らもまた古代ストア道徳学の非人間性を批判し、これを和らげキリスト教化しようと努めていたのだからである。『方法序説』第三部のいわゆる暫定的四準則がはっきり示しているように、デカルトは基本的には彼らのストア主義の影響のもとにあったのだ。

（6）この章については、詳しくはフランス語による拙稿「ドイツにおけるデカルトの旅」（『形而上学と道徳学誌』一九八七年一―三月号、アルマン・コラン社刊）を参照されたい。

（7）この「軍隊の方へ戻った」という表現はあいまいであり、ロディス＝レーヴィス女史のように、デカルトは軍隊に戻ったのではなく、ただ軍隊の近くまで行っただけなのではないかと推測する余地を与える。だが、それはやはりおかしい。もし、デカルトの従軍期間が二年乃至三年であったとするポアッソン神父の証言を信ずるならば、一六一八年三月頃にデカルトはオランニエ公軍に入っているのであるから、少なくとも一六二〇年三月までは軍隊にいたことになる。一六一九年秋に彼が軍隊に「戻った」可能性は非常に高いということだ。それに、軍隊にならばともかく軍隊の近くに戻るとはそもそもどういう意味なのであろうか。軍隊が危険なのは、戦闘中よりも駐屯中であり、傭兵たちは野盗と化して付近一帯を荒らしまわるのだ。そんなところにわざわざ近づいてゆくばかはいないのである。もっとも、デカルトの「戻った」軍隊がマキシミリアン軍だったというのも、リープストルプ以来の伝記作者たちの言い伝えにすぎず、そこにはっきりした証拠があるわけではないのであるが、ここではやはりこの伝記作者たちの伝承に従っておくのが、いろんな状況とも適合しているし、一番無難なようである。

(8) バイエはドナウを渡ったマキシミリアン軍は南下してヴェルティンゲン(Vertingen)に向かったと言っているが(『デカルト氏の生涯』)、これはおそらくヴェンディング(Wending)の誤記であろう。フランスの官報ともいうべき『メルキュール・フランセ(Mercure français)』の一六二〇年号には、マキシミリアン軍はドナウを渡った後、北上してヴェンディングに向かったと記されているのだからである。

(9) 第一準則は明らかに第二以下の準則とは性質が異なっている。それは少なくとも彼の人生の選択の問題とは結びつかない次のごとき準則である。

「私の第一の準則は、自分の国の法律と習慣に従い、神の恵みによって私が小さい時から教えられてきた宗教を固く守り、その他のことについては、私が一緒に暮らしてゆかねばならない人たちの中でも最も分別のある人たちによって、広く実践的に受け入れられている穏健で中庸を得た考えに従って自分を律するということでした。」

自分の国の法律と宗教と習慣を守り、一般に受け入れられている穏健な意見に従って生きるというようなことは、小心な生活者たちの皆やっていることであり、少しも賞讃に価するようなことではないばかりか、「それまで受け入れてきたいろいろの誤った意見を精神から抜き去ろう」と努めるデカルトの懐疑精神とも矛盾するものであろう。こうした超保守主義がなんらかの積極的な意味を持ち得る場合はただ一つしかない。それは神と自己の存在をも含めて一切を疑う「方法的懐疑」に入ろうとする時である。その場合も生活は安全に続けてゆかねばならないのだから、徹底した懐疑を続けるためにもこうした準則が必要になってくるのだ。ところで、彼がこの「方法的懐疑」に入るのは、現在の「炉部屋の思索」よりもずっと後、『省察』第一部の言明によれば、「この企てを履行するのにそれ以上ふさわしい年齢の来ることは〔そのあとでは〕ないであろうほど成熟し〔時宜を得〕た年齢」(所雄章訳『デカルト著作集』第二巻、白水社、による)に達した時なのである。とするならば、この第一準則を立てたのは、「炉部屋」にこもっている二三歳のデカルトではなく、「成熟」した年齢に達し、今まさに「方法的懐疑」に入らんとしているデカルトだったということになろう。

実際、自分の国の法律と宗教に従うという彼の言葉の背後には、なにか社会の重苦しい空気が感じられる。事実、彼は晩年の『ビュルマンとの対話』の中でこの四準則に言及し、「著者はすすんで倫理を書いているのではなくて、教育者やそのような人々のためにこれらの規則を書き加えるように強いられたのです。なぜならば、そうしないと彼らは、著者が宗教も信仰もなく、彼の方法によってそれらをくつがえそうとしているというでしょうから」(三宅徳嘉・中野重伸訳『デカルト著作集』第四巻、白水社)と語っているのである。この息苦しい状況はデカルトが「炉部屋」に籠っていた一六一九〜一六二〇年頃のものではない。混乱と無秩序の支配していたこの頃は、また自由な百花斉放の時代でもあったのである。この自由な空気が一変するのは、一六二三年の詩人テオフィル・ド・ヴィヨーの逮捕からである。この問題については後程もう少し詳しく説明することとして(第二部第二章)、とにかく、フランスではこの時を境にして反宗教改革的イデオロギーに基づく強力な国家統制が急速に進行をはじめるのであり、こうして、自由思想家《リベルタン》は地下に潜り、かわって偽善者タルチュフたちが登場することになるのである。デカルトが、「教育者やそのような人々」と言っているのは、おそらく、宗教による国家統制のお先棒をかつぐタルチュフのような人たちのことであったにちがいない。彼らは霊的指導者と称して個人の家庭に入り込んだり、「聖体秘蹟協会」という一種の秘密結社を結成して蔭から人びとの私生活を監視し、事あらば告発しようと目を光らせていたのである。

デカルトが国の法律と宗教を守るというようなことをことさらに明言しなければならなかったのは、おそらくはこうした状況に「強いられて」のことだったであろう。これも後であらためて問題にしなければならないことだが、テオフィル事件以後、自由思想は懐疑主義の形をとって生き延びるのであり、懐疑ということ自体が疑惑の対象となっていたのだからである。メルセンヌなどは、デカルトの親友ではあったが、懐疑主義者すなわち無神論者であるとまで公言しているのだ(『懐疑論者を駁す、学問的真理について』)。

こうして、第一準則が他の三つの準則と性格を異にしている理由も理解される。それはこの「炉部屋」の時期よりもずっと後で「方法的懐疑」に関連して作られ、『方法序説』執筆当時の状況に「強いられて」後からつけ加えられたものなのである。ここで第一準則を問題にしないのは、以上の理由からに他ならない。

(10)　四準則のうち第二、第三、第四の三準則をデカルトの人生選択の問題と結びつける以上のごとき解釈に対しては、当然ながら、デカルト自身はそれらを彼の懐疑との関係において語っているではないかという極めてもっともな反論が予想される。事実、『方法序説』は四準則について語るに先立って、それを住居を改築する前の仮り住居のごときものであると説明し、次のように述べているのだ。「それと同じように、理性が判断において不決断であることを命じている間も、行為においては不決断におちいることのないよう、そしてその間もできるだけ幸せに暮らしてゆけるよう、私は自分のために準備として一つの生活規範(une morale par provision)を作ったのです。」

たしかに、デカルトはこの生活規範が彼の人生の道の決断に関係したものだとは一言も言っていない。それは「理性が判断において不決断であることを命じている間」、言いかえるなら彼が懐疑に入っている間の仮り住居であるとはっきり定義されているのである。だが、それは結局は同じことではないだろうか。ここで注意すべきは、この懐疑がいわゆる「方法的懐疑」ではないということである。それは文脈からして明らかなように、第二部末尾に言う「それまで受け入れてきたいろいろな誤った意見を精神から抜き去ること」、つまり、「方法的懐疑」の前段階をなす非方法的懐疑なのだ。そして、それは彼が真理の探求に一生を捧げることを決意したことの必然的な結果に他ならない。彼は既成の学問をしようとしているのではなく、それまでの「書物による学問」を古い住居のごとく打ちこわし、新しい学問を打ち建てようとしているのである。このような意味において学問の道を志すということは、とりもなおさず、既成のすべての知識を疑ってかかるということに他ならない。真理探求と言うのも懐疑と言うのも、言葉が違うだけで、実はまったく同じことなのだ。

今述べたことはもちろん第一準則を別にしての話である。そもそもの混乱の元は、動機も成立時期も違うこの第一準則を、同じく懐疑に関連するということで他の三準則と一緒に並べてしまったデカルトにあるのだ。デカルト自身は四準則全部の成立を「炉部屋」の時代に位置づけているにもかかわらず、ガドッフル(『方法序説』序文)その他の研究者たちがその成立をもっと後の時期ではないかと疑ったのも理由のないことではない。少なくとも第一準則に関するかぎりその疑いは十分なのである。ただ、第一準則がそうだからといって、四準則全部もそうだろうと考えるのは飛躍というものであろう。この四つの準則の中には、たとえば第四準則のように、「炉部屋」における彼の「人生ノ道」の決断との関係でしか理解できないものもあるのである。やはり一見して異質な第一準則だけが後からつけ加えられたと考えるのが一番妥当な考え方というものではないだろうか。

いずれにせよ、四準則が『方法序説』執筆当時の社会状況に「強いられて」書かれたものであることは間違いない。ちょうどこの時期の書簡(某氏宛、一六三八年三月)でも、第二準則だけについてだが、彼は後年になってビュルマンに語ったのとほぼ同じことを語っているのである。もし、懐疑というだけで無神論者にされかねないような状況がなかったら、彼はおそらく四準則など書かなかったにちがいないのだ。四準則が懐疑の弁護のためのものであったことは明らかである。だが、それは必ずしも四準則がその目的のためにのみ立てられたものであることを意味するものではない。少なくとも第二、第三、第四の準則は、彼が真理探求に生涯を賭ける決心をした時に実際に「自分のために」作った準則であったろう。ただそれは、もし状況に「強いられ」たのでなかったら、彼の机底に秘められたままでいたはずなのである。

(11)　聖書の各章句に教父たちをはじめあらゆる神学者たちが下した解釈を集め、最後に十四世紀の聖書学者リールのニコラウス(Nicolaï de Lira)の総括的解釈を付したこの聖書は、一六一七年に初版を出してすぐにその跡を断ってしまったが、その『創世記』第一章第四〜五節に関する部分にはたしかに、五世紀のリヨン司教エウケリオスのこれが「善き天使から悪しき天使が分けられた」ことを意味するものだという、他の神学者たちの解釈とは際立って異質な解釈が収録されている。聖書をもっぱらアレゴリー的に解釈したこの人物が、いったいどのような文化的伝統につながっていたのかは大いに興味のあるところだが、ここではこの困難な問題にはこれ以上立ち入るわけにはいかない。

(12) アダン＝タンヌリ版『デカルト全集』の編者シャルル・アダンは、最初、この書簡の断片を一六四六年にボスウェル(Boswell)に宛てたものの一部と推定してその第四巻に収録していたが、後のガストン・ミローとの共編による『デカルト書簡集』ではこの最初の推定を捨て、一六三二〜三年頃に位置づけている(同、第一巻「断片」)。

(13) 『デカルト全集』第四巻でアダンは前注の「断片」にふれて『ジャン・ラバディ伝』(一六七〇年)なる書物の一節を引用しているが、それによれば、ユトレヒトにいたデカルトはある日一人の女性を訪問し、彼女がヘブライ語原典による聖書研究に没頭しているのを見て「あなたのような人がどうしてそんなつまらないことに時間をかけているのか」と非難し、「神の御言葉を理解するためにはこの研究は絶対的な重要性を持つ」という彼女の反論に対して次のように言ったという。

「私も昔同じことを考え、その目的のために聖なると呼ばれるこの言葉を学び、世界の創造について述べられている『創世記』第一章をヘブライ語原典で読み始めさえしましたが、このことについてはいくら深く考えてみても無駄で、そこに何ひとつ明晰判明なものは見出すことはできませんでした。」

この伝聞のまた伝聞のような文章からは、正確さも証拠的価値も期待することはできないが、また完全な作り話として斥けるわけにもいかないだろう。少なくともそこから、デカルトが一時期、「神の御言葉を理解するため」にヘブライ語を学んだらしいことだけは知り得るように思われるのである。

(14) この興味ある指摘を行なったのはウィリアム・マック・C・スチュワート(『デカルトと詩』)で

ある(ロディス＝レーヴィス『デカルトの著作』の紹介による)。

(15) バラ十字団に対するこのデカルトの執心を認めたくない研究者たちは、この「再び」についていろいろと苦しい解釈を案出してきた。たとえば、グイエによれば(『デカルトの初期思想』)、それは「ここにもまた学者たちに捧げられた一冊の本がある」ということにすぎないし、シルヴァンによれば(『デカルトの遍歴時代』)、それは「わが学者はすでに数学を改革したが、その努力の結果をここに再び示す」という意味なのである。アルキエは正直にこの言葉に「意味不明」という註を付している(『デカルトの哲学的著作』第一巻)。

(16)「たしかに、一つの町の建物全部を、ただ別の仕方で作り直そうとか街路を美しくしようとかいうだけの目的で打ちこわしてしまうことは考えられません。しかし、自分の家をこわして建て直すというのは少しも珍しいことではありませんし、時として、建物がひとりでに崩れてしまいそうな場合や、基礎が十分に堅固でない場合、そうせざるを得ないことさえあります。このような例から考えて私は……私がそれまで信じてきたさまざまな考えに関しては、いつかそれらを全部取り除くことに着手するのが一番だと確信したのです。」(『方法序説』第二部)

(17)「しかし……私は前もって自分が着手すべき仕事の計画を立てたり、私の精神に可能なかぎりの認識に導いてくれるような真の方法を求めたりすることに十分な時間をかけてからでなければ、理性によって導き入れられたのではなしにそれまで私の考えの中に忍び込んでしまったような意見も、すぐに捨て去ろうとはすまいとさえ思っていたのです。」(同前、傍点引用者) この「方法」こそが、つづいて述べられる「方法四則」に他ならない。

(18) グイエ『デカルト論集』第二部第二章参照。

(19) たしかなことは、デカルトが一六二八年一〇月八日、ドルドレヒトにベークマンを訪ねていったということである。だが、彼がそのままオランダに住みついたのか、それともいったんフランスに帰って翌一六二九年春にあらためてオランダに来たのか、そこのところがはっきりしないのである。

(20) 実は一つだけこのような推測を可能にする資料が存在する。それはデカルトの死後にクレルスリエによって撰ばれたデカルトの墓碑銘であり、そこには「兵士としてパンノニアに従軍した(In Pannoniâ miles meruit)」と記されているのである。パンノニアとはオーストリアとハンガリーにまたがる地域の古地名であり、これが確実な情報(その情報源が彼の叔父にあたる駐スウェーデン大使シャニュであることは明らかである)に基づくものであるとすれば、バイエの「大旅行」も必ずしも単なる想像とは言えなくなるだろう。だが、デカルトが「兵士としてパンノニアに従軍した」可能性をまったく否定する確証もないかわりに、それを肯定させる傍証もまったく存在しないのである。確実な証拠でも出てくればともかく、それまではこの不自然な「大旅行」を事実として承認する必要はないのではあるまいか。

(21) この断章の読みは、ライプニッツの筆写を元に出版されたフーシェ・ド・カレイユ版では、「本屋」が「本」となっており、また日付も「二月」ではなく「九月」となっている。だが、ここではバイエ『デカルト氏の生涯』の読みに従った。その理由は、筆写とその判読という二つの過程の介在を経たフーシェ・ド・カレイユ版の読みよりも、直接デカルトのテクストを見ながら語っているバイエの読みの方が信用できると考えられるからである。実際、このテクストはフーシェ・ド・カレイユ版の「本」では意味をなさない。とするならば、「九月」もまた誤りでないという保証はないのである。

(22) ジルソンはこの「論文」が遺稿『ステュディウム・ボナエ・メンティス』だと言っているが(『方法序説註解』)、これは後に述べるように(註39)一六二三年頃に書かれたものと推定されるのであり、一六二〇年のこの「論文」だとは考えられない。またグイエはそれを『オリンピカ』を含む『思索私記』(つまり「羊皮紙製のノート」)の全体だとしているが(『デカルトの初期思想』)、これもすでに述べた理由によって承認しがたい。結局、伝記作者バイエやJ・シルヴァン(『デカルトの遍歴時代』)の言うように、この断章を含む『オリンピカ』こそがこの「論文」だと考える他に方法はないのである。

(23) 「デカルトはロレッタに行くためにヴェネツィアに行くのでなく、ヴェネツィアに行ったらロレッタまで行こうというのである。」(グイエ『デカルトの初期思想』)

(24) 実際、グイエの言うように、このミローの仮説に立つならば、デカルトは一六一九年の「驚嘆すべき学問の基礎」の発見に「自分の発明でない驚嘆すべき発明の基礎」を対比したという奇妙なことになってしまうのである(同前)。グイエはそこでこの不自然さを避けるため、突如としてこの「驚嘆すべき発明の基礎」が解析幾何学のことだという仮説を提出するのであるが、残念ながらその具体的根拠はまったく示されていない。

(25) アーノルド・ハウザーは、マニエリスム芸術を生み出した歴史の深部におけるこの変化を、次のような言葉で見事に要約している。「地上に神の楽園を夢みるルネッサンスの夢は終った。西欧の人間は、〝おそるべき秩序顚覆〟を経験した。そして古典古代、中世およびルネッサンスがうちたてた世界像は崩壊したのである」(『マニエリスム』若桑みどり訳、岩崎美術社刊)。マニエリスム芸術の背景をなしているのは、この世界の崩壊による深刻な現実喪失感であった。芸術家たちが、ルネッサンスが完成したものを、現実を持たない形式あるいは技法（マニエラ）として継承してゆく他はなかったのも、また、ルネッサンスでは現実に生きていた超自然を衰弱したアレゴリーの形で増殖させてゆくしかなかったのも、すべてはこの現実喪失の結果なのである。だが、もちろん、このような状況が生じたのは造型芸術の世界ばかりではなかった。同じことは文学や思想などの他の精神分野においても起っていたのである。美術史研究の中から生まれたマニエリスムという概念は、それ故、同じ時代の他のすべての精神現象にも当然——その用語自体はともかく——適用することができるはずである。だが、ハウザーやグスタフ・ルネ・ホッケ（『迷宮としての世界』種村・矢川訳、美術出版社刊）らの努力にもかかわらず、このような試みはまだ十分に定着したとは言い難い。造型芸術に現われたその諸特徴を、それぞれ固有の表現形態を持つ他のジャンルにあてはめることには、当然ながら多大の困難がともなうのだからである。美術史の概念としてのマニエリスムをそのまま直訳的に他のジャンルに適用することはできないのだ。それ故、文学におけるマニエリスム、思想におけるマニエリスムを言うためには、そのそれぞれに応じて概念を具体的に適用することが必要となろう。まだ十分に定着していないと言ったのはまさにこの点についてなのである。とはいえ、さまざまな領域における多様なあらわれ方の根底にあるものが一つの共通した精神状況である以上、これに包括的な定義を下すことはそれほど困難ではない。ハウザーは、比喩、暗喩、綺想、矛盾、言葉の遊びといった「芸術の異なったジャンルにおけるこの形式上の類似は、ある共通なものの見方から生じている」とし、それは「事物の本質は不確実な移ろい易いものであり、すべては流動と果てしない変化の状態にある、という見方だ」（同前）と言っているが、これこそはまさにその定義だと言うことができるだろう。世界の崩壊による現実喪失がもたらしたこのようなものの見方こそはまさに、多様な現われ方を持つマニエリスムの本質に他ならないのである。この概念を思想の分野に適用する試みの一つである本書においてもまた、このような定義に基づいてマニエリスムという語を用いることにしよう。

(26) フランスにおける自由思想にイタリアの影響はなかったとするストロスキに反撥したJ・ロジェ・シャルボネルは、この影響を立証するため、大量の文献の中からイタリアの思想家についての言及を蒐集しようとしたが、その熱意にもかかわらず、彼が集め得た証言は極めてわずか(一六〇〇年からメルセンヌやガラスがリベルタン攻撃を始める一六二一年までの文献にかぎるなら三例)にすぎなかった(『十六世紀イタリア思想とリベルタンの潮流』)。

(27) 一六一六年一〇月一日付のソルボンヌ神学部の布告は、ヴァニーニが先の認可を「詐取した」としてこの認可を取消しているが、この「詐取」の意味は、ガラス神父によれば、別の原稿を提出して認可を得たということである(『当今軽薄才子の奇怪なる教説』)。ただし、その真相はよく分らない。

(28) ここでテオフィルが言っていることは、まさしくヴァニーニが『自然の讃嘆すべき秘密』の中で力説していることに他ならない。ヴァニーニによれば、人間は神によって創造された特別な存在などではなく、他の動物と同様に自然の中からひとりでに発生し、環境や気候や栄養の影響で現在のようなものに進化してきたにすぎない。「魚が時とともに人間に変化するということは決して考えられないことではない」のだ。人間を動物と区別する理由は何もない。サン・ジノサン墓地やサン・シュルピス墓地に行って見給え。人間を作っている物質と鼠を作っている物質とをいったいどうやって区別できるというのだ。いやそれどころか、人間は他の動物より弱く悲惨でさえある。人間はバシリスク(中南米産のとかげ)にさえ殺されるのだ。

(29) それはつまり、『哲学原理』フランス語版序文に示された「デカルトの樹」——形而上学を根とし、自然学を幹とし、機械学、医学、道徳学を三本の枝とする——の構想に他ならない。

(30) フランスにおけるプラトニズムの歴史についてここで詳しく述べるわけにはいかないが、少なくともはっきりしていることは、フランスのルネッサンス時代とされる十六世紀においてさえ、プラトンはかぎられた一部の人を除いてほとんど知られていなかったということである。ジェローム・フレアンドルという人物が一五〇八年からしばらくパリ大学でプラトンを教えたことはあるが、それは、ワーブルグ研究所のチャールズ・B・シュミットの言うように、「一時的かつ例外的な現象」(「十六世紀の大学におけるプラトン」『ルネッサンスにおけるプラトンとアリストテレス』所収論文、ヴラン社刊)でしかなかったし、その他には、ル・ロアによる『パイドン』と『共和国』の一部の翻訳出版、コレージュ・ロワイヤルにおけるアドリアン・チュルネーブやオメル・タロンのプラトン対話篇講読などが目立った出来事であるにすぎないのである。

(31) 筆者の調べたかぎりでは、『哲学原理』ラテン語原文で霊魂という語が用いられているのはただ一度、第一部第八項の見出しの所だけであるが、そこでも「霊魂と身体、すなわち、思惟するものと物体的なものとの区別」と言い換えられているのである。

(32) アンドレ・ラランド『哲学用語辞典』によれば、「万人の一致(consentement universel)」とは「ある種の命題に関するすべての人の一致した承認が、これらの命題の証明とみなされる」ことであるが、デカルトがここで言っているのは、神の存在に関しては、さしあたりこのような「証明」で十分だということなのである。

ただ、ここでついでにふれておきたいのは、デカルトの「理性」はこの「万人の一致」と根本的に対立するものであり、そこにこそ彼の最も革命的な新しさがあったということである。古くからみんなが一致して信じてきたことが間違いであるはずはないというこの教説は、いわば、伝統的な諸権威——宗教、社会、文化のあらゆる領域における——を背後から支えていた隠れた神だったのであり、そして、彼の哲学の根本をなす明証性の規則——理性によって明晰判明に認識し得ないものは真とは認めないという規則(『方法序説』第二部)は、万人の一致して認めていることさえ自分個人の理性が真と認めないかぎりは受け入れないということなのだからである。デカルトが明証性の規則によって提出したのは、まさしく、万人の一致という真理の基準——それはまさに真理の基準なのだ——と鋭く対立する新しい真理の基準だったわけだ。もちろんデカルトはこの真理の基準の適用を厳格に制限し、宗教、社会、文化などの領域にまでその対象を拡げようとはしなかった。しかし、彼の後継者たち、ベール、フォントネルをはじめ十八世紀の啓蒙主義者たちは、彼のこの真理の基準をあらゆる領域に適用し、伝統的な諸権威を批判していったのである。たとえば、これは一例にすぎないが、十七世紀末に起ったいわゆる新旧論争において、ペローやフォントネルが理性の名によってホメロスの権威を攻撃したのもこのような総攻撃の一環であった。彼ら近代派の攻撃にさらされた古代派の代表者ボアローが、ホメロスの権威を守るために最後に持ち出したのが、昔から皆に崇拝されてきたホメロスが無価値であるはずはないという(『ロンギヌス考』)万人の一致の教説であったことは意味深い。新旧論争も究極的には「万人の一致」と個人の「理性」という二つの真理の基準の間の闘いだったのである。デカルトの後継者たち(カルテジアン)にとって、デカルトとは結局この明証性の規則に他ならなかったのだ。

(33) たしかに、一六三一年一〇月に出版されたとパンタールの推定する『神について』を含む五つの対話篇が、その前年の一六三〇年四月の段階においてすでに、草稿や写本の形で読まれていたという想像もできないわけではない。事実、デカルトは同年一一月二五日付メルセンヌ宛書簡では、「例の手稿(manuscript)の抜粋」と言っているのである。だが、これはおそらくデカルトが受け取ったのがメルセンヌの筆写した「抜粋」だったため、本と言うべきところをうっかり手稿と言ってしまったものであろう。何故なら、他の四月一五日付、五月六日付、翌一六三一年一〇月(?)付書簡——一説によればこの書簡は同年一月もしくは二月のものである——では、デカルトはこれをはっきり「本」と呼んでいるのであり、更にまたこの五月六日付の書簡では、「やがてその第二版が出るでしょうから」とも言っているのだからである。デカルトとメルセンヌの間で問題になっていたのが、草稿やその写本などではなく印刷された本であったことは明らかであろう。とするならば、それが翌一六三一年にはじめて印刷された『神について』であるはずはないのである。

(34) 知識はかえって信仰の妨げとなると説く聖パウロ書簡を援用しつつ、モンテーニュ的信仰絶対論の立場に立って、「ただ懐疑主義のみが神の啓示を認識する道を準備する」と主張するこの対話篇は、ラ・モット・ル・ヴァイエの真意がどこにあったかはともかく、少なくとも表面的には神の存在を否定するような書物ではなかったのである。

(35) 『真理の探求』の執筆年代については、筆者の知るかぎり、㈠カントコルの一六二八年説、㈡アダンの一六四一年説、㈢グイエの一六四七年説、㈣カッシラーの一六五〇年説の四つの説があるが、これらはいずれもなんら確実な根拠を持たない臆測にすぎない。だが、ここでは残念ながらこれらの諸説に対する筆者の批判を詳しく述べるわけにもいかないので、この点については、フランス語による拙稿「デカルト『真理の探求』――その年代と成立過程」(上智大学仏語仏文学論集一九号、一九八五年)の参照をお願いしたい。

(36) デカルトがくりかえし嘆いているように、コギトの直証性から出発した彼にとっては当然すぎるくらい当然なこのことも、実は一般には最も理解されないことであった。それは「彼らが精神を身体から十分正確に区別し得ない」(『哲学原理』第一部一二項)からなのであり、そしてその原因は、人間が最初から理性を用いるのでなく、まず感覚的所与のみを真実と思い込む幼少期を持ち、その習慣がいつまでも残っていることにあるのである(同前、七一―七四項)。そこからして、懐疑によって、「それまで私が受け入れてきた誤った考えをすべて私の精神から抜き去る」(『方法序説』第二部)必要が生じるのであるが、このデカルトの問題はまたフィチーノの問題でもあった。フィチーノは『プラトン神学』第六部で霊魂と身体の実体的区別を論ずるに先立って、この二つのものを区別し得ない「一般の哲学者」たちを非難しているのであるが、ここでフィチーノの言っていることはあまりにもデカルトとよく似ているので、次にその部分を紹介しておくことにしよう。

「無知な教育者たちによって訓育されたわれわれの不幸な幼少期は、物(身)体的なものしか識らないこれらの大先生たちの誤りのおかげで霊魂を物体的なものと思い込んでしまい、生涯にわたって霊魂について数々のばかげた考えを抱いてしまうのである……不幸な者たちよ、感覚を、このあまりにも暴虐な教育者を捨てよ。そして、汝らの正しき知性のみに訴えよ。……不幸な者たちよ、汝らは何故それほどにまで感覚の判断を重んずるのか。それは偽りの心象によってわれわれをわなにかける。視覚は地球よりもはるかに大きい太陽にわずか二尺の大きさしか与えず、急速に回転する天空を不動のごとく思わせ、真直ぐな櫂を水中において折れ曲がったものに見せる。聴覚はしばしば音が違った方角から来るごとく思わせ、味覚は甘いものを苦く感じさせるのだ」(第六部第二章)。

(37)『方法序説』第五部は、「神が自然の中に据え、またわれわれの霊魂にその観念を刻みつけた幾つかの法則」という言葉でこの「永遠真理」を言い表わしているが、三角形の内角の和が二直角だというわれわれの明晰判明な観念が、同時に実在の三角形についての判断つまり真理であり得るのは、まさに神がわれわれの霊魂と世界の両方に一つの同じ真理を植えつけたからなのである。

(38) ガドッフル(前掲書)は、最初に書かれたのは第六部だけであり、ついで第一部、第二部、第四部、第五部が書かれ、最後に第三部が付け加えられたと主張しているが、筆者もおおむねこの説に同感である。ただ第五部の執筆時期については多少意見を異にするが、この点はここであえてガドッフル批判を展開するほどのことでもなさそうである。それはどちらでもいいと言えばいいようなものなのだからである。

(39) この遺稿の執筆年代も不明であり、ジルソンなどはこれを、デカルトが「炉部屋」を出るにあたって復活祭までに完成させることを誓っていた例の「論文」——これが『オリンピカ』のことであることはすでに述べた——だろうなどと言っているのだが(『方法序説註解』)、しかし、この遺稿の中にはその執筆時期が一六二三年頃であることを推測させる手がかりが含まれている。その第一は、バイエがこの遺稿のテキストを踏まえて——彼はこの部分の欄外に De Stud. B. M. と出典を明示している——、「それ故彼は、その数年後(quelques années après)、バラ十字団については何も知らないと言うのに少しも困りはしなかった」と言っていることであり、一六一九〜二〇年から数年後といえばまずは一六二三年前後ということになるのだからである。第二にまた、この遺稿の中には、デカルトがメルセンヌの『創世記の諸問題』のためにバラ十字団に関する情報を提供したことが記されているわけだが、このメルセンヌの著書の出版は一六二三年なのである。デカルトはジェルサン(あるいはゲルサン)邸でバルザックに彼の「精神の歴史」を書くことを約束しているが、それはすでに述べたように一六二二年末から一六二三年初頭の頃と推定されるのであり、デカルトがこの頃に彼の「精神の歴史」を書こうとしていたことは明らかである。そしてそれは、内容の上から見ても、この『ステュディウム・ボナエ・メンティス』そのものだったと考えられるのだ。

あとがき

一九八七年はちょうど『方法序説』出版三五〇周年にあたっていた。すっかり遅れてしまったが、本稿は実はこの年を記念するとともに、この三五〇年の距離を測ろうという意図のもとに書き始められたものである。そんなわけだったので、本稿を書き終えるとさっそく、同じ意図のもとに出版されたアンドレ・グリュックスマンの『デカルトはフランスなり』(一九八七年、フラマリオン社)を読んでみたのだが、非常に印象的だったのは、手放しで近代合理主義の祖デカルトを礼讃した『方法序説』三〇〇周年の時のお祭り騒ぎとはうってかわったグリュックスマンの悲痛ともいえる語調である。そこに苦悶する西欧ヒューマニズムの呻き声を聞いたように思ったのは果たして思いすごしであろうか。

アウシュヴィッツの殺人工場以後、いったい西欧はヒューマニズムについて語ることなどできるのかという深刻な問いから出発し、アウシュヴィッツを生み出した根源をデカルトからの逸脱、つまりデカルトがすでに破産を確認したはずの諸理念——真・善・美の——を再び持ち込んでしまったこと——グリュックスマンが言っているのはヘーゲル、マルクス、ニイチェのことである——にあると考えるグリュックスマンは、それ故、もし西欧ヒューマニズムがなお生きつづけることができるとすれば、それはデカルトに帰ること、つまり真・善・美の諸理念を排除することによって以外にはないと説くのであるが、そんな時計の針を逆にまわすようなことが現実に可能であるとはとても思えない。彼が「デカルトはフランスなり」と言うのは、フランスあるいは西欧は良くも悪くもデカルトでやってゆく他はないという一種の居直りなのであるが、フランス人であり西欧人であるグリュックスマンがなんとかして西欧ヒューマニズム——彼自身の言うように「ヒューマニズムは西欧のもの」なのだ——を救出したいと望むのは当然とはいえ、その絶望的な努力はかえって西欧ヒューマニズム——グリュックスマンにおいてはそれはほぼ近代合理主義の同義語である——の行き詰まりを証明しているように思えるのである。

だが、いわば西欧ヒューマニズムに征服された側であるわれわれとしては、西欧ヒューマニズムと一緒に心中しなければならない義理はないし、デカルトに帰れなどと叫ぶ必要はない。むしろデカルト的近代を超える新しい文明をこそ模索すべきなのではないだろうか。この新しい文明のヴィジョンを提示する新たなデカルトはまだ出現していない。この新しいデカルトを準備するためには、まず、グリュックスマンとは反対のヴェクトルにおいて『方法序説』から三五〇年の距離を測ることが必要であろう。デカルトの遍歴の旅をとおして近代と呼ばれる一つの文明の誕生の秘密を探ろうと試みた本稿もまた、そのような準備作業の一つに他ならない。

デカルトは中世スコラ学の伝統の中からではなく、ルネッサンスの崩壊の中からこそ誕生した、これが本稿で言いたかったことのすべてである。そして、デカルトが北ヨーロッパのおそいルネッサンスの末期に生まれ合わせ、その中で生き思索した人間である以上、それは当然すぎるくらい当然のことなのである。この当然のことを今更あらためて言わねばならないことの方が実はむしろ異常なのだが、その最も大きな原因は、ルネッサンスの学問をいかがわしいものとして無視してきた近代合理主義の偏見であろう。この偏見を打ち破り新しい地平を拓いたのが『ジョルダノ・ブルーノとヘルメス主義的伝統』をはじめとするフランセス・イエーツの諸著作である。ただイエーツは、大量の註釈の壁でデカルトを塗り込めてしまったアカデミズムにおそれをなしたのか、デカルトについては教科書的解釈の範囲を出ることができず、彼をヘルメス主義的伝統の中に位置づけるまでには到らなかった。本稿は、いわばこのイエーツのやり残した仕事を継承し完成することを目指したものである。もちろん、イエーツさえ遠慮してしまったこのような仕事を世に問うにあたって、まったく不安がないというわけではない。小さい点では思わぬ間違いをおかしていることもあろう。こうした点についてはデカルト学者諸氏の御批判を仰ぎ修正を重ねてゆきたいと思うのであるが、それは今後のこととして、ここに一応まとめることのできた成果を、謹しんで今は亡きフランセス・イエーツに捧げる次第である。

なお、最後になってしまったが、この場を借りて岩波書店の合庭惇氏に厚くお礼を申し上げたい。本稿が『思想』誌編集長として現代の思想的状況について広い視野と深い洞察を持つ氏と出合うことができたのはまことに幸運であった。さもなければ、権威ある学者たちの説を片っぱしから否定したこのような書物が陽の目を見ることは、おそらくは決してなかったと思われるからである。

一九八九年一月、パリ大学都市の客舎にて。

田中仁彦

岩波現代文庫のためのあとがき

二五年前に出版された本書が、このような形で再び世に出ることになり、そのために努力していただいた現代文庫編集部の佐藤司氏には深くお礼を申し上げる次第である。

だが、それにしても本書がはっきりとその誤りを明らかにした諸権威は今もなお相変わらず健在のようである。デカルト自身はあらゆる権威を疑い否定した人間だったわけだが、なんとも皮肉な話である。言いにくいことではあるが、こうした権威がいつまでも温存されるのは人びとの知的怠慢のためではないだろうか。これはなにもデカルト研究にかぎったことではないだろうが。

二〇一四年四月

田中仁彦

本書は一九八九年三月、岩波書店より刊行された。

文献目録

本書は一般読者に向けて執筆されたので，学術論文のようにいちいち出典を明記することは避けた．以下，本文ならびに註において直接言及した主要な文献に限り，その書名を列挙する．なお，その順序は著者名のアルファベット順であり，邦訳のあるものは原著の後にその書名を付した．

Adam(Antoine), Histoire de la littérature française au XVIIe siècle, T. 1, del Duca, 1962.

Les libertins au XVIIe siècle, Buchet/Chastel, 1964.

Théophile de Viau et la libre pensée française en 1620, Slatkine Reprints, 1965.

Arnold(Paul), Le "songe" de Descartes, dans les "Cahiers du Sud", N. 312, 1952.

Baillet(Adrien), La vie de Monsieur Descartes, 2 vol, Daniel Horthemels, 1691.

La vie de Monsieur Descartes, réduite en Abrégé, 1692.(邦訳，アドリアン・バイエ『デカルト伝』井沢・井上訳，講談社，1979)

Busson(Henri), Le rationalisme dans la littérature française de la Renaissance(1533-1601), J. Vrin, 1971.

Cantecor(Gilbert), A quelle date Descartes a-t-il écrit "La recherche de la vérité"?, dans la "Revue d'histoire de la philosophie", 1928.

Cassirer(Ernst), La place de la recherche de la vérité dans l'Oeuvre de Descartes, "Revue philosophique", 1939.

Charbonnel(J.-Roger), La pensée italienne au XVIe siècle et le courant libertin, Slatkine Reprints, 1969.

Charron(Pierre), De la sagesse, IIe édition, Paris, 1604.

Chastel (André), Marcile Ficin et l'art, Droz, 1954.
Cohen (Gustave), Ecrivains français en Hollande dans la première moitié du XVIIe siècle, Librairie ancienne Edouard Champion, 1920.
Dainville (François de), L'éducation des jésuites (XVIe–XVIIe siècle), les Editions de minuit, 1978.
La naissance de l'humanisme moderne, Slatkine Reprints, 1969.
Descartes (René), Oeuvres de Descartes, publiées par Charles Adam et Paul Tannery, J. Vrin, 1965.
Correspondance, publiée par Charles Adam et Gaston Milhaud, Alcan, 1963.
Oeuvres philosophiques de Descartes, textes établis, présentés et annotés par Ferdinand Alquié, Garnier Frères, 1963–1973.
『デカルト著作集』全4巻，白水社，1973.
エラスムス(デシデリウス)『学習計画』月村辰雄訳，(「人類の知的遺産」第23巻，二宮敬編)，講談社，1984.
Fénelon (François de Salignac de La Mothe-), Traité de l'éducation des filles, dans les "Oeuvres de Fénelon", éd. Gosselin et Caron, J. A. Lebel, 1820–24.
Ficin (Marcile), Théologie platonicienne de l'immortalité des âmes, texte critique établi et traduit par Raymond Marcel, Société d'édition "Les Belles Lettres", 1967–1970.
Commentaire sur le Banquet de Platon, texte du manuscrit autographe présenté et traduit par Raymond Marcel, Société d'édition "Les Belles Lettres", 1978.
Fontenelle (Bernard le Bovier de), Digression sur les Anciens et les Modernes, Oeuvres de Fontenelle, Les libraires associés, 1766.
Gadoffre (Gilbert), La chronologie des six parties, dans "Le dis-

cours de la méthode", PUF, 1987.
Gassendi (Pierre), Disquisitio metaphysica, traduite et annotée par Bernard Rochot, J. Vrin, 1962.
Gilson (Etienne), Discours de la méthode, texte et commentaire, J. Vrin, 1925.
La doctrine cartésienne de la liberté et la théologie, Alcan, 1913.
Giorgi (Francesco), L'harmonie du monde, l'Heptaple de Jean Picus, comte de la Mirande, traduits par Guy et Nicolas Le Fèvre de la Boderie, Paris, 1578.
Gouhier (Henri), Les premières pensées de Descartes, J. Vrin, 1958.
Descartes, essais sur le "Discours de la méthode", la métaphysique et la morale, J. Vrin, 1973.
La pensée religieuse de Descartes, J. Vrin, 1924.
Sur la date de la Recherche de la vérité de Descartes, dans la "Revue d'histoire de la philosophie", 1929.
ハウザー(アーノルド)『マニエリスム』若桑みどり訳，岩崎美術社，1981.
ホッケ(グスタフ・ルネ)『迷宮としての世界』種村季弘・矢川澄子訳，美術出版社，1981.
Koyré (Alexandre), From the closed world to the infinite universe, Johns Hopkins Press, 1958.(邦訳，アレクサンドル・コイレ『コスモスの崩壊』野沢協訳，白水社，1974)
Kristeller (Paul O.), Philosophical movement of the Renaissance, dans "Studies in Renaissance Thougt and Letters", Roma, 1956.
The philosophy of Marcile Ficin, New York, 1943.
久米博「準=物語テクストとしての神話・夢・幻想」『思想』第735号，1985.
Lachèvre (Frédéric), Le procès de Théophile de Viau, Slatkine Re-

prints, 1968.

La Mothe Le Vayer(François de), Quatre dialogues faits à l'imitation des anciens, par Orasius Tubero, à Francfort, Jean Savius, 1716.

Cinq dialogues faits à l'imitation des anciens, par Orasius Tubero, à Francfort, Jean Savius, 1716.

Lenoble(Robert), Mersenne ou la naissance du mécanisme, Paris, 1943.

Lestoire(Pierre), Journal du règne d'Henri IV, La Haye, Vaillant, 1741.

Lipstropius(Daniel), Specimina philosophiae cartesianae, Lugduni Batavorum, Elzevier, 1653.

Magendie(Maurice), La politesse mondaine, Alcan, 1925.

Marion(Jean-Luc), Sur l'ontologie grise de Descartes, J. Vrin, 1981.

Mersenne(Marin), Correspondance du P. Marin Mersenne, religieux minime, publiée par Mme Tannery, éditée et annotée par Cornelis de Waard, avec la collaboration de René Pintard, PUF, 1954.

Milhaud(Gaston), Descartes savant, Félix Alcan, 1921.

Molé(Mathieu), Mémoires de Mathieu Molé, Libraire de la Société de l'Histoire de France, 1857.

Namer(Emile), La vie et l'œuvre de J. C. Vanini, prince des libertins mort à Toulouse sur le bûcher en 1619, J. Vrin, 1980.

La philosophie italienne, Seghers, 1970.

Pintard(René), Le libertinage érudit dans la première moitié du XVIIe siècle, Boivin et Cie Editeurs, 1943.

Retz(le cardinal de), Mémoires, édition de la Pléiade, Gallimard, 1950.

Richelieu(le cardinal de), Testament politique, Flammarion, 1941.

Rodis-Lewis(Geneviève), Le problème de l'inconscient et le carté-

sianisme, PUF, 1950.
L'œuvre de Descartes, J. Vrin, 1971.
Descartes, textes et débats, Librairie Générale française, 1984.
Rousset (Jean), La littérature de l'âge baroque en France, Corti, 1953.(邦訳, ジャン・ルーセ『フランスバロック期の文学』伊東他訳, 筑摩書房, 1985)
Sacy (Samuel Sylvestre de), Descartes par lui-même, Edition du Seuil, 1956.(邦訳, サスイ『デカルト』三宅・小松訳, 人文書院, 1961)
Schmitt (Charles B.), L'introduction de la philosophie platonicienne dans l'enseignement des universités à la Renaissance, dans "Platon et Aristote à la Renaissance—XVIe Colloque international de Tours", J. Vrin, 1976.
Sirven (Jean), Les années d'apprentissage de Descartes, Albi, 1928.
Sorel (Charles), Histoire comique de Francion, dans "Romanciers du XVIIe siècle", Bibliothèque de la Pléiade, 1958.
Strowski (Fortunat), Pascal et son temps, Perrin, 1907.
Tallemant des Réaux, Historiettes, Delloye, 1840.
豊田利幸編訳『ガリレオ』(「世界の名著」第21巻), 中央公論社, 1973.
Vanini (J. C.), Oeuvres philosophiques deVanini,traduites pour la première fois par M. X. Rousselot, Paris, C. Gosselin, 1842.
Védrine (Hélène), La conception de la nature chez Giordano Bruno, J. Vrin, 1967.
Viau (Théophile de), Oeuvres complètes de Théophile, par M. Alleaume, P. Jannet, 1856.
Viguerie (Jean de), L'institution des enfants, Calmann-Lévy, 1978.
若桑みどり『マニエリスム芸術論』岩崎美術社, 1980.
Walker (D. P.), Spiritual and demonic magic from Ficino to Campanella, London, 1958.

Wedgewood (C. V.), The thirty years war, Anchor Books, 1961.
Yates (Frances), Giordano Bruno and the Hermetic tradition, London, 1964.
The rosicrucian enlightenment, London, 1972.
The Occult Philosophy in the Elizabethan Age, London, 1979. (邦訳，イエーツ(フランセス)『魔術的ルネッサンス ── エリザベス朝のオカルト哲学』内藤健二訳，晶文社，1984)
米田潔弘「ルネッサンスのネオプラトン主義的世界観」『上智史学』30号，1985.

デカルトの旅／デカルトの夢――『方法序説』を読む

2014年7月16日　第1刷発行

著　者　田中仁彦《たなかひとひこ》

発行者　岡本　厚

発行所　株式会社　岩波書店
〒101-8002 東京都千代田区一ツ橋2-5-5

案内 03-5210-4000　販売部 03-5210-4111
現代文庫編集部 03-5210-4136
http://www.iwanami.co.jp/

印刷・精興社　製本・中永製本

ISBN 978-4-00-600314-2　　Printed in Japan

岩波現代文庫の発足に際して

新しい世紀が目前に迫っている。しかし二〇世紀は、戦争、貧困、差別と抑圧、民族間の憎悪等に対して本質的な解決策を見いだすことができなかったばかりか、文明の名による自然破壊は人類の存続を脅かすまでに拡大した。一方、第二次大戦後より半世紀余の間、ひたすら追い求めてきた物質的豊かさが必ずしも真の幸福に直結せず、むしろ社会のありかたを歪め、人間精神の荒廃をもたらすという逆説を、われわれは人類史上はじめて痛切に体験した。

それゆえ先人たちが第二次世界大戦後の諸問題といかに取り組み、思考し、解決を模索したかの軌跡を読みとくことは、今日の緊急の課題であるにとどまらず、将来にわたって必須の知的営為となるはずである。幸いわれわれの前には、この時代の様ざまな葛藤から生まれた、人文、社会、自然諸科学をはじめ、文学作品、ヒューマン・ドキュメントにいたる広範な分野のすぐれた成果の蓄積が存在する。

岩波現代文庫は、これらの学問的、文芸的な達成を、日本人の思索に切実な影響を与えた諸外国の著作とともに、厳選して収録し、次代に手渡していこうという目的をもって発刊される。いまや、次々に生起する大小の悲喜劇に対してわれわれは傍観者であることは許されない。一人ひとりが生活と思想を再構築すべき時である。

岩波現代文庫は、戦後日本人の知的自叙伝ともいうべき書物群であり、現状に甘んずることなく困難な事態に正対して、持続的に思考し、未来を拓こうとする同時代人の糧となるであろう。

（二〇〇〇年一月）